clave

Osho (1931-1990) ha sido descrito por el *Sunday Times* de Londres como «uno de los 1.000 artífices del siglo XX» y por el *Sunday Mid-Day* (India) como una de las diez personas —junto a Gandhi, Nehru y Buda— que ha cambiado el destino de la India. En una sociedad donde tantas visiones religiosas e ideológicas tradicionales parecen irremediablemente pasadas de moda, la singularidad de Osho consiste en que no nos ofrece soluciones, sino herramientas para que las personas las encuentren por sí mismas.

EuroMillones

2 APUESTA(S)

1	2
06	06
07	19
24	23
33	35
48	47
+	+
05	09
11	11

21 OCT 11 4,00 EUR

32010-1 292-04200755-116

02-3807

Sanidad, la Investigación...

Loterías del Estado

RTSD152 - FA07

128838777

Este resguardo es el único instrumento válido para solicitar el pago de premios.
Las normas reguladoras de los juegos organizados por LAE se pueden consultar en el BOE y en los puntos de venta autorizados.
Los premios caducan a los tres meses de la fecha de celebración del concurso.

MUSEO THYSSEN-BORNEMISZA

Ref.ª 015 C4RTSD152 - FA07

128838778

Este resguardo es el único instrumento válido para solicitar el pago de premios.
Las normas reguladoras de los juegos organizados por LAE se pueden consultar en el BOE y en los puntos de venta autorizados.
Los premios caducan a los tres meses de la fecha de celebración del concurso.

Loterías del Estado contribuye al bienestar de todos a través

LAE

Ref.ª 015

OSHO

El filo de la navaja

Traducción de
Esperanza Moriones Alonso

DEBOLS!LLO

Título original: *The Razor's Edge*

Primera edición: octubre, 2011

Este libro es una edición abreviada de una serie de discursos originales titulada *El filo de la navaja* impartida por Osho en directo. De los treinta capítulos de la serie, esta edición contiene los capítulos 11, 12, 14 y del 17 al 30. Todos los discursos de Osho han sido publicados íntegramente en inglés y están también disponibles en audio. Las grabaciones originales de audio y el archivo completo de los textos se pueden encontrar on-line en la biblioteca de la www.osho.com.

Printed in Spain – Impreso en España

ISBN: 978-84-9989-206-1
Depósito legal: B-29655-2011

Compuesto en Anglofort, S. A.

Impreso en Novoprint, S. A.
Energia, 53. Sant Andreu de la Barca (Barcelona)

P 992061

Índice

1. Trae el amanecer, disipa la oscuridad 9
2. Dios también te busca a ti 29
3. Lo fácil es lo correcto 47
4. Representando un papel en la película 67
5. El río no necesita un guía 85
6. La conciencia no irá a la guerra 97
7. Cada ser humano es un anhelo de la existencia 115
8. Una iniciación a la libertad 131
9. ¡No te preocupes! Lo peor también ocurrirá 149
10. El arte de la vida comienza con la meditación 163
11. Sin cielo, sin infierno, sin dudas 177
12. El mismo círculo vicioso 191
13. Vive sin miedo, muere sin miedo 209
14. Esto es lo que llamo «El filo de la navaja» 225
15. La verdad: la mayor cirugía 237
16. La respuesta está en tu interior 253
17. Un poco más de valentía, un poco más de amor 273

1

Trae el amanecer, disipa la oscuridad

Osho,

¿Por qué ha tenido el ser humano que padecer tanto sufrimiento, desde el primer momento? ¿Acaso no ha habido sobre la Tierra civilizaciones altamente evolucionadas? Y sin embargo, se ha perdido su conciencia y ha habido que empezar de nuevo, desde el principio. Ahora mismo estamos atravesando una etapa muy oscura. ¿Hay alguna ley cósmica que dice que: «La flor de loto solo puede nacer del barro»? ¿Algún día será esta Tierra un jardín de flores?

La pregunta que acabas de formular tiene un inmenso alcance. En primer lugar, muchas civilizaciones anteriores a la nuestra han alcanzado cimas más altas, pero todas ellas fueron destruidas porque, incluida la nuestra, se desarrollaron partiendo de un profundo desequilibrio. Han desarrollado mucho la tecnología, pero se han olvidado de que el hombre no va a ser más dichoso, más pacífico, más cariñoso, más compasivo, porque haya más progreso tecnológico.

La conciencia del hombre no se ha desarrollado al mismo ritmo que el desarrollo científico, y ese es el motivo de que todas las civilizaciones antiguas hayan desaparecido. No hay ningún otro motivo, el enemigo externo no existe, el enemigo está dentro del hombre. Ha creado prodigios en cuanto a máquinas se refiere, pero él se ha quedado atrás, inconsciente, casi dormido.

Conceder tanto poder a unas personas inconscientes entraña muchos peligros.

Y lo mismo ocurre hoy. En lo que se refiere a la conciencia, los políticos ocupan el nivel más bajo. Son listos, son astutos, pero también son malos; todos sus propósitos se enfocan en un solo objetivo: conseguir más poder. Su único deseo es alcanzar más poder, pero no más paz, más ser, más verdad, más amor.

Y ¿para qué quieres tener poder? Para dominar a los demás, para destruirlos. Todo el poder ha sido acaparado por personas inconscientes. Por un lado, los políticos de todas las civilizaciones que se desarrollaron y han desaparecido —o, mejor dicho, se han suicidado— tenían todo el poder en sus manos. Por otro lado, el talento de la inteligencia humana buscaba caminos cada vez más científicos y tecnológicos, y todo lo que descubrieron ha acabado finalmente en manos de los políticos.

Albert Einstein escribió una carta al presidente Roosevelt. El científico había huido de Alemania. Había estado investigando la teoría atómica para Adolf Hitler en Alemania, muy a su pesar porque él era judío y parecía mentira la cantidad de judíos que Adolf Hitler estaba asesinando. Un solo individuo asesinó a seis millones de judíos en Alemania. Durante la Segunda Guerra Mundial, Hitler fue el responsable de la muerte de aproximadamente cincuenta millones de personas.

Albert Einstein, al ver esta situación y aunque por supuesto no iban a matarle porque tenía demasiado valor, huyó de Alemania. No quería fabricar la bomba atómica para Adolf Hitler. Tuvo una reacción completamente humana porque muchos de los suyos, muchos de sus amigos, habían sido asesinados. Escribió una carta al presidente Roosevelt de Estados Unidos diciendo: «Puedo ir a Estados Unidos y fabricar la bomba atómica. Tengo el secreto. Y el poseedor de la bomba atómica será el que gane la Segunda Guerra Mundial». Roosevelt le invitó inmediatamente y le hizo entrega de todo lo necesario para fabricar la bomba atómica.

Cuando la bomba estuvo lista, Roosevelt ya no era presidente; había sido sustituido por Truman. Alemania había sido derrotada y la rendición de Japón solo era una cuestión de días, no más de siete, esto es lo que aseguraban todos los expertos militares mundiales. No le quedaba otra salida, ya que había recibido todo el poder de Alemania. Japón era simplemente un aliado. Y a pesar de que los generales estadounidenses le advirtieron que no era necesario usar bombas atómicas —bastaba con bombas corrientes, porque Japón tendría que rendirse en cuestión de siete días—, Truman no les hizo caso.

Albert Einstein volvió a escribir una carta insistiendo en que no era necesario. Pero ¿a quién le importaba Albert Einstein? Las bombas estaban en manos del presidente. Y Truman, sin motivo alguno, bombardeó dos ciudades de Japón, Hiroshima y Nagasaki. Dos grandes ciudades...; en cada una había más de cien mil habitantes, y al cabo de cinco minutos todas esas personas fueron liquidadas. Nunca se había conocido una destrucción de tal magnitud. Y era absolutamente innecesaria.

Truman tenía prisa. Tenía miedo de que, si Japón se rendía, no tendría la oportunidad de usar la bomba atómica que tanto dinero había costado fabricar. Y no podría demostrar al mundo entero el poder de Estados Unidos, y que él tenía la llave de ese poder en sus manos. Esas bombas sobre Hiroshima y Nagasaki no solo pretendían derrotar a Japón; su principal propósito era completamente distinto, se trataba de satisfacer el ego del presidente Truman: «Soy el más grande, el más poderoso del mundo, y mi nación ha llegado a la cumbre».

Esto ocurre una vez tras otra.

Antes de la Segunda Guerra Mundial, nadie estaba dispuesto a creer que hubiese armas tan destructivas. La historia del Mahabaratha, en las antiguas escrituras indias, es la historia de una gran batalla india de hace quinientos años que solo es mitológica. Hace quinientos años no se podía concebir que hubiera armas tan poderosas. Pero ahora, tras la Segunda Guerra Mundial, la descripción del Mahabaratha nos deja muy claro que habían descubierto algo muy parecido a la energía atómica. Destruyeron una gran civilización, y la destrucción partió de su propia civilización.

En la actualidad llevamos el mismo camino. La destrucción no proviene de otro planeta, sino que estamos cavando nuestras propias tumbas. Puede que nos demos cuenta y puede que no, pero todos estamos excavando, excavando nuestra propia tumba. Y las armas nucleares tienen una potencia millones de veces más grande que las bombas atómicas de la Segunda Guerra Mundial. Los científicos dicen que las bombas atómicas de la Segunda Guerra Mundial son fuegos artificiales si las comparamos con las bombas nucleares.

Se está perdiendo el control, las naciones tienen tanto poder destructivo que tan solo un país es capaz de destruir el mundo entero. Para demostrar su poder, un loco, un solo político, puede destruir toda la civilización y habrá que empezar de cero otra vez. Y no será solo la destrucción de la humanidad, sino que también desaparecerán todos los compañeros de la humanidad —los animales, los árboles, los pájaros, las flores—, todo lo que está vivo.

La causa de esto es que hay un profundo desequilibrio en nuestra evolución. Seguimos desarrollando tecnología científica sin importarnos en absoluto que nuestra conciencia se desarrolle en la misma proporción. En realidad, nuestra conciencia debería ir por delante del progreso tecnológico.

Si nuestra conciencia tuviese el estado de la iluminación..., las armas nucleares no serían un peligro en manos de Gautama Buda. En manos de Gautama Buda las armas nucleares serían energía creativa, porque la energía siempre es neutra; con ella puedes destruir o puedes buscar la forma de crear algo. Pero ahora mismo la humanidad tiene mucho poder y aún es muy pequeña. Es como dejar que los niños jueguen con bombas.

Tú te preguntas: «¿Por qué el ser humano siempre debe evolucionar a través de tanto sufrimiento?». Es el desequilibrio que hay entre lo interior y lo exterior. Lo exterior es más fácil, lo exterior es objetivo. Por ejemplo, hubo un hombre, Thomas Alva Edison, que inventó la electricidad, y ahora toda la humanidad la usa; no es necesario volver a descubrirla otra vez.

El crecimiento interno es un fenómeno completamente distinto. Gautama Buda se puede iluminar, pero eso no significa que todo el mundo se ilumine. Cada individuo tiene que encontrar la verdad él solo. De modo que todo lo que ocurre en el exterior se va acumulando, amontonando; todo el progreso científico se va acumulando. Cada científico se apoya en el conocimiento de otros científicos. Pero la evolución de la conciencia no sigue la misma regla. Cada individuo deberá descubrirlo por sí mismo; no puede apoyarse en el conocimiento de los demás.

Todo lo objetivo se puede compartir, te lo pueden enseñar en el colegio, en el instituto, en la universidad. Pero no ocurre lo mismo con lo subjetivo. Aunque lo sepa todo del mundo interior, no puedo darte nada. Una de las leyes fundamentales de la existencia es que cada individuo debe esforzarse por descubrir personalmente la verdad interior. No es algo que se pueda comprar en el mercado, no se puede robar. Nadie te lo puede dar. No es un artículo, no es material; es una experiencia inmaterial.

Uno puede dar prueba de ello con su individualidad, con su presencia, con su compasión, con su amor, con su silencio. Pero solo son pruebas de que ha ocurrido algo en su interior. Te pueden animar diciéndote que tu viaje hacia adentro no es en vano, que encontrarás tesoros, como yo los he encontrado. Cada maestro simplemente es una demostración, una prueba, un testigo presencial. Pero la experiencia sigue siendo individual. La ciencia se vuelve social, la tecnología se vuelve social; la meditación sigue siendo individual. Este es el problema fundamental: cómo establecer un equilibrio.

Todas las civilizaciones del pasado... En la Atlántida, que era un gran continente que quedó sumergido en el océano Atlántico, había una civilización. También se creía que era un lugar mitológico, pero los investigadores han descubierto recientemente restos de grandes ciudades a ocho mil metros de profundidad. Y lo mismo ocurrió con otro continente más pequeño llamado Lemuria. También quedó sumergido bajo el agua.

A los ojos de un observador superficial podría parecer un cataclismo natural —quizá un terremoto, un movimiento de tierras, una inundación de esas grandes ciudades, una explosión volcánica—, pero tiene que haber sido un cataclismo natural. Pero, en mi opinión, esos cataclismos naturales también los hemos provocado nosotros.

Precisamente el otro día me llegó una noticia de uno de los bosques más bellos de Alemania, la famosa Selva Negra. Desde hace muchos años corren rumores de que una parte del bosque se está muriendo; los árboles se mueren sin causa aparente. Y el gobierno alemán ha estado ocultando estos hechos. Ha muerto el cincuenta por ciento del bosque. No es por una causa natural. La causa son los gases que se utilizan en ciertas fábricas. Esos gases, al mezclarse con el vapor, hacen que la lluvia se vuelva ácida. Cuando cae sobre un árbol, este muere inmediatamente, se envenena. Es posible que la mitad de la Selva Negra se haya muerto; y si se siguen usando estos gases, la otra mitad tampoco sobrevivirá.

Los científicos han calculado que alrededor de la Tierra hay una capa de aire de trescientos veinte kilómetros. Este aire posee una capa de ozono que protege la vida sobre la Tierra. No todos los rayos del sol son beneficiosos para la vida. La capa de ozono rebota algunos rayos mortales; si penetraran en la atmósfera, destruirían la vida. Y a través de la capa de ozono solo pueden pasar los rayos que favorecen la vida y no están en contra.

Pero hemos agujereado descuidadamente esta capa con los cohetes que mandamos a la Luna, lo cual es una demostración de la estupidez humana. Al despegar y al regresar, los cohetes hacen grandes agujeros en la capa de ozono. Rusia y Estados Unidos han estado compitiendo para ver quién hacía más agujeros, y solo ahora se han dado cuenta de que esos agujeros destruyen parte de la capa protectora. Y ahora los rayos mortales están penetrando en la atmósfera.

Cuando esta civilización desaparezca, la gente pensará que fue un cataclismo natural. Pero no es así. Nosotros lo hemos provocado.

La temperatura de la atmósfera terrestre ha empezado a aumentar debido a la acumulación de dióxido de carbono y otros gases, y eso está creando otro problema. El hielo de ambos polos, Norte y Sur, por vez primera se está deshaciendo, porque la temperatura nunca se había elevado tanto. Antes el hielo se quedaba ahí para siempre.

Los científicos han calculado que hacia finales de este siglo todos los océanos del mundo habrán ascendido casi un metro y medio. Los mares nunca habían provocado una inundación, pero esto va en aumento. Ciudades como Mumbai o Nueva York, que están a orillas del mar, desaparecerán bajo un metro y medio de agua.

Este es solamente uno de los cálculos de un grupo de investigadores que están trabajando en el polo Norte y el polo Sur. Hay un tercer grupo investigando el hielo del Himalaya, que lleva estando ahí desde la eternidad. Si la temperatura aumenta un grado más, ese hielo y el de los Alpes empezará a derretirse. Y eso será una auténtica catástrofe porque los niveles de todos los océanos subirán doce metros. Se inundará casi todo lo que conocemos como civilización: nuestros grandes puertos, nuestras grandes ciudades; todo quedará bajo el agua. Cualquier persona que lo investigue posteriormente dirá que fue un cataclismo natural, pero no es así. Es debido a nuestra propia estupidez.

Viendo lo que está pasando, podemos aprender mucho y debemos reflexionar sobre otras civilizaciones que desaparecieron por culpa de las guerras o de las catástrofes que parecían naturales. Pero yo estimo que no fue así. Esas civilizaciones deben de haber cometido alguna estupidez para provocar su propia desaparición.

«¿Acaso no ha habido civilizaciones altamente desarrolladas en la Tierra?» Sí, las ha habido, pero todas acabaron por llegar al mismo punto en el que estamos ahora. «Su conciencia se perdió y hubo que empezar de cero otra vez.» Su conciencia no se pudo perder porque no existía. Tenían la misma conciencia superficial que tenemos nosotros hoy.

Y ¿qué podemos hacer para evitar el cataclismo que se nos viene encima? La muerte de la Tierra no está lejos; nos restan, como mucho, veinte o veinticinco años. Y este es un pronóstico optimista; siendo pesimista, podría ser mañana mismo. Pero aunque te quedasen veinticinco años, ¿qué podrías hacer para elevar la conciencia humana e impedir así el suicidio global que está a punto de tener lugar?

Llega de todas las direcciones. Una de esas direcciones que están casi listas son las armas nucleares. En cualquier momento... y en esta guerra bastará con apretar un botón. No habrá que mandar ejércitos ni aviones.

Precisamente hace unos días el primer ministro ruso declaró que hay miles de submarinos en el fondo del mar dando vueltas por el mundo. Un solo submarino con tanto poder nuclear como mil segundas guerras mundiales. Un solo submarino... y hay miles de submarinos rusos y estadounidenses dando vueltas bajo el mar. Podría producirse una explosión accidental. No hace falta declarar una guerra, podría tratarse de un accidente...

Este es un ejemplo, entre muchos más, que muestra cómo, en cualquier momento, podemos destruirnos a nosotros mismos. Otro son los agujeros..., porque siguen experimentando. Ahora el objetivo ya no es la Luna ni Marte. Y nadie protesta en contra de todos esos experimentos que no contribuirán, en modo alguno, a aumentar la felicidad del hombre. ¿Para qué gastar energía? ¿Para qué crear situaciones destructivas sin necesidad? Todos esos gases que se lanzan a la atmósfera y provocan lluvia ácida...

Y si los mares se llenan con todo el hielo procedente de los Himalayas, del polo Norte, el polo Sur, los Alpes y otras montañas, nos sumergirán del mismo modo que la Atlántida y Lemuria se quedaron sumergidas.

La única forma de evitarlo es que haya más meditación en el mundo. Pero existe tanta insensatez en este planeta que a veces parece casi imposible.

El comisario de policía de Pune ha solicitado una autorización para que los agentes puedan grabar todos mis discursos; luego los examinarán y editarán y nos dirán qué partes se pueden dejar y qué otras hay que suprimir. Nunca se me había ocurrido pensar que un agente de policía tuviese la menor idea de lo que es la meditación.

El comisario dice que las personas respetables de Pune tendrían que crear un comité que asistiera a las meditaciones, a los grupos de terapia y a los discursos, para elaborar un informe que dictamine si lo que está ocurriendo aquí dentro está bien o está mal. ¿Quiénes son esas personas respetables de Pune y qué saben ellos de la meditación? ¿Saben algo de psicoterapia? ¿Saben algo de ellos mismos?

Pero este es el mundo en el que vivimos. Con estas expectativas, uno pierde toda esperanza en el futuro. Mejor sería que dijeran a la gente de Pune que vinieran aquí a meditar y pidiesen a los agentes de policía que participasen en las meditaciones; es la única salida.

Si alguien está haciendo vipassana, ¿qué puedes observar? Todo lo que ocurre está sucediendo dentro de la persona a un nivel tan profundo... con los ojos cerrados y sentado en silencio. Lo único que podrán referir a los periódicos es que estoy enseñándole a la gente a hacer el vago, a sentarse sin hacer nada. Naturalmente, no pueden ver qué ocurre por dentro. Desconocen todo lo que ha sucedido en el mundo de la psicología en los últimos cien años y en el de la meditación en los últimos diez mil años; no saben cuántos métodos se han creado, lo mucho que ha avanzado el ser humano.

¿Quiénes son esas personas respetables? Una persona puede tener muy buena reputación por haber construido un hospital, haber abierto un colegio o haber hecho una donación a los huérfanos o a los pobres. Todo eso está muy bien, no veo ninguna objeción en ello. Pero eso no los hace especialistas en meditación o en terapia.

Ni siquiera son capaces de nombrar a doce iluminados del mundo y pretenden editar lo que yo digo. ¿Qué criterio van a seguir? No saben nada del mundo interior. No saben nada de las cimas de la conciencia. Puede que nunca hayan oído palabras como *tathata* o *anatta*. Pero la locura del hombre llega hasta tal punto que quiere juzgar a Gautama Buda, a Mahavira, a Basho y a Sarmad, sin saber ni una palabra de ellos.

Nuestro único deseo es elevar la conciencia de algunos individuos para mandarlos a los confines de la Tierra y que ayuden, a su vez, a elevar la conciencia de la humanidad dondequiera que estén.

Si en los próximos veinte años se produce una revolución y el hombre alcanza una nueva conciencia, quizá esta civilización pueda evitar lo que ha ocurrido hasta este momento. Deberíamos hacer todos los esfuerzos posibles por evitarlo.

En último lugar, preguntas: «Ahora mismo parece que atravesamos un período muy oscuro». Así es, y será cada vez más oscuro a menos que todo el mundo se convierta en una luz para sí mismo e irradie esa luz a su alrededor; a menos que todo el mundo empiece a compartir su luz y su fuego con los que están sedientos y hambrientos de luz. El amanecer no llegará de forma espontánea. Hay que estar absolutamente despiertos y hacer todo el esfuerzo posible para ayudar a la conciencia.

Antes de que el mar suba doce metros, habrá que conseguir que la conciencia aumente al menos otros doce metros. El mundo necesita que haya al menos doscientos iluminados. Serán los doscientos faros que podrán satisfacer el hambre de verdad de millones de personas. Es una gran lucha contra la oscuridad pero también una gran oportunidad, es un reto y resulta emocionante. Pero no hay que ponerse serios. Hay que hacerlo con amor, bailando, con canciones y mucha alegría, porque solo así podrá llegar el amanecer y disipar la oscuridad.

Sí, es verdad. Hay una ley cósmica que dice: «Solo del barro puede salir una flor de loto». Todo los políticos, los sacerdotes de todas las religiones, los gobiernos y las burocracias están creando barro suficiente. Ahora hay que conseguir que surjan las flores de loto. No te hundas en su barro, tienes que sembrar las semillas de loto. La semilla de loto es un milagro: transforma el barro en la flor más maravillosa que existe.

En Oriente, la flor de loto ha sido ensalzada por dos motivos. En primer lugar, porque surge del barro; cualquier hombre es barro. El término inglés para referirse a «humano» quiere decir barro. La palabra árabe *admi* significa barro, porque Dios creó al hombre del barro, pero tiene la posibilidad de convertirse en una flor de loto. Es la flor más grande que hay. Solo abre los pétalos cuando sale el sol y los pájaros se ponen a cantar, y todo el cielo se llena de colores. Y cuando vuelve a oscurecer y el sol se pone, cierra de nuevo los pétalos. Adora la luz.

En segundo lugar, porque tiene una hermosa característica: sus pétalos y sus hojas son tan aterciopelados que las gotas de rocío se acumulan por la noche sobre ellos. Y cuando sale el sol por la mañana, esas gotas de rocío brillan como si fuesen perlas, incluso más bellas, y a su alrededor se forma un arco iris. Pero lo más impactante es que, aunque estén sobre los pétalos y las hojas, no las tocan. Basta una pequeña brisa para que vuelven a formar parte del agua sin dejar ni rastro de humedad sobre los pétalos y las hojas.

La flor de loto siempre ha sido un símbolo en Oriente, porque allí se dice que deberíamos vivir en el mundo sin que este nos afecte. Habría que estar en el mundo, sin que el mundo esté dentro de ti. Habría que pasar por el mundo sin acarrear marcas, golpes o arañazos. A la hora de tu muerte, podrás decir que tu conciencia es tan pura e inocente como la que trajiste al nacer, que has vivido una vida religiosa, una vida espiritual.

De ahí que la flor de loto se haya convertido en el símbolo de un tipo de vida espiritual. Sin que el agua la toque... nace del barro que hay en el agua y, sin embargo, permanece incólume. Y es un símbolo de la transformación. El barro se transforma en la flor más bella y más aromática que hay sobre el planeta. A Gautama Buda le gustaba tanto que denominó a su paraíso «el paraíso del loto».

Con nuestra profunda meditación y agradecimiento a la existencia, es posible que la Tierra siga desarrollándose con más conciencia, con más flores, y se convierta en el paraíso del loto.

Pero hay que hacer un enorme esfuerzo para que se produzca una gran revolución en la conciencia humana, y todo el mundo está llamado a esa gran revolución. Contribuye con todo lo que puedas. Tienes que entregar toda tu vida a la revolución. No dispondrás de otra oportunidad ni de otra ocasión para tu propio desarrollo y el desarrollo de todo este hermoso planeta.

Es el único planeta de toda la creación que está vivo; su muerte sería una tragedia. Pero podemos evitarlo. Tenéis que convertiros en soldados de esta revolución para contener las fuerzas asesinas, las fuerzas criminales, que están preparándose para destruirnos.

Me gustaría acabar la pregunta con una hermosa referencia. Los estadounidenses han destruido nuestra maravillosa comuna, que era un oasis en medio del desierto y que habíamos construido con un esfuerzo enorme: cinco mil personas trabajando sin parar durante cinco años. Pero Estados Unidos no podía tolerar que unas personas fueran felices, estuviesen contentas, bailando serenas y tranquilas, pacíficamente. Todo lo que hicieron era ilegal y criminal, pero tenían el poder y destruyeron la comuna.

Ahora han hecho un monumento, uno de mármol que representa su victoria. Pero, inconscientemente, en el monumento han puesto una frase que me encanta y que yo mismo les habría sugerido. La frase dice: «Las fuerzas del mal solo vencen cuando las personas buenas se quedan calladas». Esa frase juega a nuestro favor. El monumento que han hecho expresa en realidad algo de lo que sucedió: las fuerzas del mal ganaron porque las personas buenas se quedaron calladas.

Estados Unidos está lleno de personas buenas. Si hubiesen levantado la voz, se podría haber salvado la comuna. Pero es la debilidad de todas esas personas buenas, que en privado dicen: «Está perfectamente bien», pero en público se unen a la multitud.

Las personas buenas no tienen valentía. Las personas malas sí la tienen. Ese es el problema. Por eso en el mundo hay unas cuantas personas malas que gobiernan al resto de la humanidad, y millones de personas buenas que, viendo la destrucción, la violencia, la criminalidad, se quedan calladas. No quieren meterse en líos. Los malos buscan líos; los buenos los evitan.

Tenemos que aprender algo: a luchar por la verdad, a luchar por lo que es bello, a luchar por lo que es bueno, a luchar por la divinidad. Quiero que mis sannyasins sean soldados de la divinidad; de lo contrario la humanidad no tendrá esperanzas.

Osho,

Cuando estaba estudiando en una universidad budista japonesa, oí la palabra conciencia. ¿Qué significa?

Tienes cierto grado conciencia, pero muy poca. Es como un iceberg: una décima parte es visible, pero el resto está debajo del agua. Solo una pequeña parte de ti es consciente.

Estoy diciendo algo y tú lo escuchas; sin conciencia esto no sería posible. Las columnas del auditorio Chuang Tzu no están escuchando, no tienen conciencia. Pero solo somos conscientes de una pequeña parte de la conciencia.

La meditación es la ciencia de sacar a la luz cada vez más conciencia. La única forma de hacerlo es ser lo más consciente posible durante las veinticuatro horas del día. Cuando te sientes, hazlo conscientemente, no como si fueses un robot mecánico; cuando camines, hazlo conscientemente, atento a cada movimiento; cuando escuches, hazlo cada vez más conscientemente, para que cada palabra te llegue con una pureza cristalina, con claridad. Cuando escuches, tranquilízate para que tu conciencia no esté envuelta en pensamientos.

Justo en este momento, si estás callado y consciente, podrás oír pequeños insectos que cantan en los árboles. La oscuridad no está vacía, la noche tiene su propia música; pero si estás lleno de pensamientos no podrás oír a los insectos. Esto es simplemente un ejemplo.

Si cada vez estás más sosegado, podrás oír el latido de tu propio corazón, podrás oír cómo fluye la sangre, porque esta no deja de fluir por todo el cuerpo. Si estás consciente y callado, cada vez tendrás más claridad, más creatividad e inteligencia. Millones de genios mueren sin saber que lo eran. Millones de personas no saben por qué están aquí, por qué están vivos y por qué se van.

Una vez...

George Bernard Shaw estaba viajando desde Londres hasta

otro lugar de Inglaterra. Al llegar el revisor, Bernard Shaw rebuscó en todos sus bolsillos, miró dentro de su maletín —estaba sudando—, sin encontrar el billete.

El revisor le dijo: «Sé quién es usted, todo el mundo lo conoce, no se preocupe. Lo habrá dejado en algún sitio, no se ponga nervioso». Bernard Shaw dijo: «No estoy nervioso por el billete». «Entonces —dijo el revisor— ¿por qué suda y está tan nervioso?»

«La cuestión es que ahora tengo otro problema porque no sé adónde voy; lo había apuntado en el billete —dijo—. ¿Me puede decir adónde voy? ¿Quién me lo va a decir?» El revisor repuso: «¿Cómo puedo saber yo adónde va?».

Entonces Bernard Shaw dijo: «Váyase y déjeme solo. Tengo que encontrar ese billete. Es una cuestión de vida o muerte. ¿Adónde voy? Debo de estar yendo a algún sitio porque he ido a la estación, he comprado el billete, y me he metido en un compartimiento. Eso al menos está claro, debo de estar yendo a algún sitio».

La mayor parte de la gente nunca llega a saber que su conciencia es un tesoro escondido. Hasta que no la despiertas y la sacas a la luz, hasta que no abres todas las puertas, entras en tu propio ser y descubres todos sus rincones y recovecos, no sabes qué contiene. La conciencia en su plenitud te dará una idea de quién eres y también de cuál es tu destino o adónde se supone que vas, qué capacidades tienes. ¿Qué es lo que escondes en tu corazón: un poeta, un cantante, un bailarín, un místico?

La conciencia es como la luz. Ahora mismo en tu interior hay mucha oscuridad. Cuando cierras los ojos, solo hay oscuridad.

Uno de los grandes filósofos occidentales, C.E.M. Joad, estaba muriendo, y un amigo suyo, discípulo de George Gurdjieff, había ido a verle. Joad le preguntó: «¿Qué haces con ese tipo, ese extraño personaje, Gurdjieff? ¿Por qué pierdes el tiempo? Y no eres el único... he oído que hay muchas personas perdiendo el tiempo».

El amigo se rió y le dijo: «Es divertido, porque ese grupo de gente que está con Gurdjieff cree que el resto del mundo está perdiendo el tiempo, y tú crees que nosotros perdemos el tiempo». Joan dijo: «No me queda mucho tiempo de vida, si no habría ido a comparar».

El amigo dijo: «Aunque solo te queden unos instantes de vida, puedes hacerlo aquí, ahora». Joad asintió y el hombre dijo: «Cierra los ojos y mira en tu interior, y luego ábrelos y dime qué has visto».

Joad cerró los ojos, los volvió a abrir y dijo: «Solo veo oscuridad». El amigo se rió y dijo: «Ahora no es momento de echarme a reír porque estás a punto de morir, pero he llegado en el momento idóneo. ¿Dices que en tu interior solo hay oscuridad?». «Efectivamente», respondió Joad.

Y el hombre dijo: «Tú eres un gran filósofo; has escrito libros extraordinarios. ¿No te das cuenta de que hay dos cosas, tú y la oscuridad? De lo contrario, ¿quién es el que ve la oscuridad? La oscuridad no puede verse a sí misma (eso es evidente) y la oscuridad no puede decir que solo hay oscuridad». Joad reflexionó sobre ello y dijo: «¡Dios mío! Quizá los seguidores de Gurdjieff no estén perdiendo el tiempo. Es verdad, yo he visto la oscuridad».

El amigo dijo: «Lo que pretendemos es que este "yo", el testigo, sea más fuerte y se cristalice, y transformar la oscuridad en luz. Pero ambas cosas ocurren simultáneamente. La oscuridad va disminuyendo a medida que el testigo está más centrado. Cuando el testigo alcanza su florecimiento, es decir, la flor de loto de la conciencia, la oscuridad desaparece por completo».

Estamos en una escuela de misterio y lo único que hacemos es que tu testigo y tu conciencia se vayan cristalizando cada vez más para que tu ser interno, tu interior, se vuelva una luz tan rica y abundante que puedas compartirla con los demás.

Estar a oscuras es vivir bajo mínimos. Y estar lleno de vida es vivir al máximo.

Osho,

A veces, cuando leo un poema de Kabir, tengo la experiencia de «Aja», aunque la mente no siempre lo comprenda. Sentado junto a ti, me ha venido a la mente este poema:

La ignorancia cierra las verjas metálicas
pero el amado las abre.
El sonido de las verjas al abrirse
despierta a la hermosa mujer que duerme.
Kabir dice: «No pierdas esta oportunidad».

Kabir es uno de los seres humanos más especiales que ha habido sobre la Tierra. Pertenece a la categoría de místicos más elevada. Y curiosamente, era completamente analfabeto, inculto, y huérfano. Pero, aunque llevase la vida de un pobre tejedor, también tejió algunos poemas de oro de gran belleza. Sus palabras no son refinadas pero están cargadas de significado.

La ignorancia cierra las verjas metálicas.

La palabra «ignorancia» tiene su propia belleza. Normalmente no lo habrías visto de este modo. Siempre has creído que la ignorancia es la ausencia de conocimiento, pero el auténtico sentido es ignorarte a ti mismo, ignorar todo aquello que puede convertirse en conocimiento, en sabiduría. Y te pasas todo el día, toda la vida, ignorándote.

Te ocupas de cosas triviales pero no te centras en lo más preciado que tienes: tú. Kabir está usando la palabra en ese sentido. la única ignorancia que existe es ignorarte a ti mismo. Cierra las verjas metálicas.

Pero el amor las abre.

Estas son las palabras de una persona que sabe. Si se tratase solamente de una persona culta, habría dicho que la sabiduría abre las puertas. Sin embargo, en lugar de sabiduría, solo aquel que sabe puede decir:

Pero el amor las abre.

La mente permanecerá en la ignorancia; no puede salir de ella. Las verjas metálicas están cerradas. La mente puede ser culta pero no puede ser sabia. Solo el corazón te abre las puertas. Solo el amor te vuelve sabio.

El sonido de las verjas al abrirse
despierta a la hermosa mujer que duerme.

Estas palabras son simbólicas. Según Kabir, el alma es la mujer que duerme. Está usando la palabra «mujer» para referirse a tu alma, a tu conciencia, porque solo las cualidades femeninas son verdaderamente espirituales. La belleza es femenina, la honestidad es femenina, la sinceridad es femenina; todo lo mejor de tu conciencia es femenino. Incluso la palabra «conciencia» es femenina.

En inglés es más difícil, porque esta lengua no distingue el género de las palabras, no distingue entre lo masculino y lo femenino. Pero cualquier idioma que haya nacido en Oriente hace esa distinción en todas las palabras: «conciencia», «entendimiento» *samadhi*, *sambodhi*, todas son femeninas. Y el hombre que ama y tiene compasión empieza a reflejar una belleza y una delicadeza femeninas. Lo masculino es un poco bárbaro. Tiene las cualidades del guerrero, del luchador, del egoísta, del chauvinista, del fanático, del fascista. Las cualidades masculinas son las de un nazi.

No es de extrañar que Alemania sea el único país que denomine a su tierra «padre patria». Todo el mundo dice la «madre patria», pero Alemania es un caso especial. Deberían cambiarlo; deberían dejar de decir «padre patria» porque eso le concede prioridad a las cualidades masculinas.

Adolf Hitler consideraba a Friedrich Nietzsche como su maestro. Adolf Hitler no tenía la suficiente inteligencia para entender a Nietzsche, y todo lo que interpretó de su filosofía fue erróneo. Pero este último también era responsable de varias cuestiones.

En una carta afirmaba que la mejor experiencia de su vida fue ver un batallón de soldados con sus fusiles brillando y oír el armonioso sonido de sus pasos una mañana temprano cuando acababa de salir el sol: «Nunca he visto una escena tan bella ni he oído una música tan maravillosa como la que hacían los soldados con sus botas desfilando armoniosamente». Nietzsche también tenía cierta responsabilidad; Adolf Hitler tomó este tipo de frases de Nietzsche. El soldado se convirtió en el auténtico ser humano y las características del guerrero se convirtieron en las características de Superman.

Oriente siempre ha sido consciente de que las cualidades de un hombre pueden ser útiles, ventajosas, pero carecen de la sensibilidad, la suavidad, la dulzura y la compasión de una mujer. Por eso dice Kabir:

> El sonido de las verjas al abrirse
> despierta a la hermosa mujer que duerme.
> Kabir dice: «No pierdas esta oportunidad».

Y yo también te digo: no pierdas esta oportunidad. Estamos intentando despertar a tu mujer, despertar tu conciencia, despertar tu gracia, despertar tu belleza. No pierdas la oportunidad.

2

Dios también te busca a ti

Osho,

¿Realmente es verdad que Dios también me busca a mí? ¿Puedo esperar que me encuentre?

Es completamente cierto que, del mismo modo que tú buscas a Dios o al amado, él también te está buscando. La búsqueda nunca es unilateral. Y una búsqueda unilateral no se cumplirá nunca. Pero tu pregunta es: «¿Puedo esperar que me encuentre?». Entonces él también esperará buscarte.

La búsqueda tiene que ser recíproca; de lo contrario, las dos partes se quedarán esperando. La existencia tiene un equilibrio en todos los aspectos. Tu espera no es suficiente; se necesita que haya un anhelo: tu anhelo y tu búsqueda son absolutamente necesarios.

Uno de los dichos sufíes dice: «Cuando das un paso hacia Dios, Dios da mil pasos hacia ti». Pero tienes que dar necesariamente al menos el primer paso. Tu paso es mucho más importante que los mil pasos de Dios, porque cuando dicen «Dios» no se están refiriendo a una persona, sino a la inteligencia y a la conciencia de todo el universo.

Tu fracción de conciencia es muy pequeña. Tu único paso es mucho más importante que los mil pasos de Dios, porque la inteligencia de la existencia es infinita. De modo que no vale solo con esperar. Esperar simplemente es un estado que no está vivo; tiene que haber un enorme anhelo, todos los poros de tu ser tienen que estar sedientos. Hasta que Dios no se convierta en una cuestión de vida o muerte, no habrá posibilidad de encuentro.

Casi todo el mundo está dispuesto a esperar, eso significa que ponen a Dios en el último lugar de su lista, cuando hayan terminado con todo lo que se puede hacer en el mundo. Pero eso no es posible ni en toda la eternidad; siempre quedará algo por hacer. Dios tiene que ser tu prioridad. Tiene que ser como una obsesión en tu corazón. Cada inspiración y espiración será un recordatorio: lo que estás haciendo no es esencial, y lo esencial es profundizar en la meditación.

Nunca pienses en Dios como en alguien separado de ti. Eso es un mal comienzo, porque ¿dónde lo vas a buscar? El exterior es tan amplio; no tienes ni su dirección ni su teléfono. En la infinidad de la existencia, ¿en qué dirección pretendes buscar? ¿Cómo sabrás si estás en el buen camino? Hay millones de caminos... ¿cómo sabrás cuál elegir? ¿Cuál será el criterio a seguir?

Las religiones se han ido organizando alrededor del sacerdocio, de un libro sagrado, de ciertos dogmas, como resultado de este concepto equivocado de que Dios está fuera; al menos de este modo tienes una cierta idea de dónde buscar; puedes ir a la iglesia, puedes rezar, puedes ir a la sinagoga, puedes buscar el camino en las escrituras sagradas. La idea del Dios externo ha llevado a toda la humanidad a una gran confusión.

Dios está dentro de ti. Mejor dicho: es tu interior, es tu interioridad misma, el centro mismo de tu ser. Tú estás en la periferia de tu individualidad. Ve hacia adentro.

Primero te encontrarás con los pensamientos. No te impliques, ignóralos... Buda usó la palabra *upeksha*, «ignorar», como un método con ciertas garantías; de lo contrario te verás atrapado en la red de los pensamientos. No luches, simplemente sigue tu camino como si la mente estuviese vacía. Y si consigues hacerlo, la mente se vaciará.

Cuanta más atención prestes a tu mente, más alimentarás los pensamientos. Si puedes traspasar la frontera de la mente sin molestar —y no es un trabajo arduo, solo necesitas ignorar en pequeñas dosis—, entonces llegarás al mundo de las sensaciones, de los sentimientos, de los estados de ánimo, que son aún más sutiles que los pensamientos. Desde la mente y su área has llegado a un espacio más profundo de tu ser: tu corazón.

Sigue el mismo método ignorando tus sentimientos, tus emociones, tus estados de ánimo, como si no fuesen tuyos. Y a medida que pasas la frontera del corazón entrarás en los confines de tu propio ser. Ese es el templo de Dios. En el momento que entras en el templo, evidentemente él da esos mil pasos hacia ti.

Esos mil pasos son simbólicos. Él va hacia ti en forma de luz, como la esencia misma de la belleza, como dicha, como silencio, como paz. Y llega con gran intensidad, como un aluvión que te inunda.

Encontrarás a Dios, pero para ello tendrás que perderte; es el precio que tienes que pagar. No es mucho. ¿Cuánto crees que cuestas? De hecho, cualquier animal cuesta más que un hombre. Cuando un hombre muere, nadie quiere comprarlo. Cuando muere un elefante, pagan miles de rupias... Un animal muerto tiene una utilidad. Pero cuando muere un hombre lo único que puedes hacer es quemar o enterrar su cadáver, deshacerte de él. Una persona que muere, en vez de dejarte dinero, lo que hace es quitarte cierta cantidad del bolsillo. De modo que no te preocupes por perderte o ahogarte; en el templo de Dios solo puede estar uno, o tú o él. La dualidad no es posible porque significa conflicto. Y la experiencia de Dios es de una inmensa armonía. Esa armonía solo puede alcanzarse si te dejas inundar por la felicidad, la dicha, el éxtasis que te rodea por todas partes. La sensación de morirse desbordado por Dios es la experiencia más dulce que hay..., la definitiva, la más elevada, la mejor; no hay nada mejor que eso.

Pero si te quedas simplemente esperando no te ocurrirá. Tendrás que adentrarte en tu propio ser. Él siempre está ahí, es tu vida, es tu todo. Tú solo eres un rayito de luz que sale de esa inmensa fuente. Por eso, cuando te ahogas en él, es el rayo que vuelve al sol. Es regresar a tu casa.

Si concibes a Dios como yo te lo estoy diciendo... No soy un pensador, esto no es una hipótesis, es mi experiencia. He atravesado esa muerte y he descubierto que si lo miras desde un lado aparenta ser una muerte, pero si lo miras desde el otro es una resurrección. Desapareces como una pequeña criatura y te conviertes en una enorme creatividad. No pierdes nada y lo ganas todo.

Pero las religiones oficiales no quieren que te des cuenta de esto porque su negocio se basa en un Dios externo. De modo que necesitas un sacerdote, necesitas un templo, necesitas una mezquita, necesitas una iglesia; necesitas una Biblia, necesitas algunos interceptores, y de este modo los millones de sacerdotes que hay en el mundo se convierten en mediadores entre tú y un falso Dios que está en algún lugar del cielo.

El Papa ha declarado que confesarse directamente con Dios es pecado; debes hacerlo a través del sacerdote. Y, por supuesto, tendrá que ser un sacerdote católico, ya que es el único autorizado para comunicarse directamente con Dios. No puedes rezar directamente, no puedes pedir perdón directamente.

¿Te das cuenta de la argucia, de la mezquindad, de la estrategia que usan para aprovecharse de ti? El sacerdote acaba siendo más importante que Dios. Por una parte, esas personas os llaman hijos de Dios, y por otra, los hijos no pueden comunicarse directamente con su padre, necesitan que haya un sacerdote por medio. Pero, en realidad, no hay ningún Dios exterior; es un invento del sacerdote. Y han montado un gran negocio. Llevan siglos aprovechándose de la gente, ya sean hindúes, musulmanes, católicos o judíos; da lo mismo.

En lo único que insisten todas las religiones es en que no

puedes comunicarte directamente con Dios. Pero no te explican los motivos. He visto a los árboles hablar directamente con Dios; los ríos, las montañas y las estrellas no tienen sacerdotes, las flores y los árboles tampoco los tienen. ¿Acaso crees que en toda existencia solo el hombre se comunica con Dios? La existencia tiene más relación con Dios que el hombre. El que se ha desencaminado es este último.

¿Alguna vez has oído decir en alguna religión, algún país o alguna historia, que Dios haya expulsado a los árboles del jardín del Edén? ¿O a algunos animales, algunos pájaros? Solo ha expulsado al hombre. Esto es muy significativo. Simplemente quiere decir que toda la existencia tiene su origen en Dios. Y el hombre, por tener una mente pensante, se ha distanciado. La mente es capaz de desplazarse a cualquier sitio, puedes estar aquí sentado y tu mente puede estar vagando por América o por Alemania, quizá por Japón, incluso por la Luna... Hay toda clase de lunáticos.

Lo raro es que estés aquí, lo raro es que estés en el sitio que estás. Tu mente siempre se halla en otro sitio. Nunca está aquí, nunca está ahora. Esta mente itinerante te ha distanciado de tu propio ser interno. Y esto es lo que ha permitido que te exploten. Los sacerdotes, las religiones y los libros sagrados han surgido como setas por todas partes.

En el mundo hay trescientas religiones. Todas difieren en todos los puntos excepto en uno: la absoluta necesidad del sacerdocio. Cualquier persona que tenga un poco de inteligencia se dará cuenta de que las religiones no se han inventado para ti, sino para el clero. Son parásitos, parásitos católicos, parásitos protestantes, parásitos hinduistas, ¡los hay de todos los tamaños y de todas las formas!

Mi intención es libraros de todas las cadenas del clero; ya no sois católicos, ya no sois hinduistas, ya no sois judíos. Simplemente sois seres humanos. Estabais muy cerca de vuestra casa, pero el sacerdote os distanció.

Hay una historia antigua que cuenta que el viejo diablo estaba sentado bajo un árbol, tomando su taza de té, cuando llegó un discípulo corriendo, muy alterado, y le preguntó: «¿Qué haces? Estás ahí sentado tomando té mientras todo nuestro negocio está atravesando un momento muy complicado. ¡En la Tierra hay un hombre que ha descubierto la verdad!».

El viejo se rió y dijo: «Eres demasiado joven y no conoces todos los secretos. No te preocupes, he mandado a mi gente hasta allí». El joven discípulo no daba crédito a lo que estaba viendo y escuchando. «Yo vengo de allí y no he visto a ninguno de los nuestros.»

El viejo diablo dijo: «No hace falta mandarlos. Para eso he inventado los sacerdotes; lo tienen rodeado. Ahora son una muralla entre ese hombre y el resto de la gente. El sacerdote tergiversará y distorsionará cualquier cosa que diga.

»La verdad ha sido descubierta muchas veces, pero, mientras siga habiendo sacerdotes, se volverá a perder otra vez, porque los sacerdotes empiezan rápidamente a interpretarla y fundan religiones en torno a ella (iglesias, templos, mezquitas), y la verdad se pierde entre sus interpretaciones y sus comentarios.

»¿Qué comentarios pueden hacer? No saben la verdad. La verdad no necesita comentarios, es experiencia pura. O la conoces, o no la conoces, pero no hay una tercera alternativa. Por eso estoy tan tranquilo. Siéntate y tómate una taza de té».

Es una historia muy significativa. Cuidado con los sacerdotes, cuidado con las religiones oficiales, cuidado con los que quieren contarte la verdad. Nadie puede contártela, deberás descubrirla tú.

Y está tan cerca que no tendrás que embarcarte en un largo viaje. Solo tienes que permanecer en silencio, en profunda paz, más allá de las palabras y de los sentimientos y, de repente, descubrirás el templo de la conciencia. Y cuando entras en él, desapareces.

Solo existe Dios. Esa es tu auténtica realidad.
Dios es tu propia alma.

Osho,

Me encanta este cuentito zen, porque también tiene el sabor de los cuentos infantiles. Ikkyu, el maestro zen, era muy listo incluso cuando era un niño. Su profesor poseía una maravillosa taza de té que era una rara antigüedad. Ikkyu la rompió y estaba muy consternado. Al oír los pasos de su profesor, ocultó los pedazos de la taza a sus espaldas. Cuando este apareció, Ikkyu preguntó: «¿Por qué muere la gente?». «Es natural —respondió el anciano—, todo tiene que morir y todo tiene un plazo de vida.» Ikkyu sacó la taza hecha pedazos y dijo: «A tu taza le había llegado el momento de morir».

Ikkyu es uno de los maestros zen más importantes de Japón. Hay muchas historias acerca de él que pueden abrirte nuevas puertas para contemplar y meditar. Esta es una historia de su infancia, cuando todavía no era un maestro y servía a otro maestro.

Le ayudaba en pequeñas cosas. Pero cuando alguien se va a iluminar, desde un principio hay una claridad, una agudeza y una inteligencia que la gente no alcanza ni siquiera en su vejez, ni siquiera esforzándose mucho.

Es una historia preciosa. Ikkyu era muy listo cuando era un niño. La persona que se va a iluminar trae consigo casi el noventa y nueve por ciento de su iluminación de su vida pasada. Cuando le sobrevino la muerte, solo le quedaba una pequeña parte. Este tipo de personas mueren conscientemente. Y como mueren conscientemente, saben que la muerte solo es verdad si se mira desde fuera; pero en lo que respecta a la experiencia interna, solo es un cambio de casa. La vida continúa.

La persona que se va a iluminar da señales de inteligencia desde el vientre de su madre. Esto parece increíble, pero los budistas y los jainistas —dos grandes caminos que han aportado al mundo más iluminados que el resto de las religiones—, sostienen que el niño da muestras de no ser un niño inconsciente, como el resto, desde el vientre de su madre.

Las escrituras describen exactamente cuáles son estos indicios: la madre tiene unos determinados sueños. Él es uno con el cuerpo de su madre y puede proyectar en ella determinados sueños.

En Oriente se ha estudiado el fenómeno de la iluminación desde hace miles de años. Por ejemplo, un elefante blanco es una rareza. Puede que ninguno de vosotros hayáis visto un elefante blanco, y solo hayáis oído hablar de él. Cuando desapruebas algo, dices: «Es un elefante blanco, no lo quiero. Es demasiado caro». El niño que se va a iluminar en esta vida, desde el vientre de su madre, hace que esta sueñe constantemente con elefantes blancos.

Los budistas y los jainistas han llegado a esta conclusión después de estudiar detenidamente los indicios que llevará una persona que muere conscientemente al vientre de su madre.

Están de acuerdo en otros muchos sueños que solo se repiten cuando alguien se va a iluminar. De modo que no es solo inteligencia, también es conciencia. Yo no diría que se trata tan solo de inteligencia. La inteligencia es normal, todo el mundo tiene acceso a ella. Hay miles de niños y niñas inteligentes.

La persona que ha escrito esta historia no sabe nada de la iluminación; de lo contrario no habría usado esa palabra. Demuestra conciencia, entendimiento.

«Su profesor poseía una taza de té maravillosa.» Fíjate que en el cuento no habla de que su maestro tuviera una taza de té maravillosa, porque en la tradición esotérica de todas las escuelas de misterio se hace una distinción entre el profesor y el maestro. El profesor solo te enseña filosofía, teología, pero no está iluminado. Es una persona culta, docta. Pero él mismo no ha vivido esa experiencia.

«Su profesor poseía una maravillosa taza de té.» En China y

en Japón esto siempre se ha considerado un gran arte. Justamente ayer uno de mis sannyasin españoles me trajo una preciosa taza de té china. Es muy antigua; fue fabricada en el siglo XIII, es muy frágil y valiosa. Durar tanto tiempo con esa fragilidad..., es tan fina... La ceremonia del té se ha convertido en un fenómeno religioso en China y Japón, y por eso en todos los monasterios hay bellísimos templos dedicados a la ceremonia del té; se encuentran en el jardín rodeados de estanques, hermosos árboles, pájaros, cisnes, pavos reales.

La ceremonia del té es un fenómeno religioso, no es mundano. La manera de servir el té en un monasterio zen es sagrada. Transformar algo mundano en sagrado requiere un gran arte.

Hay que quitarse los zapatos y dejarlos fuera. Te sientas en un círculo mientras escuchas el ruido del samovar, el agua que hierve, los pájaros que cantan en el exterior, la brisa que esparce el aroma de las flores. No se habla; es una meditación.

La anfitriona trae antiguas tazas que tienen cientos de años. Han sobrevivido tanto tiempo porque han sido usadas con mucha reverencia y respeto. Y se sirve el té... La gente no empieza a tomarlo inmediatamente; primero aspiran el aroma y, luego, poco a poco, lo van tomando como si fuese una oración. Y las tazas sobreviven cientos de años porque todo este ritual es sagrado.

Nuestras tazas son mucho más duras, más gruesas, y sin embargo se rompen antes. En ningún sitio podrás encontrar tazas que tengan mil años y se sigan usando como si estuviesen nuevas. El té se toma en silencio. Todos hacen una reverencia; la anfitriona hace una reverencia al invitado. Con cariño y con cuidado se devuelven las tazas. Y los invitados se van levantando pausadamente. No se dice ni una palabra, tan solo hay gestos.

Esto simboliza la profunda percepción de que, si lo deseas, toda tu vida puede transformarse en un fenómeno sagrado. Si tomar el té puede sacralizarse, ¿por que debería ser mundano todo lo demás? La gente no entiende el zen... ni siquiera hacer el amor es sagrado, sino feo, censurable, reprobable. La gente se ama por una necesidad física, pero no es un acto espiritual de encuentro con el amado.

Cada vez que escucho alguna alusión a la ceremonia del té, pienso que la gente debería inventar una ceremonia del amor. No debería hacerse en un ataque relámpago. En tu casa debería haber un templo, un templo dedicado al amor donde no se haga otra cosa. Solo vas allí para tocar música, bailar, cantar, quemar incienso. Y si surge espontáneamente el amor, si no es una cuestión mental, algo que has estado pensando...; lo que hace que sea horrible es pensar en ello. Si es espontaneidad pura, se convierte en la mayor oración que puedas encontrar en la vida humana, la meditación más bella.

Yo lo llamo la ceremonia del amor.

Ikkyu rompió su taza y estaba muy preocupado. Era un niño y esas tazas son muy frágiles. Al oír los pasos de su profesor, ocultó a sus espaldas los pedazos de la taza. Cuando el profesor apareció, Ikkyu le preguntó: «¿Por qué muere la gente?». Esto no quiere decir que fuera listo, sino que era muy inteligente. ¿Por qué tiene que morir la gente?

«Es natural —le explicó el anciano—. Todo tiene que morir y todo tiene un plazo de vida.» Ikkyu sacó la taza hecha pedazos y dijo: «A esta taza le había llegado la hora de morir». Convirtió este incidente en una profunda experiencia. Al introducir la muerte, lo primero que hizo fue taparle la boca a su profesor; este ya no podía decir nada. Si todo tiene caducidad y debe morir, tenía que aceptar que su preciosa taza había muerto.

Pero no se trata simplemente de una historia. Cuando Ikkyu se convirtió en maestro, solía contar este incidente muy a menudo: puesto que la muerte es un fenómeno natural, no hay que preocuparse ni entristecerse. Solo podemos estar tristes por una vida que no ha sido vivida.

Arrastrarse sin vivir, eso sí es una desgracia. Vegetar, no cantar las canciones que has venido a cantar, no bailar la danza que llevas en tu interior, estar profundamente dormido, no desarrollar al máximo tu inteligencia.

Es sorprendente, pero ni siquiera las personas a las que consideramos genios usan el 15 por ciento de su inteligencia. El 85 por ciento no se utiliza. Y esto último se refiere exclusivamente a los genios. Las personas con talento solo usan cerca del 10 por ciento, y el resto no usa ni el 7 por ciento. Si la gente utilizase el cien por cien de su inteligencia, ¿el mundo sería un lugar completamente distinto, mucho más vivo, más rico, más bello?

Lo único que tendría que entristecernos es no vivir, perder el tiempo. La muerte no es algo triste si se ha vivido una vida plena; tiene su belleza cuando ocurre como un *crescendo* de la existencia, como un clímax.

Quiero que mis seguidores vivan plena e intensamente, que su antorcha se queme por los dos extremos. Si logran vivir una vida plena e intensa en cada uno de sus actos, su muerte tendrá una belleza aún mayor de la que haya tenido su vida, porque la muerte es la culminación, son los últimos retoques al cuadro por parte del pintor. Por eso siempre digo que la muerte debería celebrarse igual que celebramos la vida. Son dos fenómenos naturales, son un regalo.

La vida cansa y llega un momento en el que te apagas. La muerte llega como una solución. Solo es relajación, una relajación profunda. No es el final, sino el comienzo de una nueva vida. Si te lo tomas como el final, te sentirás muy desdichado; tómatelo como si fuese el comienzo de una nueva vida. Solo tienes que modificar ligeramente el enfoque para que tu vida cambie de color, tenga otra belleza. Donde había tristeza, habrá alegría, y donde había lágrimas de desdicha, dolor y angustia, habrá lágrimas de satisfacción, plenitud y dicha. Son las mismas lágrimas con un nuevo sentido, son las mismas lágrimas con una nueva música; es la misma muerte pero con un sabor completamente distinto.

Cuando Ikkyu murió, reunió a sus discípulos y les dijo:

«Contadme una nueva forma de morir porque no quiero ser imitador de nadie. Todo el mundo muere en la cama; yo no quiero hacerlo». La cama es un sitio muy peligroso, el 99,9 por ciento de la gente muere allí, ¡cuidado! Cada vez que vayas a la cama, recuerda: este sitio está muy cerca de la tumba. Sus discípulos sabían que estaba loco, pues ¿a quién le importa en qué postura muere? La gente simplemente se muere...

Ikkyu preguntó: «¿Alguien tiene una sugerencia?».

Un hombre dijo: «Puedes morirte en la postura de loto». Ikkyu respodió: «Eso no es nuevo. Muchos maestros lo han hecho. Sugiéreme algo nuevo, original».

Otro hombre dijo: «Puedes morirte de pie». Ikkyu respondió: «Eso me parece mejor». Entonces, otro discípulo objetó: «Aunque no lo sepa mucha gente, yo conozco a un maestro zen que murió de pie. De modo que tú serías el segundo». Ikkyu dijo: «En ese caso no lo quiero, sugiéreme algo nuevo. ¡Quiero ser el primero!».

Uno de sus discípulos sugirió: «Solo queda una posibilidad. Morirte cabeza abajo, en la postura de *shirshasan*. Nadie lo ha intentado». Ikkyu dijo: «Tienes razón. ¡De acuerdo! ¡Eso me vale! Te estoy muy agradecido». Se puso cabeza abajo y murió.

Pero entonces los discípulos se encontraron con un problema. Sabían qué hacer cuando alguien moría en la cama —había que cambiarle la ropa, darle un baño, ponerle ropa limpia, y llevarlo después al funeral— pero ¿qué podían hacer con alguien que había muerto cabeza abajo? ¡Aunque esté muerto no se cae!

Intentaron descubrir si estaba muerto o vivo de todas las formas posibles. Estaba muerto pero, al no haber ningún antecedente, no sabían qué procedimiento seguir.

Alguien dijo: «Yo conozco a su hermana mayor, que también es una mística zen. Vive en un monasterio cercano. Y él la respetaba mucho. La llamaré, quizá ella pueda ayudarnos. Es mejor que preguntemos antes de hacer las cosas mal».

Cuando llegó, la hermana estaba muy enfadada, y dijo: «Ikkyu, toda tu vida has sido muy travieso; ¡podrías comportarte por lo menos en el momento de tu muerte! ¡Túmbate en la cama!». Entonces Ikkyu saltó y se tumbó en la cama y murió. Y la hermana se fue. No le importó que se hubiese muerto.

En Oriente no está bien visto desobedecer a los mayores, especialmente en un momento como ese. Los discípulos no salían de su asombro porque habían hecho todo lo posible: su corazón no latía, no tenía pulso, le habían puesto un espejo en la nariz y no se había empañado. ¿Cómo había podido ocurrir?

Cuando su hermana le gritó, saltó inmediatamente como un niño obediente, se tumbó en la cama y murió. Hasta la muerte es un juego. Y la hermana ni siquiera se quedó para asistir al funeral.

Para los que saben que la vida es eterna, la muerte no significa nada. Tan solo muere tu cuerpo físico, pero no la conciencia. Y especialmente cuando se trata de alguien como Ikkyu que no volverá a nacer, que no volverá a estar aprisionado en un cuerpo. Irá hacia la eternidad, hacia el océano de conciencia de toda la existencia. Es un momento de celebración.

Osho,

Cuando llegué estaba muy confuso, no sabía quién era. Durante muchos días, sentado a tu lado, he oído cómo te preguntaba mi corazón y cómo tu voz le contestaba. Todos los días has escuchado mis palabras y mis preguntas. Ahora, sentado en tu presencia, mi corazón está más tranquilo. A veces siento una descarga de alegría, o tengo ganas de ponerme a bailar y darte un abrazo, pero nada más... No hay preguntas, ni respuestas, ni problemas. Osho, ¿vuelvo a estar dormido?

Estás diciendo: «Cuando llegué aquí estaba muy confuso, no sabía quién era. Durante muchos días, sentado a tu lado, he oído cómo te preguntaba mi corazón y cómo tu voz le contestaba. Todos los días has escuchado mis palabras y mis preguntas. Ahora, sentado en tu presencia, mi corazón está más tranquilo. A veces siento una descarga de alegría, o tengo ganas de ponerme a bailar y darte un abrazo, pero nada más... No hay preguntas, ni respuestas, ni problemas. Osho, ¿vuelvo a estar dormido?».

No. Estabas dormido antes, cuando estabas muy confuso, cuando no tenías ni la más remota idea de quién eras, cuando tenías tantas preguntas por formular y tantas respuestas por recibir; en ese momento estabas dormido. A medida que tu corazón se ha ido tranquilizando, te has ido acercando a tu despertar.

Ahora dices: «A veces siento una descarga de alegría, o tengo ganas de ponerme a bailar y darte un abrazo, pero nada más..., no hay preguntas, ni respuestas, ni problemas. ¿Vuelvo a estar dormido?».

Es una bendición que haya desaparecido la confusión, que se hayan ido las nubes y brille el sol. Cuando no hay preguntas ni problemas, no se puede estar dormido; esto solo ocurre cuando estás despierto y alerta. De modo que no significa que te estés quedando dormido. Antes sí lo estabas, pero has conseguido salir de ahí.

Ahora celébralo, baila, canta en agradecimiento a la existencia. ¿Qué otra cosa podemos hacer para mostrar nuestro agradecimiento? Las palabras no tienen sentido porque la existencia no entiende ningún idioma. Solo entiende tu alegría, tu dicha, tu éxtasis... pero no las palabras, sino lo que experimentas.

No te reprimas. Es la única manera, y no hay otra alternativa que bailar con tanto frenesí que acabe desapareciendo aquel que baila y tan solo quede la danza. Y la existencia lo entenderá. Canta con totalidad de forma que no solo se quede atrás el cantante, sino que este quede completamente sumergido en la canción y se convierta en la canción misma. La existencia lo entenderá. La existencia tiene su propio idioma existencial; este es el idioma existencial.

Me han contado que después de la Segunda Guerra Mundial había dos generales sentados en un restaurante en

Londres. Uno era alemán y el otro era inglés. El general alemán le estaba diciendo al inglés: «No puedo comprender cómo nos han podido derrotar en la Segunda Guerra Mundial. Teníamos más poder y llevábamos ganando cinco años sin interrupción. ¿Qué ha ocurrido?».

El general inglés se rió y dijo: «No ha ocurrida nada, pero te olvidas de algo. La armada británica, de camino al campo de batalla, al frente, siempre le pedía a Dios: "¿Señor, concédenos la victoria". El señor estaba con nosotros. Nuestras oraciones tuvieron más fuerza que todo vuestro poder».

Ahora le tocaba reírse al general alemán, que dijo: «Tú debes de ser tonto. ¿Acaso piensas que nosotros no rezábamos? También lo hacíamos y el Señor estuvo cinco años consecutivos a nuestro lado».

El general inglés dijo: «Pero ¿en qué idioma le rezabais?». El alemán contestó: «En alemán, por supuesto».

El general británico repuso: «Ese es el problema. ¡Dios no sabe alemán! Solo sabe inglés».

Y todas las razas y todos los países del mundo se comportan del mismo modo. Los judíos creen que Dios solo sabe hebreo, los hindúes creen que Dios solo sabe sánscrito, y los musulmanes *saben* que Dios solo sabe árabe.

Pero quiero deciros que Dios no sabe ninguno de esos idiomas. Todos los idiomas han sido inventados por el hombre. Dios solo entiende lo que él ha creado. Entiende a los pájaros, que no hablan inglés ni alemán. Dios entiende incluso el silencio de los árboles, el aroma de las flores, la canción del río que baja de las montañas, la paz eterna que reina en el Himalaya. Esos son los idiomas que entiende Dios.

Quédate en silencio, sé feliz, canta una canción, conviértete en la danza. No te estoy diciendo que bailes, sino que te conviertas en el baile; entonces tu oración habrá alcanzado la fuente más lejana de la existencia.

Había un místico sufí llamado Jabbar. En inglés, la palabra *gibberish* proviene de Jabbar, porque el lenguaje que utilizaba era completamente absurdo. De hecho no se trataba de un lenguaje. Se inventaba cualquier sonido, cualquier palabra, lo que fuera. Nadie entendía lo que decía. Era como un niño pequeño que estuviese aprendiendo a hablar, emitiendo sonidos, e incluso estos le hacían feliz. Muchas veces sus discípulos le decían: «¿Para qué te esfuerzas? Siempre estás inventándote sonidos, palabras que no existen en ningún idioma, ni diccionario...».

Pero un místico es un místico. No cambió de idea. La gente empezó a pensar que pronto no iría nadie a escucharlo. Pero se quedaron sorprendidos, porque tenía más discípulos que ninguno de los místicos coetáneos. Y se extrañaban porque no entendían qué estaba ocurriendo.

Lo que ocurría era realmente increíble. Cuando escuchas a Jabbar, tu mente no puede hacer nada. No puedes interpretar, no puedes juzgar si está bien o está mal. No sabes qué está diciendo. Naturalmente, cuando le escuchas, la mente se detiene: este hombre está loco y no le entiendes, no sabes qué está diciendo. No hay comas, ni punto y coma, ni punto y aparte; habla sin parar. Debía de tener mucha inventiva.

Y disfrutaba enormemente. Se reía como si estuviese contando un chiste, y luego volvía a empezar. Cada vez tenía más discípulos porque la mente de estos se quedaba en silencio simplemente sentándose a su lado y escuchando su *gibberish*. Y esa era la intención de Jabbar, su herramienta. Cuando sus mentes se quedaban en silencio, estaban meditando.

Cuando la mente se queda en silencio, tu conciencia está limpia, pura. Y esa limpieza, esa pureza, es tu divinidad. Mucha más gente ha entendido a Dios por medio del *gibberish* de Jabbar que a través de los grandes eruditos. Nunca he oído decir que alguien haya experimentado a Dios estudiando mucho.

Pero Jabbar debía de ser un hombre especial. Es una pena que no hubiese máquinas para grabarle; de lo contrario, todo lo que decía se habría convertido en una de las más sagradas escrituras. Nadie habría sido capaz de entenderlo, porque no hay nada que entender, solo hay que quedarse en silencio, estar ausente.

De modo que cualquier cosa que haga que estés ausente, ya sea cantar o bailar, hará que te llenes de la presencia de Dios. De repente, serás consciente de tu propia luz interna.

Las últimas palabras de Gautama Buda fueron *appa deepo bhava*: sé tu propia luz. Y dijo estas palabras a su discípulo principal, Ananda, que llevaba con él cuarenta y dos años como una sombra, día tras día sin interrupción. Y, sin embargo, no se había iluminado. Pero otros que habían llegado después que él sí se habían iluminado.

Por eso estaba llorando sentado al lado de Buda y decía: «Nos vas a dejar». Buda declaró: «Me voy a morir hoy. Cuando se ponga el sol, retiraré la conciencia de mi cuerpo y me disolveré en lo universal».

Ananda, que seguía llorando, dijo: «¿Y qué será de mí? Llevo contigo cuarenta y dos años y todavía no me he iluminado; y ahora tú te vas. Y te vas para siempre, no volverás a otro cuerpo, así que no podré encontrarte».

Buda dijo: «Ese es el impedimento. Crees que yo puedo hacer que te ilumines, por eso han pasado cuarenta y dos años sin que te ocurra nada. Es posible que después de mi muerte te ilumines en las próximas veinticuatro horas. Porque durante cuarenta y dos años has tenido la esperanza de que yo podía hacer algo. Nadie puede hacerlo. Tienes que ser tu propia luz».

Estas fueron sus últimas palabras. Al morir, Ananda no se movió de su lado, y al cabo de veinticuatro horas se iluminó. Le podía haber ocurrido cualquier otro día. Pero siempre había albergado la esperanza, durante cuarenta y dos años, de que no tendría que hacer nada por ser el primer discípulo de Gautama Buda.

La muerte de Buda supuso para él una conmoción tan grande que su mente se detuvo. Los demás discípulos estaban preocupados; temían que se volviera loco. Ananda adoraba a Gautama Buda, era como su primo hermano mayor. Le había seguido, le había servido... podía volverse loco. Y se quedó sentado de tal forma... se había quedado de piedra, como una estatua. Pensaron que no podía soportar ver a Gautama Buda muerto.

Pero en realidad no fue eso lo que ocurrió; Ananda no se volvió loco, sino que también murió con Gautama Buda. Cuando Buda dejó de respirar, su mente se detuvo.

En esa nada, en ese silencio, se dio cuenta de lo que quería decir el último mensaje de Buda. Vio su propia llama interna, su propia luz. Y al cabo de veinticuatro horas, lo primero que hizo fue reírse.

Alguien le preguntó: «¿De qué te ríes?». «Me río porque estaba esperando que Gautama Buda hiciese algo y lo que estaba esperando siempre ha estado dentro de mí. Si hubiese mirado en mi interior, lo habría descubierto.»

Es un momento de dicha para ti. No te reprimas. Sé total en tu danza, sé total en tu alegría, sé total en tu dicha. Es el momento del despertar. Es tu amanecer.

3

Lo fácil es lo correcto

Osho,

Me encanta este poema de Chuang Tzu:

Lo fácil es lo correcto. Si empiezas correctamente eres fácil.
Si sigues fácilmente, estás en lo correcto.
El camino correcto para hacer lo fácil es olvidar el camino correcto y olvidar que el camino es fácil.

¿Querrías hacer algún comentario al respecto?

Chuang Tzu es muy peculiar; es, en cierto modo, el místico más singular de la historia de la humanidad. Su característica principal es decir cosas absurdas. Todos sus poemas y sus historias son completamente absurdos. Y el motivo por el que escogió el absurdo es muy significativo: por la necesidad de acallar la mente. La mente no se detiene con las cosas racionales, sigue dando vueltas. La mente se alimenta de la lógica. Solo lo absurdo puede provocar una conmoción que esté más allá del alcance de la mente.

Todas sus historias, sus poesías y otras declaraciones son tan absurdas que mucha gente lo abandonaba creyendo que estaba loco... Los más valientes se quedaron y descubrieron que era necesario practicar otro tipo de meditación. La mente simplemente dejaba de funcionar escuchando sus absurdas declaraciones.

La meditación no forma parte de la mente.

La mayor parte de las traducciones occidentales de los tratados de meditación orientales han fallado en el mismo punto: usan el término meditación como si se tratase de concentración. Y, de hecho, el término inglés *meditation* es aparentemente sinónimo de concentración.

En inglés hay tres palabras: concentración, contemplación y meditación. Ninguna de ellas se acerca al significado del término oriental *dhyana*, que en China se convirtió en *ch"an* y en Japón en *zen*. La raíz sánscrita es el término *dhyana*, y te vendrá muy bien comprender esta distinción. Cuando te concentras, tu mente se enfoca, se estrecha para ver un solo objeto.

Hay una famosa historia de uno de los grandes maestros arqueros... Arjuna dice que su profesor, Dronacharya, estaba haciendo el examen final a sus discípulos. Había puesto un pájaro muerto a modo de diana en un árbol distante.

Le preguntó a Duryodhana, uno de sus discípulos: «¿Qué ves?». Este contestó: «¡Todo! Veo los árboles, el sol que sale por detrás de ellos, el pájaro que has puesto en la diana. Lo veo todo».

Dronacharya preguntó a otro discípulo que respondió: «Yo solo veo el pájaro». Estaba más concentrado. La mente de Duryodhana estaba diseminada por todo el lugar. El segundo discípulo dijo que solo veía el pájaro. Pero el maestro no estaba satisfecho.

Le preguntó a Arjuna: «¿Qué ves?». Este dijo: «Solo veo el ojo del pájaro que nos has dicho que era la diana. No veo nada más». Su concentración era todavía más afinada. Y un arquero necesita tener este tipo de concentración. Pero la arquería no es meditación.

La contemplación no es concentrarse en un solo objeto, sino ver ese objeto desde todos los ángulos posibles. Por ejemplo, si alguien contempla el amor, ¿qué significa esto? Es limitarse a una línea de pensamiento, no a un determinado objeto, sino a un determinado sujeto.

En todos los idiomas del mundo excepto en hindú, chino y

japonés, «meditación» también nos da la sensación de... El arquero está concentrado, pero no le interesa el ojo, el ojo de buey. Le interesa disparar la flecha de modo que alcance el ojo; le interesa no errar el tiro.

La meditación, en lo que respecta a los idiomas occidentales, significa analizar profundamente un objeto; es pensar, pero con connotaciones más profundas. La contemplación es lineal: pensar en un sujeto desde todos los ángulos posibles, pero la mente está en movimiento. En la meditación la mente no se mueve. Se parece a la concentración pero no hay flechas. Tus pensamientos son las flechas, pero le dan una y otra vez al mismo sujeto; no es lineal, no es horizontal, sino vertical.

En los idiomas occidentales no existe ninguna palabra que sirva para traducir *dhyana* adecuadamente. Se ha escogido «meditación» porque no había otra palabra, pero no es correcto. Aunque es la mejor de las tres palabras, el significado de *dhyana*, *chan*, o *zen* es completamente distinto. Significan que la mente se ha detenido.

En la concentración la mente se focaliza; en la contemplación se dirige de forma lineal hacia un sujeto en particular; en la meditación se concentra y, en vez de flechas, lanza pensamientos cada vez más profundos hacia el mismo objeto. Pero los tres procesos tienen lugar en la mente.

Dhyana significa que la mente ha sido apartada. No hay concentración, no hay contemplación, no hay meditación. Es un estado de no-mente; de silencio absoluto, sin pensamiento alguno.

En Oriente se han experimentado muchos métodos: cómo detener la mente con un parloteo constante, cómo ignorarla, cómo detenerla, cómo ir más allá de la mente. Chuang Tzu tiene su propio método, es su propia contribución. Solo dice cosas incoherentes que la mente no sabe cómo interpretar. La mente necesita cosas razonables, racionales, lógicas; es su terreno. Lo absurdo excede los límites de la mente.

Ya os he contado la famosa historia de Chuang Tzu: una mañana se despertó en un mar de lágrimas, triste y deprimido. Sus discípulos nunca lo habían visto llorando o deprimido; era un maestro iluminado... pero ¿qué le había sucedido? Fueron corriendo a preguntarle: «¿Podemos hacer algo?». Chuang Tzu dijo: «Me parece que no». «De todas formas —dijeron—, nos gustaría saber cuál es el problema que te ha provocado este estado. ¡Tú estás por encima de los problemas!»

Chuang Tzu dijo: «Solía estarlo, pero anoche tuve un sueño que ha truncado mi estabilidad, mi despertar, mi autorrealización, mi iluminación, todo se ha ido al traste».

«¿Simplemente por un sueño?», preguntaron. «No era solo un sueño, me ha dejado destrozado», respondió. «Pero ¡cuéntanos tu sueño, por favor!», exclamaron.

En el sueño, Chuang Tzu se había convertido en una mariposa. Los discípulos se rieron y dijeron: «Te estás deprimiendo y llorando sin necesidad, pensando que tu iluminación y tu autorrealización se han ido al traste... Pero solo es un sueño, no hay que preocuparse. En los sueños la gente se convierte en muchas cosas, pero solo es un sueño».

Chuang Tzu dijo: «Ya sé que solo es un sueño. Pero lo que me preocupa ahora es ¿quién soy? Si Chuang Tzu ha soñado que se convertía en una mariposa, una mariposa puede soñar que se convierte en Chuang Tzu. Y ahora estoy desconcertado. ¿Quién soy? ¿Soy Chuang Tzu o soy la mariposa?

»Si Chuang Tzu es capaz de soñar que es una mariposa, también puede ser que una mariposa se eche una siesta en un rosal y sueñe que se ha convertido en Chuang Tzu. Nadie se lo puede impedir. Y ahora el problema es saber si estoy despierto o si soy la mariposa que está soñando que es Chuang Tzu. ¡Decidme quién soy, la mariposa o Chuang Tzu!».

No sabían qué hacer... ¿qué le podían decir? Este hombre siempre encuentra cosas absurdas... Hay millones de personas que han soñado desde hace millones de años, pero nadie se había planteado esta cuestión. Tú sueñas, pero ¿alguna vez te has planteado al despertar que pueda tratarse del principio de otro sueño?

¿Qué te hace tener la seguridad de que no estás soñando? En el sueño estabas seguro de ser una mariposa, y ahora estás seguro de ser Chuang Tzu. En ambos casos tienes la misma certeza. De hecho, cuando estás despierto puedes sospechar, puedes dudar, tienes esa posibilidad; pero cuando estás soñando, no tienes dudas, no sospechas, no preguntas, simplemente eres una mariposa.

Él dijo: «Sentaos a meditar y encontrad la respuesta: ¿quién soy?».

Ellos se miraron, ¿cómo podían meditar sobre esto, cómo podían pensar en ello? No se puede pensar en algo así porque está más allá de la mente. Su discípulo más próximo, Lieh Tzu, había ido al poblado más cercano. Al regresar, se encontró con esta escena: Chuang Tzu llorando en la cama y los discípulos con los ojos cerrados y la mente colapsada.

¿Qué puede decir la mente? Es una pregunta absurda. A uno de los discípulos que estaba cerca de la puerta, le preguntó: «¿Qué ocurre? ¡Está muy serio! Nunca ha habido tanta seriedad aquí dentro. Y ¿por qué llora nuestro maestro? ¿Se ha muerto alguien o ha sucedido algo grave?».

El discípulo dijo: «Se ha inventado otro disparate. No se ha muerto nadie y tampoco ha ocurrido nada; ¡solo nos quiere torturar! Y ahora tenemos que meditar sobre ello». Y le contó el problema. Lieh Tzu comentó: «No os preocupéis. Seguid meditando, ahora vuelvo».

Se fue, llenó un cubo de agua helada, lo trajo y lo vació encima de Chuang Tzu. Y este le dijo riéndose: «¡Si hubieses llegado antes, habrías salvado a todos estos idiotas! Están tan serios, parece que realmente estén pensando. Y me habría ahorrado tantas lágrimas y ese disgusto. Espera, no me eches más agua; está helada».

Lieh Tzu dijo: «¿Has resuelto tu problema o no?». Chuang Tzu respondió: «Lo he resuelto, ¡eres mi sucesor!».

No es una cuestión que pueda resolverse con la mente.

La mente se siente completamente impotente.

Chuang Tzu tiene cientos de historias y debe de haber tenido un talento muy especial —porque tampoco es fácil inventarse esas historias—, pero su enseñanza era muy simple. Y los que se quedaron con él se iluminaron. Es un caso muy particular. Desbancó a su propio maestro Lao Tzu: algunos de los discípulos de Lao Tzu se iluminaron pero casi todos siguieron con su antigua ignorancia. Desbancó a Gautama Buda: con él se iluminaron algunas personas, pero en una proporción muy pequeña ya que tenía miles de discípulos y tan solo se iluminaron aproximadamente una docena.

En la historia de los místicos, Chuang Tzu ocupa un puesto extraño. Todos sus discípulos se iluminaron. No te dejaba en paz hasta que te iluminases. Te perseguía hasta tal punto que finalmente la gente prefería iluminarse. Cada día inventaba una tortura nueva..., la única forma de salvarte era iluminándote. Pero su método era muy sencillo, y este poema cuenta todo su enfoque en forma de aforismo.

«Lo fácil es lo correcto.» Nadie se atreve a decirlo. Al contrario, la gente hace que lo correcto sea todo lo difícil posible. Para vosotros, que estáis condicionados por las distintas tradiciones, lo erróneo es fácil y lo correcto es difícil. Hay que instruirse, hay que ser disciplinado, hay que reprimirse, hay que renunciar al mundo, hay que renunciar a los placeres...

Las mentiras son fáciles y la verdad es difícil; esta es la carga que arrastra toda la humanidad. Pero Chuang Tzu realmente tiene una gran percepción, y dice: «lo fácil es lo correcto». En ese caso, ¿por qué la gente ha hecho que lo correcto sea difícil? Todos vuestros santos han hecho difícil lo correcto.

Detrás de esta actitud hay una forma de pensar: al ego solo

le atrae lo difícil. Cuanto más difícil sea la tarea, más desafío siente el ego.

Escalar el Everest era muy difícil; antes de que Edmund Hillary lograra llegar vivo a la cumbre, hubo cientos de personas que murieron en el intento. Una expedición de montañeros tras otra lo llevaba intentando todo el siglo, hasta que llegó Edmund Hillary y vio ¡que no había nada! En la cumbre ni siquiera hay sitio suficiente... «¿Qué te ha empujado a hacerlo? Sabiendo perfectamente que cientos de montañeros han perdido la vida en los últimos cien años, y ni siquiera han encontrado su cuerpo... ¿por qué te has embarcado en un proyecto tan peligroso?»

«Tenía que intentarlo —fue su respuesta—. Esto le estaba doliendo a mi ego. Yo soy montañero, me encanta escalar montañas, y para mí era humillante que existiera el Everest y nadie hubiese logrado subir hasta allí. No se trata de descubrir algo, pero me produce una gran satisfacción.»

¿A qué se debe esa satisfacción? ¡No has descubierto nada! La satisfacción se debe a que tu ego se cristaliza más. Eres el primer hombre de la historia que ha subido al Everest; nadie puede suplantarte. Todo el que llegue allí será el segundo, el tercero... pero has marcado un hito en la historia; has sido el primero. No has descubierto nada, pero has descubierto algo que alimenta profundamente el ego. Es posible que Edmund Hillary no fuera consciente de esto.

Todas las religiones hacen difícil lo correcto, porque la dificultad entraña cierto atractivo, es algo que atrae al ego. Pero el ego no es la verdad; el ego no es lo correcto. ¿Te das cuenta de la disyuntiva? El ego solo se siente atraído por la dificultad. Si quieres que las personas se conviertan en santos, haz que lo correcto, tu verdad, tu disciplina sean muy difíciles. Cuanto más difícil, más egoístas atraerás, y sentirán una atracción casi magnética.

Pero el ego no es lo correcto. Al contrario, es lo peor que puede ocurrirle al ser humano. Y no puede transmitirte lo correcto, la verdad; solo puede fortalecer tu ego. Chuang Tzu, con una simple declaración, está diciendo una verdad profunda: «lo fácil es lo correcto». Porque el ego no se siente atraído por lo fácil.

Si te diriges a lo fácil, el ego empieza a morirse. Y cuando ya no quede ego habrás llegado a tu realidad: lo correcto, la verdad. Y la verdad y lo correcto tienen que ser naturales. Fácil significa natural; los encuentras sin esfuerzo. «Lo correcto es fácil» significa que lo correcto es natural, la ausencia de esfuerzo es correcta, la ausencia de ego es correcta.

Si empiezas correctamente eres fácil.
Si sigues fácilmente estás en lo correcto.

Son las dos caras de la misma moneda. Si cuando empiezas a vivir una vida correcta, lo encuentras difícil, recuerda: eso significa que no es correcta. Si viviendo lo correcto, tu vida se vuelve cada vez más fácil, te dejas llevar cada vez más, vas con la corriente...

Es difícil ir en contra de la corriente, pero no lo es si vas a favor. De manera que si eliges las cosas más fáciles de la vida, las más naturales, estás en lo correcto; o puedes empezar en el otro sentido, pero recuerda que lo correcto debe resultarte cómodo, relajado.

Si sigues fácilmente estás en lo correcto.

Nunca olvides que lo difícil alimenta el ego, y este es la barrera que no te permite ver, no te permite oír, dificulta la apertura de tu corazón, no te deja amar, bailar, cantar.

Sigue fácilmente.

Tu vida entera debería ser algo fácil. Así no estarías fomentando el ego. Serías un ser natural, corriente, que es lo más extraordinario que hay para Chuang Tzu y para mí. Las personas que intentan ser extraordinarias se equivocan de meta. Sé simplemente corriente, no seas nadie.

Pero tus condicionamientos te corrompen. Te dicen que fácil equivale a ser un vago, que ser corriente resulta humillante. Si no buscas el poder, el prestigio, la reputación, entonces tu vida es insignificante; eso es lo que te han inculcado.

Chuang Tzu elimina todos esos condicionamientos con una simple declaración.

Sigue fácilmente y estás en lo correcto.

No dejes que lo difícil te atraiga ni por un instante. Podrás convertirte en alguien —ser primer ministro o presidente— pero no serás divino. Lo fácil es divino.

He oído que había un estadounidense inmensamente rico que poseía todo lo que la vida puede ofrecer y que siempre había luchado por estar en la cúspide; y ahora que estaba allí, se sentía estúpido en su interior porque en la cúspide no había nada. Si Edmund Hillary hubiese sido lo suficientemente inteligente, se habría sentido como un idiota en la cumbre del Everest... ¿Era esto lo que realmente quería? El primer hombre que caminó sobre la Luna debería sentirse avergonzado, aunque nadie lo viese.

Ese multimillonario había conseguido lo máximo en lo que respecta al dinero, y había comprado todo lo que el dinero puede comprar. Y ahora se siente como un idiota. ¿Qué sentido tiene? Su interior está vacío. No tiene tiempo para dedicárselo a su crecimiento interno, ni siquiera tiene tiempo para empezar a conocerse.

Dejó todas sus riquezas y se fue rápidamente a buscar la verdad a Oriente, porque habían transcurrido las tres cuartas partes de su vida y ya solo quedaba la cola; el elefante ya había pasado. Pero si había alguna posibilidad, todavía le quedaban algunos días. Se fue a toda prisa. Estuvo con varios maestros, pero ninguno le satisfizo porque, una vez más, todo lo que decían era una película sobre el ego. Y él estaba muy familiarizado con esa película.

Da igual que estés acumulando dinero o cualquier virtud, que seas honorado aquí o en el futuro, da igual, se trata del mismo juego. Da igual que estés convirtiéndote en una famosa celebridad o en un venerable santo; no hay ninguna diferencia, ambas cosas son jugadas del ego.

Y todos los maestros le imponían duras disciplinas y formas difíciles y arduas de descubrir la verdad. Todos decían: «Puede que no lo consigas en esta vida, pero empieza de todas formas. Quizá en la próxima... Es un largo viaje, la meta es una estrella lejana».

Pero ya nadie podía engañarlo. Se había dado cuenta de que convertirse en alguien especial era un ejercicio de estupidez. Finalmente oyó hablar de un santo que vivía en el Himalaya. La gente le dijo: «Si él no te convence, no te convencerá nadie y puedes olvidarte de este asunto».

De modo que, cansado y agotado, se encontró con el anciano después de caminar muchos kilómetros. Estaba muy contento de verle, pero se quedó boquiabierto. Antes de poder decir nada el anciano le preguntó: «Eres estadounidense?».

«Sí», le respondió.

El anciano dijo: «Muy bien. ¿No tendrás un cigarrillo de tu país?».

«¡Dios mío! —exclamó—, ¿dónde me he metido? Vengo a buscar la verdad, a buscar el auténtico...» Sacó los cigarrillos y el anciano empezó a fumar.

El estadounidense dijo: «Ni siquiera me pregunta por qué he venido hasta aquí, pasando hambre y penalidades...».

«Eso da igual», respondió.

«¡He venido a descubrir la verdad!», explicó el estadounidense.

«¿La verdad? —dijo el anciano—. Haz una cosa, vete a casa. Y la próxima vez que vengas, tráeme muchos cigarrillos de tu país porque aquí cuesta mucho trabajo encontrarlos. Y yo soy muy cómodo, no me gusta hacer esfuerzos; la gente viene por su propia cuenta. Pero los cigarrillos de primera calidad me gustan mucho. Y los indios solo traen cigarrillos indios...»

«Bueno, ¿qué hay de mi búsqueda?», preguntó el hombre.

El anciano respondió: «¿Tu búsqueda? El ejercicio que vas a hacer consiste en ir a por todos los cigarrillos que puedas, y luego volver y quedarte aquí conmigo».

«¿Algunas reglas?», preguntó.

El anciano dijo: «Yo soy un viejo corriente, no tengo reglas, ni religión, ni filosofía, solo me gusta fumar. Ven y, poco a poco, tú también serás ordinario como yo. Y lo correcto es ser corriente y sin pretensiones».

Y cuando el hombre se marchaba profundamente perplejo, el viejo le dijo: «Oye, por lo menos déjame el reloj de pulsera, yo no tengo y no sé qué hora es... De todas formas volverás y podrás traerte otro».

A Chuang Tzu le habría encantado este anciano.

Lo fácil es lo correcto. Si empiezas correctamente eres fácil.

Este debe ser el criterio. Si te sientes incómodo, tenso, eso significa que lo que has empezado no puede ser correcto.

Si sigues fácilmente, estás en lo correcto.

Y la última parte es algo que nunca deberás olvidar.

El camino correcto para hacer lo fácil es olvidar el camino correcto.

Porque incluso recordarlo produce intranquilidad.

El camino correcto para hacer lo fácil es olvidar el camino correcto y olvidar que el camino es fácil.

¿Qué necesidad hay de recordar estas cosas?

Relájate hasta tal punto... sé tan natural como los árboles y los pájaros. Entre los pájaros no encontrarás santos y pecadores; entre los árboles no encontrarás unos virtuosos y otro llenos de vicios. Todo es fácil, tan fácil que no necesitas recordarlo.

Estoy de acuerdo con Chuang Tzu y absoluta, incondicional y categóricamente en sintonía con él. Me habría encantado conocerlo. Si me dieran la oportunidad de conocer a alguno de los místicos de la historia de la humanidad, ese sería Chuang Tzu. Por eso le he puesto su nombre a este Auditorio.

Chuang Tzu fue un incomprendido. Eso es evidente... porque acabó con todos los sacerdotes, papas, *imanes*, *shankaracharyas*; acabó con todos los grandes mandamientos para ser bueno, y lo hizo con suma facilidad. No nos ha dejado unas reglas, no nos ha dejado una doctrina, no nos ha dejado un catecismo. Solo nos ha explicado una cosa: si puedes ser natural y corriente como los pájaros y los árboles, florecerás, abrirás las alas en el ancho cielo.

No hay que ser santos. Los santos están muy tensos, más aún que los pecadores. Los conozco bien a ambos, y si tuviera que elegir, escogería antes de compañero a un pecador que a un santo. Los santos son la peor compañía que puedas imaginar porque sus ojos están llenos de juicios acerca de todas las cosas: hay hacer esto y no hay que hacer aquello. Y te empiezan a dominar, a criticar, a humillar, a insultar, porque lo que ellos hacen es correcto y lo que tú haces no lo es. Envenenan tu naturaleza a tal extremo que si hubiera que buscar criminales los encontraríais entre vuestros santos y no entre vuestros pecadores. Los pecadores nunca hacen demasiado daño a nadie.

He estado de visita en varias cárceles con los criminales, y me sorprendió que fueran personas tan inocentes. Los han capturado por ser tan inocentes. Los listos cometen crímenes más grandes pero no los capturan. En todas las leyes hay lagunas.

Los listos son los primeros en descubrirlas y a los inocentes los capturan porque no son tan astutos.

Es muy extraño pero cuando me encarcelaron en Estados Unidos sin mediar acusación... Al no haber acusación y ningún motivo alguno para estar en la cárcel, intentaron retenerme ahí todo lo posible antes del juicio, porque cuando empezara este último no tendrían pruebas.

Pero me retuvieron allí doce días antes del juicio. Fue una gran experiencia conocer... yo conocía a criminales y a presos pero solo cuando iba de visita. Esta experiencia fue completamente distinta porque yo era uno de ellos. Me sorprendió que me llevaran a cinco cárceles distintas solo para fastidiarme: durante esos doce días me trasladaron de una cárcel a otra; aunque para mí fue una buena experiencia.

Todos los reclusos iban a verme, a darme la bienvenida. Me saludaban sacando la mano entre los barrotes y me decían: «Osho, no te preocupes, la verdad siempre gana». Y cada vez que entraba o salía de una cárcel, me hacían la señal de la victoria desde todas las celdas.

Me mandaban pequeñas notas: «Te queremos. No te conocemos pero te hemos visto en la televisión. Te hemos oído hablar y sabemos que eres inocente». Mirándolos a los ojos o mirando a los ojos de los agentes de la ley, la diferencia era evidente... ¿quiénes eran los auténticos criminales? Los carceleros, la guardia federal, los jueces, esos eran los verdaderos criminales. Se podía ver por su mirada, por su expresión.

Se negaron a darme comida vegetariana para torturarme porque en sus cárceles nunca había habido un vegetariano: «Por eso no lo tenemos organizado». Y los reclusos empezaron a traerme la fruta, los frutos secos o la leche que les daban cuando se enteraron, diciendo: «Tómalo, Osho. Nosotros podemos tomar alimentos no vegetarianos pero nos indigna ver que pasas hambre, que estás desfalleciendo, y no poder hacer nada». Mi celda estaba llena de fruta. Yo les decía: «No puedo comer toda esa fruta ni puedo tomarme toda esa leche».

Pero ellos me respondían: «Deja que te lo demos. No vas a estar aquí mucho tiempo. Mañana volverán a cambiarte».

Y me traían recortes de fotografías mías de los periódicos para que se las firmara y tener un recuerdo: «Hemos vivido contigo aunque solo fueran uno o dos días».

Vivimos en un mundo extraño. Aquí mandan los criminales y se convierten en políticos, presidentes, vicepresidentes, primeros ministros, porque ¿a quién le interesa el poder aparte de a los criminales? A un auténtico ser humano le interesa la paz, el amor, que lo dejen tranquilo, que le den libertad para ser él mismo. La idea de dominar a los demás en sí misma es criminal.

Chuang Tzu tiene razón cuando dice que siempre que sientas tensión debes pensar que lo que estás haciendo no está bien. Y es la única persona que nos ha dado un criterio tan bello:

> *Lo fácil es lo correcto. Si empiezas correctamente eres fácil.*
> *Si sigues fácilmente, estás en lo correcto.*
> *El camino correcto para hacer lo fácil es olvidar el camino correcto y olvidar que el camino es fácil.*

Relájate en no ser nadie.

Y esto también es un mensaje para todos mis sannyasins: sed naturales. No tenéis que ser católicos, no tenéis que ser hindúes, no tenéis que ser musulmanes, solo tenéis que ser naturales, como los árboles, los pájaros y los animales. Volveros parte de este universo relajado, tan relajado que te olvidas de la comodidad y de la corrección. Para mí esto es la iluminación.

Osho,

¿Qué es la cultura? ¿Es un fenómeno interno? ¿Hay una cultura hindú y una cultura occidental? ¿Podrías comentarlo?

Para mí la cultura es la gracia que recae sobre aquel que está siendo natural. La cultura no es hindú, ni oriental ni occidental. Todo lo que recibe el nombre de cultura oriental, cultura occidental o cultura hindú es falso; es un engaño. ¿Cómo puede ser la cultura hindú, estadounidense o rusa? La cultura es lo que irradia un ser natural, el encanto de su comportamiento, su naturalidad sin esfuerzo.

Pero esas culturas de las que se habla son una preparación, te están adiestrando para que te ajustes a una determinada sociedad, y el precio que pagas es el de ser antinatural, estar incómodo, tenso, atormentado por la ansiedad.

Te daré algunos ejemplos.

Desde hace siglos, en China, a las mujeres desde el momento de su nacimiento... cuando la niña era todavía un bebé le ponían unos zapatos de hierro para que los pies no crecieran. Las mujeres que pertenecían a las clases sociales más altas y ricas, a la familia real, casi no podían andar porque sus pies eran diminutos, aunque el cuerpo creciera. Unos pies tan pequeños no pueden sujetar el peso del cuerpo de una mujer. Pero era una cuestión cultural. A la gente le parecían más bellos los pies pequeños.

Podías saber a qué clase social pertenecían con solo mirarle los pies. Si tenían los pies grandes, pertenecían a la clase humilde; si los tenían más pequeños, pertenecían a la clase media; y si los tenían muy pequeños eran de la clase alta. Las mujeres de la familia real eran completamente incapaces de andar; te vuelven inválido en nombre de la cultura. Pero, a lo largo de muchos siglos, a nadie se le ocurrió pensar que los pies tuvieran que crecer en proporción al cuerpo o de lo contrario no podrías andar. Era una costumbre antinatural y dolorosa.

Cada sociedad impone a la gente sus ideas, ideas extrañas. Pero si tu mente está contaminada, no se te ocurre pensar que esas costumbres carecen de sentido.

En la India, en las fiestas hindúes o en las ocasiones especiales, preparan una bebida especial, ¡no se te ocurra probarla! Si te la ofrecen, niégate a tomarla. Le han dado un bonito nombre: *panchamrit*, cinco néctares. ¿Y qué son esos cinco néctares? Estiércol de vaca, orina de vaca, leche de vaca, yogur y mantequilla purificada llamada *ghee*. Son las cinco cosas que da la vaca... y la gente lo bebe con gran felicidad. Así es la cultura hindú: la vaca es la madre.

En el ashram de Mahatma Gandhi había un hombre, una persona muy culta, el profesor Bhansali. Casi fue convertido en un gran santo por el simple hecho de comer exclusivamente... estiércol de vaca durante seis meses. Comer estiércol de vaca y beber orina de vaca, esa era su única virtud. Incluso Mahatma Gandhi le alababa diciendo que era un gran santo. Y cuando yo le vi, le dije: «¡Tú eres idiota! Pero, no te preocupes, porque en mi léxico "santo" e "idiota" significan lo mismo».

Si te fijas, en cualquier lugar del mundo podrás encontrar comportamientos estúpidos, que forman parte de la cultura. En Calcuta, en el templo de la diosa madre Kali, se sacrifican animales todos los días. Y su sangre y su carne se reparte como una dádiva entre los presentes que se reúnen allí.

Y es algo que se sigue practicando. La gente bebe la sangre y come la carne y siente un gran agradecimiento por Dios. Yo estuve allí y pregunté al párroco del templo: «¿Y qué les ocurre a los animales que sacrificáis?». Él respondió: «Tienen suerte porque cuando sacrificas un animal a los pies de la diosa Kali va directamente al paraíso».

«Entonces ¿por qué no sacrificas a tu padre? —le dije—. No corras el riesgo. Sacrifica a tus hijos, sacrifica a tu mujer, sacrifícate tú y así irás directamente al cielo; porque si mueres de muerte natural nadie te garantiza nada. ¡Podrías acabar en el infierno! Ten compasión de tu anciano padre.»

«Pero ¿qué clase de persona eres?», me dijo.

«Solo te estoy dando un consejo —le dije—. Si estás seguro de que los animales sacrificados van al paraíso, entonces no te escandalices por tener que sacrificar a tu padre. Esto lo conducirá por el atajo.»

Pero las personas se engañan unas a otras y a sí mismas. Había unos monjes cristianos —todavía existen— que solían llevar zapatos hechos de una forma especial. Estos zapatos tenían clavos en el interior, de manera que se clavaban en los pies al caminar provocando numerosas heridas. A pesar de las heridas provocada por los clavos, seguían caminando. Creían que eran muy santos porque no se identificaban con el cuerpo.

En Rusia, antes de la revolución, había una secta cristiana que llegaba al extremo lógico del celibato. El celibato es un crimen porque es antinatural.

Esa secta era la más respetada entre los cristianos. Todos los años se reunían en las iglesias en Navidad para mutilarse los órganos sexuales. Los hombre se cortaban los órganos sexuales y, como las mujeres no podían ser menos, estas empezaron a cortarse los pechos.

Y dentro de la iglesia podías ver un montón de genitales y pechos, y gente bañada en sangre, y había personas postrándose a sus pies y glorificándolos por ser grandes célibes. Es el desenlace natural, porque ahora, aunque quisieran, no podrían engañar a nadie. Y esta orden era considerada una de las más espirituales.

Esto no es cultura, es superstición.

Solo sé de una cosa que puede llamarse cultura, y es cuando tu mente está en silencio absoluto y tu ser empieza a irradiar felicidad, la felicidad de las cosas corrientes, la felicidad de no ser nadie.

Repitamos a Chuang Tzu: la cultura es fácil. Y todo lo que te haga sentir incómodo es estúpido.

Los judíos y los musulmanes practican la circuncisión. Les cortan la piel de los genitales a los niños. Es su cultura.

Me han contado que había un obispo que vivía frente a un rabino y siempre estaban compitiendo. Todas las religiones compiten entre ellas, aunque que luego te digan que tú no deberías competir. Pero su ceguera es tan grande que no se dan cuenta de lo que predican: «No deberías competir»; mientras tanto, todas compiten entre ellas.

Dicen: «Dios es amor», y a la vez organizan cruzadas, guerras santas. En el nombre de Dios y en nombre del amor las religiones han asesinado a más personas que nadie. Y hay que estar muy ciego para no darse cuenta de que no se puede organizar cruzadas en nombre de Dios o en nombre del amor. Ha habido gente a la que han quemado viva.

Entre el obispo y el rabino existía una gran rivalidad. Una mañana el rabino vio que el obispo se había comprado un coche nuevo, un Chevrolet. Estaba envidioso y le fastidiaba; era un insulto. Luego vio que el obispo salía de casa con un cubo de agua y que se lo echaba encima al coche. El rabino no pudo aguantar la curiosidad y le preguntó: «¿Qué estás haciendo?». El obispo respondió: «Lo estoy bautizando. Ahora es un coche cristiano».

Con los judíos no se puede competir. El segundo día, el rabino se compró un Cadillac. Cuando el obispo vio el Cadillac, se sintió muy molesto: «¿Qué voy a hacer con este rabino? ¡Siempre quiere ser el primero!». Entonces vio al rabino con unas tijeras de podar.

El obispo no podía aguantar la curiosidad. Se acercó y le preguntó: «¿Qué estás haciendo?». ¡El rabino estaba cortando el tubo de escape! «Le estoy haciendo la circuncisión —dijo—. Ahora es un coche judío.»

La única persona culta es un hombre sencillo, satisfecho de ser ordinario, feliz de ser como es, que se acepta y acepta lo que tiene sin juzgar —con un profundo sentimiento de que las cosas son lo que son y esto es lo que la existencia ha querido para mí—, porque tendrá una delicadeza y una belleza que no poseen las personas que quieren convertirse en alguien.

Solo puedes tener encanto cuando te relajas en lo que eres. Las rosas tienen cultura porque no compiten con las flores de loto. Hasta una brizna de hierba tiene encanto y belleza porque no compite. No está preocupada de no ser un rosal. Se siente tremendamente satisfecha de ser ella misma.

Esta satisfacción provoca un aura de gracia. Y esta gracia no es hindú, ni alemana, ni china; esta gracia no es capitalista, comunista ni fascista. Esta gracia pertenece a todos los seres humanos naturales que han renunciado a sus condicionamientos —cristianos, hindúes, musulmanes, judíos— y viven sin preocuparse por estar en armonía con la sociedad, sino en armonía con la existencia. Entonces, la música de la existencia fluye a través de ellos y están rodeados de la fragancia de la vida. No es algo que haya que cultivar, es algo con lo que se nace; solo hay que darle la oportunidad de crecer.

No impidas su progreso. ¿Alguna vez has visto un ciervo sin encanto? ¿Alguna vez has visto un águila sin encanto? El hombre es el único que tiene que cultivarlo.

Es curioso, porque el hombre es la parte más elevada de la existencia que ha desarrollado la conciencia. La gracia es como su sombra; no es algo que haya que cultivar. Todo lo que cultives será falso. Solo lo natural que surge de tu propio ser es auténtico, sincero, honesto.

4

Representando un papel en la película

Osho,

A veces no consigo observar mi mente con imparcialidad. De hecho, hay veces que me descubro dando sugerentes retoques a mis fantasías solo por el placer de hacerlo. Esto me ayuda a dejar claros mis deseos, pero a veces me pregunto si no me habré perdido en algún punto de la película, y todavía estoy buscando la salida. Suponiendo que alguna vez haya salido. ¿Podrías hablar sobre la debilidad que supone hacer maquinaciones con mi propia mente por pura distracción?

Estás diciendo: «A veces no consigo observar mi mente con imparcialidad». Eso significa que a menudo sí lo consigues; pero lo cierto es que si logras observar la mente una sola vez, entonces no podrás fallar el resto de las veces. El hecho de pensar que en ocasiones no lo consigues es un malentendido tuyo; no lo consigues nunca. A veces, cuando crees que has logrado observarla, eso también es un pensamiento, no es el testigo.

Te lo puedo recordar: a menudo, cuando duermes, puedes soñar que estás despierto. No pasa nada, pero por la mañana, cuando realmente estés despierto te darás cuenta de la diferencia que hay: el sueño puede lograr darte la impresión de estar despierto. Pero solo estás despierto en el sueño, no es un verdadero y auténtico despertar.

Y puedo decirlo con absoluta autoridad, porque una vez que conoces al testigo, ya no podrás perderlo ni aun queriendo. Cuando te conviertes en el observador de tu mente, todas esas disquisiciones que planteas en tu pregunta no son necesarias. Cuando el observador se va cristalizando, los sueños desaparecen.

Pero tú estás diciendo que: «De hecho, en ocasiones me descubro dando sugerentes retoques a mis fantasías solo por el placer de hacerlo». Esto es simplemente una explicación racional. Cuando estás soñando no puedes añadirle nada a tu sueño, no puedes darle sugerentes retoques. Estás profundamente dormido. No intervienes en tus fantasías, porque tú no estás presente, al menos no todavía.

Pero la mente es tan sumamente astuta que te consuela diciendo que estás del todo consciente, y no solo consciente, sino que además intervienes en tus fantasías por el placer de hacerlo. Y esto queda claro en tu pregunta: «Esto me ayuda a dejar claros mis deseos, pero a veces me pregunto si no me habré perdido en algún punto de la película, y todavía estoy buscando la salida. Suponiendo que alguna vez haya salido».

También dudas de tus explicaciones racionales. No hay ninguna que pueda consolarte. Siempre quedará la duda: «Puede que me esté engañando». Y es exactamente lo que estás haciendo. Nunca te has salido de la película. Ni siquiera cuando te convertiste en el observador; solo estabas representando un papel en la película.

Tienes tanto interés en ser el observador que tu mente es capaz incluso de ofrecerte eso. En un dispositivo de seguridad de la mente, te permite sentir que eres el observador: no te preocupes, estás fuera del sueño, hasta puedes darle unos retoques: puedes hacerlo más gracioso, más sugerente.

Y me estás preguntando: «¿Podrías hablar sobre la debilidad que supone hacer maquinaciones con mi propia mente por pura distracción?». El problema es que cuando eres el observador no hay mente, y si hay mente no eres el observador, y ambos son necesarios a la vez para distraerse, pero existencialmente esto es imposible.

O formas parte de la función que está representando la mente — y no puedes estar simultáneamente sentado en la sala viendo la función—, o te sientas en la sala. Pero tu mente es incapaz de enfrentarse a tu conciencia; simplemente desaparece, es muy tímida. Al dejarte solo, la pantalla de la mente se queda vacía. De modo que no hay ninguna posibilidad de distracciones.

Me contaron que en el andén de una estación había varias personas esperando el tren. Este llevaba retraso, era medianoche y todos se extrañaron al ver que alguien estaba sentado en la silla riéndose de algo. Todo el mundo lo observaba. ¿Qué ocurría? A veces tiraba algo con la mano, otras sonreía y en ocasiones casi se reía en voz alta.

Finalmente dijeron: «Tendremos que preguntárselo. El tren lleva retraso y este hombre nos está volviendo locos con su comportamiento». Se acercaron a él y le preguntaron: «No está bien interferir en lo ajeno pero no podemos resistirnos más. ¿Qué está haciendo exactamente? A veces parece que tira algo al suelo, otras parece sonreír y disfrutar, a veces se ríe, a veces se tapa la boca con la mano como si le preocupara que los demás le oyeran reírse, pero nosotros no vemos nada en este horrible andén».

El hombre dijo: «Vuestra pregunta me pone en una situación embarazosa pero os tendré que contestar ya que parecéis tener mucho interés. No es nada importante, solo me estaba contando chistes a mí mismo. No tenía otra cosa que hacer (el tren siempre llega con retraso), así que empecé a contarme chistes».

«Si estaba contando chistes —preguntaron—, ¿por qué tiraba cosas al suelo?»

«Son chistes viejos que me han contado y por eso los tiro —les dijo—. ¡Fuera, dejadme en paz!»

No podían decidir si este hombre estaba cuerdo o loco, porque si cuentas un chiste, siempre tiene que ser viejo, al menos para el que lo cuenta. Y dijo: «A veces es tan divertido que sonrío, otras veces me da miedo que os deis cuenta de lo que me pasa por dentro y por eso me tapo la boca».

«Pero su comportamiento nos está volviendo locos. Lo único que hacemos es preguntarnos qué le ocurre a este hombre. Mientras tanto usted disfruta tranquilamente en su silla...»

Puedes distraerte, pero entonces no serás el observador. Y si quieres ser el observador, no tendrás distracciones. De hecho, ¿quién necesita distraerse? Solo un infeliz. ¿Quiénes hacen cola en la puerta de los cines? Todo tipo de personas infelices, tensas, preocupadas, cansadas, machacadas por la vida, que buscan al menos tres horas para olvidarse de todos los problemas, las preocupaciones y ansiedades, y perderse en la película.

Las distracciones son para los desdichados, no para la gente dichosa, no para los meditadores, no para alguien que esté despierto. Una persona así disfruta tanto en su interior que no habrá ninguna distracción que pueda superarlo; al contrario, una distracción puede convertirse en una molestia. Si estás tranquilo, en silencio, cualquier tipo de distracción puede ser una molestia. Pero si estás cargado de pensamientos, de ruido, las distracciones pueden aliviarte durante dos o tres horas porque hacen que te olvides de ti mismo.

Está bien que los cines estén a oscuras cuando empieza la película. En esa oscuridad la gente llora, la gente sufre, la gente se ríe; no se preocupan porque nadie los ve. Pero ¿por qué lloran? En la pantalla no hay nada, solo es un juego de luces y sombras. Pero cuando hay una escena trágica, se les saltan las lágrimas. Se identifican completamente, se vuelven parte de la historia.

Su vida está tan hueca y tan vacía que les gustaría llenarla con algo. Puede ser una película, un circo, el alcohol o cualquier otra droga, por el simple hecho de olvidarse del mundo y de todos sus problemas. Pero olvidándose de ellos no los resuelven; al cabo de tres horas los problemas volverán a vengarse. Después de pasar toda la noche borracho, por la mañana los problemas seguirán ahí y además, estarás resacoso, con jaqueca. Los problemas siguen ahí, las preocupaciones siguen ahí..., quizá hayan aumentado por la noche.

Muchas veces he dicho que los que más han sufrido a lo largo de la historia de la humanidad son los judíos, y quizá por eso tengan los mejores chistes del mundo. Necesitan reírse de algo y que la vida no sea un valle de lágrimas. Para remediar las lágrimas, necesitas algo que te haga reír.

Me he esforzado mucho por encontrar un chiste indio, pero en la India no hay ni un solo chiste original. Diez mil años y no hay ni un solo chiste que sea nuestro. Son todos importados, y la mayoría proceden de la tradición judía.

Los judíos tienen chistes muy buenos. Y no es por que sean muy felices; al contrario, es porque su historia siempre ha sido muy trágica desde los tiempos de Moisés —hace casi cuatro mil años—, y no han hecho más que sufrir. Y ese sufrimiento parece no tener fin; todavía siguen sufriendo en Israel.

Pero lo sorprendente es que se las hayan arreglado para no volverse locos con todo este sufrimiento. Les han salvado los chistes, aunque estos no resuelvan sus problemas.

Os voy a contar dos chistes judíos:

Un rabino está viajando en el compartimiento de un tren con un sacerdote católico. Al cabo de un rato, este se inclina hacia delante y dice: «Perdone usted, rabino, ¿es cierto que las personas de su religión no comen cerdo?». «Sí, padre, es verdad», responde el rabino. «Y dígame, entre nosotros, en confianza, ¿usted lo ha probado alguna vez?» «Bueno sí, de hecho, una vez, hace mucho tiempo probé un poco de panceta.» «Y ¿le gustó?», pregunta el sacerdote. «Debo admitir que me gustó.»

Un poco más tarde el rabino se inclina hacia delante y dice: «Perdone, padre, pero ¿es cierto que los sacerdotes no pueden tener relaciones sexuales con las mujeres?». «Es verdad, rabino —responde el sacerdote—. Tiene usted razón. Nos está vetado.» «Y, dígame, entre nosotros, en confianza, ¿alguna vez ha caído en la tentación?», pregunta el rabino. «Pues, a decir verdad, no.»

«Mmm... qué lástima —responde el rabino—, porque está mejor que el cerdo.»

El segundo chiste: Moisés llega al mar Rojo con los israelitas. El faraón y su ejército los persiguen tenazmente. Llama a su oficina de relaciones públicas y pregunta a voz en grito: «Abra, ¿y los barcos? ¡Imbécil! ¿Dónde están los barcos?».

«¿Qué barcos? —dice Abra—. Nadie me ha hablado de barcos.»

«Necesito barcos para cruzar el río, ¡idiota! ¿Qué pretendes? ¿Que separe el agua y vaya caminando?»

«¡Moisés, chiquillo, por fin te oigo decir algo coherente! Si lo consigues, tendrás dos páginas completas en la Sagrada Biblia.»

Esta larguísima historia de problemas, tragedias y suplicios que no parece tener fin ha originado una enorme cantidad de chistes, pero solo sirven para disimular las lágrimas.

A Friedrich Niezsche no le faltaba razón cuando dijo: «Siempre que me río, podéis estar seguros de que estoy ocultando mis lágrimas. Si no me riera, me echaría a llorar».

En el mundo cada vez hay más distracciones porque también hay más infelicidad. Cada vez necesitas más distracciones y más diversas. Ya no te basta con una película normal, eso es solo para las masas. Los ricos tienen películas especiales que reciben el nombre de películas azules. Son personas respetables, admiradas por la sociedad, pero en sus casas ven películas azules que no son más que orgías sexuales. Las ruedan para los ricos que pueden permitirse disfrutar de una pequeña sala de cine en casa, un cine privado, donde invitan a sus amigos. Pero esto también me hace pensar que sufren de mayor tensión y angustia que el común de los mortales.

Las masas pueden ser pobres, es posible que no tengan suficientes alimentos, es posible que no dispongan de ropa suficiente, es posible que no dispongan de buenas viviendas, incluso puede que duerman en la calle, puede que sean mendigos..., pero, desde hace siglos, se sabe que los mendigos duermen mejor que los emperadores, aunque un emperador tenga las mayores comodidades para el descanso.

Las comodidades no te ayudan a dormir. En la mente del emperador hay tantas preocupaciones, tanta tensión, tantos problemas que parecen irresolubles. Y todas las mañanas tiene que volver a enfrentarse a ellos. Debe buscar una salida en la selva donde se encuentra. El mendigo no tiene problemas; llegado un punto, se ve en la necesidad de mendigar. Y es lo que lleva haciendo..., se ha convertido en un experto.

> Un día, un hombre estaba cruzando un puente cuando vio a un ciego. Ese día estaba de buen humor —acababan de aumentarle el sueldo—, de manera que le dio una rupia. El ciego miró la rupia, le dio la vuelta y le dijo: «Esta rupia es falsa». El hombre no podía creerlo y le respondió: «¡Pero tú eres ciego!».
>
> El ciego dijo: «Te diré la verdad; el ciego es mi amigo, pero hoy se ha ido a ver una película, así que yo le atiendo el negocio. En cuanto a mí, soy sordo. Al principio solía ser ciego, pero la gente me engañaba; me daban monedas falsas y

no podía decir nada por ser ciego. Yo sabía que me estaban engañando, así que cambié de profesión y me hice sordo. Este es un buen sitio y mi amigo me dijo: "Voy a ir a una sesión de mañana que dura tres horas. Guárdame el sitio para que no me lo quiten"».

Los mendigos no tienen grandes problemas. Incluso pueden cambiar de profesión con mucha facilidad. Y algo que no sabes: es posible que pertenezcas a algún mendigo.

Me enteré de esto último porque yo siempre estaba viajando y en la estación solía haber un viejo mendigo. Ya se había convertido en una costumbre y siempre que llegaba le daba una rupia, y cuando me iba le daba otra. Y me pasaba la vida yendo y viniendo.

Pero un día vi en su lugar a otra persona y le pregunté: «¿Que ha sido del anciano?».

«Me he casado con su hija», me respondió el hombre.

«Me alegro, y ¿dónde está el anciano?», inquirí.

«Me ha dejado su empleo como dote. Ahora me perteneces a mí», respondió.

«¿Que te pertenezco?», pregunté.

«Sí —dijo—. Todos los mendigos de la ciudad tienen su territorio. La gente no sabe a quién pertenecen pero nosotros nos hemos repartido los clientes. Dame una rupia y ya está. No me hagas perder el tiempo sin necesidad porque puede haber otros clientes. Mi suegro me ha dado toda la lista de sus clientes fijos y la limosna de cada uno, y me ha dicho que no me conforme con menos.»

«Esto es un descubrimiento —le dije—. Te daré más de lo que le daba a tu suegro porque has hecho que me dé cuenta de algo que no sabe nadie: que la gente es propiedad de algún mendigo, son sus clientes. Y los mendigos te entregan como dote a otra persona sin que nadie te lo pregunte.»

Es la profesión más simple. Pero la vida no es tan simple. Necesitas distraerte porque la existencia es muy compleja. Y a medida que empieces a ser simple, a estar tranquilo, a medida que empieces a disfrutar, ya no necesitarás distraerte.

Los sueños protegen en gran medida el sueño. Durante mucho tiempo se creyó que los sueños eran una interferencia en el sueño, pero los últimos descubrimientos de la psicología demuestran algo completamente distinto: los sueños no son interferencias del sueño sino que lo protegen; evitan las interferencias.

Por ejemplo, hace frío por la noche y tienes ganas de ir al baño, pero si tienes que levantarte en mitad de la fría noche para ir al baño, esto trastocará tu sueño. Los sueños son una protección. El sueño te hará creer que sales de la cama, vas al baño y haces lo que tengas que hacer, y luego vuelves a la cama y te quedas dormido. Pero sin moverte ni un milímetro. Tu sueño ha impedido que te despertaras.

Si duermes ocho horas, pasas soñando seis de esas ocho horas; tan solo durante dos horas duermes sin soñar. Y todo el mundo tiene que descubrir cuáles son esas dos horas, porque no son fijas: para algunos es de cuatro a seis, para otro es de tres a cinco; varía con cada individuo.

La persona que las tiene de una a tres puede despertarse a las tres sin problemas y no tendrá sueño a lo largo del día, ni se sentirá mal por haberse despertado tan pronto. Pero para alguien que tiene esas dos horas durante las que no sueñas de cuatro a seis, se despertará a las cinco y eso le trastocará completamente el día. Sentirá la falta de esa hora de sueño profundo a lo largo de todo el día. Se hallará de mal humor, todo le molestará y estará irritable, tenso, y tendrá ganas de irse pronto a la cama; pero no sabrá la razón de ese malestar.

La gente me pregunta: «¿A qué hora hay que levantarse en tu ashram?». «Estáis diciendo una tontería —les digo—, porque no todo el mundo se puede levantar a la misma hora. La gente tiene que levantarse a la hora que necesite para tener un día agradable, una sensación de felicidad, de bienestar.»

En el ashram de Vinoba en Wardha, Vinoba solía despertarse a las tres de la madrugada; probablemente le venía bien esa hora. Él se acostaba a las nueve de la noche. Cuando eres viejo, te basta con dormir seis horas, y es fácil que incluyera esas dos horas de las que hablo. Pero como él se levantaba a las tres, se había impuesto en el ashram la norma de que todo el mundo tenía que levantarse a las seis. Y luego los veías a todos dormidos durante el resto del día. Toda la gente iba con semblante agotado, apagado; se desplazaban prácticamente a rastras esperando a que llegara la noche.

Del mismo modo que hay una determinada hora para levantarse, también hay una hora para irse a la cama. Y varía de un individuo a otro. No hay una norma, un principio general, ni un método correcto desde un punto de vista psicológico o científico. Todo el mundo tiene que descubrirlo... y no es tan difícil. Solo hay que intentar acostarse y despertarse a distintas horas, para saber la hora correcta de levantarse y de irse a la cama. Y esto transformará tus veinticuatro horas.

No tienes que obedecer lo que dicen las escrituras porque es posible que la persona que las escribió estuviera en lo cierto en lo que a él respecta, pero no en lo que respecta a todo el universo y a las generaciones futuras. Aunque este tipo de estupideces siguen vigentes. A alguien le puede parecer adecuado levantarse a las siete y está bien, no hace daño a nadie. En realidad, es más fácil perjudicar o hacer daño a alguien cuando te despiertas temprano, porque estás irritado, dispuesto a pelear. Tu sistema nervioso no está relajado. La vieja idea de imponer una norma para todo el mundo está absolutamente pasada de moda. Mis seguidores, al menos, tendrán que descubrir la norma que les viene bien y recordar que no se la pueden imponer a nadie.

Y se ha demostrado que esa idea de que los sueños son interferencias es una idea completamente equivocada. Los sueños sirven para proteger. Observa tus sueños, recuérdalos por la mañana y te sorprenderá la inteligencia de tu mente inconsciente que crea una situación para proteger tu sueño.

De hecho, es lo que te está ocurriendo porque tienes tanto interés en ser el observador, de modo que el sueño dice: «De acuerdo, te concedo ser el observador». Pero es un sueño y formas parte de él. No estás fuera del sueño, en este sueño tú estás representando el papel del observador. No te engañes, porque si está el observador, no puede haber sueño. Puedes adoptar este criterio: o existe el sueño, o existe el observador.

> Un matrimonio va de vacaciones a Suiza para esquiar. El primer día el marido le dijo a su mujer que pasaría todo el día esquiando en la montaña. «No te preocupes, a las cinco o seis como mucho habré regresado.»
>
> Ella le esperó ansiosa todo el día, y viendo que no había vuelto a las siete, pidió que se movilizara una patrulla de rescate. Salieron en su búsqueda un equipo de rescate de la Cruz Roja, una sección de guías al completo, unos perros san bernardo y montañeros del ejército. Escalaron las altas laderas gritando su nombre mientras subían: «¡¿Dónde está? Somos de la Cruz Roja!».
>
> Al no recibir respuesta, subieron a los altos valles y volvieron a llamarle: «¡Somos de la Cruz Roja!», pero seguían si recibir respuesta. Cuando ya estaban casi en el glaciar, volvieron a llamarle: «¡Somos de la Cruz Roja!».
>
> Entonces les llegó el sonido de una tenue vocecita: «¡Yo ya he hecho mi donación!».

Osho,

Hace diez años me hice sannyasin y, por primera vez en mi vida, me he sentido en casa. Desde entonces, el silencio, la paz y la claridad han ido aumentando. Sin embargo, siento como si me estuviese acercando más hacia la muerte que hacia la vida y el amor. Mi novia me dice que soy frío y que no sé nada del amor. Es posible que tenga razón. ¿Acaso tengo el corazón cerrado? ¿Puede ser que, debido a la meditación, esté huyendo y protegiéndome con tal de no involucrarme completamente en la vida?

No estoy de acuerdo con tu análisis: «Hace diez años me hice sannyasin y, por primera vez en mi vida, me he sentido en casa». Eso está bien. «Desde entonces, el silencio, la paz y la claridad han ido aumentando». Eso también está bien. «Sin embargo, siento como si me estuviese acercando más hacia la muerte que hacia la vida y el amor». Esto no está bien y tampoco es lo que piensas. Es lo que piensa tu novia.

El hecho de volverte más silencioso, más pacífico y que aumente la claridad y te sientas por primera vez en casa hará que cambien todas tus relaciones, especialmente la relación con tu novia. Ya no serás la misma persona que iba detrás de las mujeres de forma apasionada, vehemente. Ahora estás más tranquilo, y la primera persona en darse cuenta es tu pareja. Ella creerá que estás más frío, y no que te sientes más tranquilo.

Tú mismo dices: «Mi novia me dice que soy frío y que no sé nada del amor. Es posible que tenga razón». Pero no tiene razón, porque no eres frío, sino que estás tranquilo. Y no es verdad que no sepas nada del amor. La gente está acostumbrada al amor apasionado, y en su mente solo caben dos posibilidades: o eres apasionado o eres frío.

No existe el justo medio para la gente.

Un hombre que medita nunca se vuelve frío ni apasionado: se vuelve tranquilo, sereno, calmado. Su amor adopta una nueva dimensión que a las personas puede parecerles indiferencia. Para quienes lo entiendan, su amor es menos ruidoso, menos estúpido, menos retrasado, menos biológico, pero empezará a tener un aroma de espiritualidad, y esto necesita una comprensión; de lo contrario el otro, tu pareja, tenderá a pensar que te has vuelto frío. Y la frialdad es señal de muerte, no de vida.

Tú preguntas: «¿Acaso estoy cerrando mi corazón?». No, tu corazón está más abierto que nunca. Pero tu novia no está creciendo en la meditación contigo. Ya no es una compañera de viaje, se ha quedado atrás y esto ha provocado una distancia.

Tienes que ayudarla. Sin embargo, es ella quien tira de ti hacia atrás. Y aparentemente tiene poder porque te ha convencido de que estás evolucionando y yendo hacia la muerte y la frialdad, y no hacia la vida y el amor. Y tú dices que quizá tenga razón.

Esta idea que tienes en mente puede ser peligrosa, porque, más que ayudarla, permitirás que te destruya. Tienes una tarea urgente y es compartir tu meditación, tu silencio, tu claridad y tu tranquilidad con tu novia. Ya sé que es una tarea ardua. Especialmente si el hombre va por delante y la mujer se queda atrás; es aún más difícil. Ella te montará escenas, romperá cosas, se peleará tirándote la almohada, te molestará cuando estés meditando. Puede hacer cualquier cosa, porque te estás escapando de sus manos, de su posesión.

Y no solo les ocurre esto a las personas normales, sino incluso a alguien como Sócrates...: su mujer le echó agua hirviendo encima. Estaba calentando el agua para el té y se la echó encima de la cabeza y le quemó la cara, destrozándosela «para el resto de sus días. Él estaba dando clase a sus alumnos, y para que veas lo que quiero decir con la palabra tranquilidad»: Sócrates se secó la cara y continuó con lo que estaba explicando.

Los alumnos estaban espantados; no podían creerlo. Si la mujer deseaba enfrentarse a su marido, podía haber esperado; estaba en todo su derecho, pero no delante de los alumnos que habían llegado de lugares remotos en busca de la sabiduría de Sócrates. Pero lo que más les impresionó fue la reacción de este ante lo sucedido: hizo como si nada hubiera ocurrido.

Simplemente se secó la cara y siguió por donde lo había dejado —esto es tranquilidad, esto es calma, esto es aceptar lo que hay—. Entonces un alumno le dijo: «No podemos entenderlo, nos hemos olvidado de lo que queríamos preguntarte. Ahora la pregunta más importante para nosotros es esta: tu mujer se ha comportado de forma reprobable contigo y ni siquiera lo tienes en cuenta».

Sócrates respondió: «Ella ha hecho lo que ha podido y yo hago lo que puedo. Tenemos capacidades distintas, no es culpa de nadie». No estaba enfadado con su mujer; al contrario, sentía gran compasión por ella. «Cualquier mujer habría hecho lo mismo —añadió— porque siempre estoy ocupado con mis alumnos, con filósofos que vienen a verme de lugares lejanos, hablando de cosas que a ella no le interesan en absoluto. A veces pasa todo un día y ni siquiera he podido dedicarle un rato. Es una pobre mujer y se comporta como lo habría hecho cualquier ser humano inconsciente.»

Pero cuando ocurre lo contrario —tengo experiencias de los dos tipos—, si es la mujer la que progresa en su meditación, en su silencio, en su dicha, ella consigue atraer a su marido hacia su estado. Los maridos son muy obedientes.

Algunas veces ocurre que una pareja crece al mismo tiempo; esto tiene una gran belleza, no hay conflicto. Me encantaría que las parejas crecieran juntas, de la mano, bailando el mismo baile, cantando la misma canción, y a medida que crecen, aumenta su comprensión del otro y nadie crea dificultades. De lo contrario, el que se queda atrás se siente ofendido.

Tu mujer o tu novia padece un fenómeno natural. Se ha quedado atrás. No te has preocupado de darle la mano; has crecido solo. Pero no te dejes convencer por sus ideas.

Tú mismo dices: «Por primera vez siento que he llegado a casa». Sientes tu serenidad, tu silencio, tu claridad, pero tu mujer sigue convenciéndote de que estás yendo hacia la muerte, y no hacia el amor y la vida porque te has vuelto más frío. Eso es responsabilidad tuya.

El amor sabe qué es la responsabilidad.

Comparte lo que hayas aprendido durante estos diez años. Ayúdala a crecer; de lo contrario, ella te envenenará la mente y destruirá tu desarrollo. Tu corazón no está cerrado; y tu meditación no es una vía de escape ni un escudo para no involucrarte por completo en la vida.

Tu meditación te prepara para una vida superior, una vida más profunda, una vida más divina. Tendrás que ser más cariñoso y tener compasión de tu novia, pero no debes permitir de ninguna manera que ella te frene.

Tu novia debe de suponer un problema para ti. Y no la condeno, solo digo que es culpa tuya. Si quieres mantener una relación, no podrás alejarte demasiado. La distancia acabará con tu relación.

Meditad juntos, ayúdala a acercarse a ti. Y no permitas que su actitud te abrume, no dejes que te envenene la mente. Eso es lo que estás haciendo ahora, estás aceptando sus ideas.

La humanidad no comprende que, en cierto sentido, la mujer es más fuerte que el hombre.

Justamente el otro día mi secretaria me estaba enseñando la foto de una mujer. Yo no podía creer lo que estaba viendo. Se estaba entrenando para una competición en Japón; es un tipo de competición que se está poniendo de moda en todo el mundo.

En esta competición, la mujer quiere demostrar que también puede tener músculos. Hasta ahora solo habían sido monopolio de los hombres. Y estos llevan toda la vida convenciendo a las mujeres de que son superiores por su fuerza; son musculosos, mientras que la mujer es débil, frágil y necesita su protección. Viendo esa foto, no podía creer que se tratara de una mujer. Por el tamaño de sus músculos, parecía un luchador.

Todas estas competiciones lo demuestran: los músculos no son monopolio del hombre. Simplemente han convencido a las mujeres de que no pueden tener músculos; de lo contrario, no hay ninguna explicación. Ellas pueden hacer la misma gimnasia, los mismos ejercicios para tener un cuerpo musculoso, aunque un cuerpo musculoso femenino no sea bonito; de hecho, es horrible.

Pero la mujer es más fuerte que el hombre en todos los sentidos. Esto es incuestionable. Vive más, unos cinco años más de media que el hombre. En cualquier parte del mundo su media de vida supera en cinco años a la del hombre. Y por cada cien niñas que nacen, nacen ciento quince niños, porque antes de llegar a la edad del matrimonio esos quince niños habrán desaparecido. Cuando lleguen a esa edad, habrá cien niños y cien niñas. Las niñas no desaparecen. Son más resistentes a las enfermedades que el hombre.

Y todo depende de lo que entendamos por poder. Las mujeres no caen enfermas con la misma frecuencia que los hombres. Las mujeres se mantienen jóvenes más tiempo, no se vuelven locas en la misma proporción que los hombres. Cabría suponer que es todo lo contrario porque las mujeres se comportan de una forma tan irracional que podrías pensar que enloquecen con más frecuencia. Pero el hecho de expresar su locura cada día, a plazos, hace que no se vaya acumulando. Sin embargo, el hombre contiene su locura hasta que un día esta se desborda y sufre una crisis nerviosa.

Hay menos mujeres que hombres que se suiciden aunque ellas aseguren casi todos los días que van a hacerlo. Incluso lo intentan, pero son intentos seguros. Unas cuantas pastillas..., se toman unas pastillas de dormir sabiendo que no las van a matar. Les basta con fastidiar al marido y que todos los vecinos, el médico y la gente lo critiquen: «Deberías portarte bien con ella y tratarla como un caballero. Esto no está bien».

Pero las mujeres no se suicidan. Hablan acerca de ello, montan una escena, pero el número de suicidios femeninos es la mitad que el de los hombres. Estos no montan escenas; creen que es algo propio de las mujeres..., no está bien tomarse unas pastillas de dormir y tener aspecto de idiota por la mañana.

Es curioso; si un hombre se toma las pastillas, nadie dice a la mujer: «Deberías portarte mejor». Incluso, es posible que le digan al hombre: «Qué tonto eres, ¿esto es lo que haces por tu pobre mujer y tus hijos?».

Un hombre que ha evolucionado espiritualmente no debería permitir, por su propio bien, que su novia, mujer o lo que sea se quede atrás. O ella empezará a llamar la atención. No le interesa tu espiritualidad. Para empezar, ni siquiera cree que seas espiritual. Sentado, con los ojos cerrados, ella sabe que lo único que estás haciendo es evitarla. No es meditación, sino una vía de escape.

Las mujeres no tienen un buen concepto del marido ni del novio. Saben que es un pobre idiota... «¿A quién quiere engañar diciendo que está sereno, sosegado, tranquilo, que tiene las ideas claras?» Ninguna mujer con la que estés relacionado sexualmente creerá que eres inteligente. Se dedica a alabar a todos los que han renunciado al mundo, especialmente a los que han renunciado a las mujeres. Es probable que esa persona no tenga más cualidades que tú, puede ser un absoluto idiota, pero las mujeres se postrarán a sus pies, pues lo consideran un gran santo. Por eso, recuerda no dejar atrás a tu compañera de viaje.

Un hombre vuelve de ver al médico y trae muy mala cara. Le explica a su mujer que el facultativo le ha dicho que va a morir esa misma noche. Ella lo abraza, llora un poco y le sugiere que se acuesten pronto para hacer el amor por última vez.

Hacen el amor hasta que ella se duerme, pero él tiene miedo de dormirse porque es su última noche en la Tierra. Se queda sentado en la oscuridad mientras su mujer ronca.

Él le dice al oído: «Cariño, despierta. Solo una vez más, por los viejos tiempos», pero ella sigue roncando.

Él mira el reloj, se acerca a su mujer y la sacude: «¡Por favor, solo otra vez por los viejos tiempos!».

Ella lo mira y dice: «¿Cómo puedes ser tan egoísta? A ti te da igual, pero mañana yo tengo que levantarme».

5

El río no necesita un guía

Osho,

En el discurso, te he seguido más allá de las palabras y de las emociones, al aire y al esquema de mi ser. ¿Es realmente así de simple? Ahora cuando voy a las profundidades misteriosas no hay visiones universales sino solo yo, aquí entre los pájaros, los árboles, la gente, en la aceptación de lo que es. Sin buscar, sin anhelar, viviéndome... Sé que esto es verdad pero también necesito tu respuesta. En este contexto ¿qué es la iluminación?

Eso que haces no es una pregunta, sino una expresión de lo que estás sintiendo. Lo que estás sintiendo es «no hay visiones universales sino solo yo, aquí entre los pájaros, los árboles, la gente, en la aceptación de lo que es. Sin buscar, sin anhelar, viviéndome... Sé que esto es verdad pero también necesito tu respuesta». Entonces tu conocimiento no es completo. Tu conocimiento ha ocultado tras él una duda; de lo contrario no habría preguntas. Si lo sabes, ¿por qué necesitas mi respuesta?

Pero te entiendo: por un lado conoces la belleza de este momento, la dicha del aquí-ahora, y sin embargo por debajo hay una sospecha que pregunta: «¿Realmente es verdad? ¿Es todo? ¿Hay algo más?». Y esta duda surge por algo muy simple. Si hubieses analizado tu pregunta un poco, habrías visto que cuando dices «no hay visiones universales sino solo yo», ese «yo» es la causa de tu duda. Si hubieses dicho «no hay visiones universales, ni un yo aquí entre los pájaros, los árboles, la gente, en la aceptación de lo que es. Sin buscar, sin anhelar, viviéndome...». Ese «yo» es el obstáculo. En la aceptación de lo que es no hay «yo», sino solo cualidad de ser, no hay ni «yo» ni «tú». Y cuando no hay búsqueda, no hay anhelo, el ego no puede existir ni una décima de segundo. La búsqueda, el anhelo, el deseo eran los mismos latidos del ego.

Dices: «Sé que esto es verdad». No lo sabes, tu mente te está engañando porque sigues ahí; cuando sabes, el "yo" no existe. El saber ahoga el «yo» y entonces hay una certeza: «Esto es verdad». Pero siempre que veas este «yo» merodeando, ¡ten cuidado! Su engaño no tiene límites.

Te preguntas: «¿En este contexto, ¿qué es la iluminación?». En este contexto no hay iluminación. Pero si el «yo» y el «mi» también se hubiesen disuelto en la aceptación de lo que es, en la cualidad de ser, entonces sí sería iluminación. Te basta con estar un poco más atento... estás muy cerca. Pero no des por hecho el haber llegado. Tu anterior mente seguirá intentándolo hasta el final; incluso cuando te adentras en los confines de la iluminación, seguirá intentando impedírtelo con todas sus fuerzas.

Es una experiencia maravillosa, pero tu ego no le está permitiendo alcanzar su máxima expresión. Si dejas el «mi» y el «yo», no necesitarás ninguna respuesta, no tendrás necesidad de reconocimiento; lo sabrás. Pero no estarás ahí, solo estará el «Esto es».

Todo el mundo tiene que acordarse de la mente anterior. Es un hábito muy antiguo que ha permanecido prendido a ti desde hace muchas vidas. Por eso, cuando te despidas de ella, no te sorprendas si se queda agarrada, puede que sea el último abrazo, y ese abrazo se puede prolongar.

> Me han contado que atropellaron a un viejo judío delante de la iglesia. Un sacerdote salió y le susurró al oído: «¿Crees

en el Padre, el Hijo, y el Espíritu Santo?». El judío abrió los ojos y dijo: «Me estoy muriendo ¿y vienes a contarme chistes?».

Aunque se esté muriendo, tiene un condicionamiento judío, y el sacerdote le está preguntando desde una mente de educación cristiana.

Estás muy cerca. Te has quedado a pocos centímetros de distancia, no son kilómetros. Cuando vuelvas a sentirlo, y volverás a sentirlo... Sentir el espacio puro donde no hay búsqueda, no hay anhelo, no hay visiones universales, y simplemente oír los pájaros cantar en los árboles y la gente que hay alrededor es un gran paso. Pero tú no estás; ya no estás ahí. Si reúnes toda tu valentía para no ser, esta experiencia se convertirá en iluminación.

La iluminación no es algo sobrehumano, es tu derecho básico. Pero tu ego lo va posponiendo y se interpone entre tu iluminación y tú. Y de una forma tan sutil que, si no estás muy atento, te puede engañar. Cuando sentiste que no había búsqueda, ni anhelo, podías haber sentido simplemente la vida, el vivir. ¿Por qué «viviéndome»? ¿Por qué limitarte a vivir en la pequeña cárcel del «mi»?

Siente el latido de todo el universo y deja que tu separación se disuelva en él. Entonces habrías dicho: «He alcanzado el conocimiento; esto es y la iluminación es esto». Iluminación significa la ausencia de ego y la presencia de la conciencia universal.

Osho,

Soy un estudiante proveniente de Japón. «Donde hay voluntad, hay camino.» ¿Podrías hablar sobre esto, Osho?

Este refrán, «Donde hay voluntad, hay camino», existe en casi todos los idiomas, en todas las culturas. Pero nadie lo ha estudiado a fondo. La fuerza de voluntad traza su propio camino, que te aleja de ti. Si me lo preguntas, yo preferiría cambiar este refrán por otro que dijera: «No hay voluntad, no hay camino, estás en casa». ¿A quién le interesa estar dando vueltas por el mundo innecesariamente? Porque el no camino no conduce a ningún sitio, y la no voluntad conduce a cualquier sitio excepto a la frustración, a la desdicha, al fracaso, incluso aunque tengas éxito.

Hay otro refrán que dice: «Lo que más triunfa es triunfar». Pero mi experiencia me dice que: «Lo que más fracasa es triunfar». Sin embargo somos hipócritas, falsos. Cuando triunfas, sabes que no consigues nada; al contrario, esa estúpida idea de triunfar te ha arrebatado la vida y sus canciones, toda su poesía, todo su danza. Te sacrificas a la falsa diosa del triunfo, y ¿ahora que te queda?

Pero hay que ser valiente para declarar al mundo: «¿Tú crees que he triunfado?». Es una apreciación superficial de mi estado. Mi experiencia interna me dice que «Lo que más fracasa es triunfar». Pero nuestra sociedad nos ha enseñado que hay que triunfar, que hay que tener mucha fuerza de voluntad, porque «donde hay voluntad, hay camino». Encontrarás el camino, pero ese camino no conduce a ningún sitio; es un callejón sin salida. Y mientras tanto, se te escapa la vida entre los dedos.

Miles de pensadores y filósofos han defendido la fuerza de la voluntad sin haber estudiado su realidad interna. Desear es no estar satisfecho contigo mismo. Significa no sentirte pleno, sentir que te falta algo, no estar tranquilo. Sentir que tienes que ir a alguna parte, convertirte en alguien. La existencia misma de la fuerza de voluntad está contra tu ser, y degrada el ser al convertirte en alguien correcto. Y entonces surge la búsqueda, el anhelo, y naturalmente, encontrarás un camino, pero solo para alejarte de ti.

No es esto lo que hay que hacer; es un suicidio. Cuanto más te alejas por la vía de la fuerza de voluntad, más perdido te encontrarás. Es lo que le ha pasado a casi toda la humanidad: se han olvidado de quiénes son. Se han alejado tanto de sí mismos que no saben volver a casa.

Olvídate de la fuerza de voluntad, y el camino desaparecerá automáticamente como si fuese un sueño. No tiene realidad propia. La voluntad da su poder al camino, crea el camino.

El refrán es correcto, pero quienes lo obedecen están equivocados. No hay que tener fuerza de voluntad ni tener un camino. Siéntate en tu casa y ponte a tocar la flauta de bambú. No hay que ir a ninguna parte porque ya estás aquí, donde realmente quieres estar.

Osho,

Ríos de lágrimas se deslizan suavemente por mi cara..., estoy tan cansada de esforzarme, de luchar, de pelear para ser quien creo que debería ser, para conseguir lo que creo que necesito tener. Amado, también me he esforzado mucho contigo. Y ahora, al rendirme..., el intervalo, la belleza, lo desconocido... el miedo se encuentra con la confianza. Osho, ¿es posible que estas lágrimas se deslicen hacia la vida, hacia ti, hacia el mar? Gracias, Osho.

¿Lo ves? «Ríos de lágrimas se deslizan suavemente por mi cara..., estoy tan cansada de esforzarme, de luchar, de pelear por ser quien creo que debo ser para tener lo que creo que necesito tener. Amado, también me he esforzado mucho contigo». Este es el camino de la voluntad. Se limita a destruirte.

Antiguamente había un dicho: «Todos los caminos conducen a Roma». Aunque, de hecho, todos los caminos conducen a la muerte. Y quizá Roma sea el gran cementerio del mundo.

El otro día me contaron que un arzobispo se refugió en el Vaticano, que es un estado independiente —solo tiene quince kilómetros cuadrados—, y la policía italiana iba detrás de él por haber estafado al Vaticano y al gobierno italiano. Es el tesorero del Papa, pero este lo defiende. La policía italiana no puede entrar en el Vaticano.

¡Así son vuestros líderes religiosos! Este hombre ha robado millones de dólares, ¿y es el arzobispo y el tesorero del Papa? Si este tuviera valor, lo entregaría a la policía. Pero se esconde en el Vaticano porque la policía no puede entrar ahí.

Estás cansada, llorosa. Has estado luchando por ser lo que tienes que ser para conseguir lo que necesitas. Estos son los caminos de la voluntad: hay que convertirse en esto, hay que convertirse en aquello, hay que tener esto, hay que tener aquello. Pero tienes suerte, es una gran bendición que te hayas cansado y hayas renunciado a seguir intentándolo, porque has renunciado a la fuerza de voluntad para triunfar; has dejado de imponerte privaciones.

«Al rendirme... este intervalo», ni voluntad, ni camino, ni tú, solo el intervalo. Y «la belleza, lo desconocido... el miedo se encuentra con la confianza. Osho, ¿es posible que estas lágrimas se deslicen hacia la vida, hacia ti, hacia el mar?». Es indudable, porque todos los ríos van hacia el mar. Solo el hombre se queda helado y deja de fluir. Si te fundes en la confianza, el río volverá a fluir. Y nunca se ha dado el caso de que el río se olvidara del camino y no supiese llegar al mar.

Pero recuerda el intervalo. Y recuerda la declaración de Chuang Tzu: «Lo fácil es lo correcto y lo correcto es fácil». Y cuando te hayas olvidado de ambos, de lo correcto y de lo fácil, habrás llegado al mar.

El mar no está lejos. Pero tu ego es un bloque de hielo que tiene que deshacerse. El amor lo deshace, el miedo lo congela aún más, la confianza lo deshace. Lo único que hay que hacer cuando te estás buscando es seguir derretido y dejar que el río fluya. No tienes que guiarlo; el río no necesita un guía. Su naturaleza misma es desembocar en el mar. No le cuesta ningún trabajo, es su característica intrínseca.

Después de ofrecer la información de vuelo, el piloto del avión se olvida de desconectar el micrófono y sus siguientes palabras se oyen en la cabina: «Me voy a tomar un café y luego me voy a tirar a esa maravillosa azafata».

La azafata está al fondo de la cabina y corre para avisar al piloto de que desconecte el micrófono. A mitad de camino, tropieza con un anciano que le dice: «No tengas tanta prisa. ¡Deja que se tome primero el café!».

Estate tranquila, tómate el café. Y no tienes que ir corriendo al mar. Disfruta de los árboles, de los pájaros, de la gente, con el corazón lleno de confianza de que todos los ríos han llegado al mar. Y tú no serás una excepción; en la existencia no hay excepciones. Tú también llegarás al mar.

Osho,

Gracias por tirar la mayor parte de mis preguntas a la basura. Al principio el ego está dolido, pero tampoco demasiado. Y me estás enseñando que mis preguntas son innecesarias. O bien estoy intentando parecer inteligente haciendo una pregunta poco habitual, o estoy intentando hacerme el gracioso, y espero que todo el mundo se ría. Pero me doy cuenta de que siempre estoy intentando demostrar algo, y eso no tiene sentido. Mi querido maestro, se me ha ocurrido pensar que a lo mejor no quieres que te haga preguntas y simplemente quieres que me quede callado. ¿Realmente ha llegado el momento? A veces me pregunto si no llegó hace tiempo.

Es verdad, he estado descartando todas tus preguntas porque no eran auténticas; no provenían de tu necesidad de crecimiento interior. Y has recibido la respuesta. Si no las hubiese descartado, no habrías entendido lo que dices en esta pregunta. Aunque todavía no lo has entendido por completo, solo has tenido un atisbo.

Dices: «Gracias por tirar la mayor parte de mis preguntas a la basura. Al principio el ego está dolido, pero tampoco demasiado». Eso significa que vas a seguir haciéndolas. Y me da miedo que si no te duele demasiado, poco a poco te vayas inmunizando. Poco a poco, dejará de dolerte.

«Me estás mostrando que mis preguntas son innecesarias. O bien estoy intentando parecer inteligente haciendo una pregunta poco habitual, o estoy intentando hacerme el gracioso, y espero que todo el mundo se ría. Pero me doy cuenta de que siempre intento demostrar algo, y eso no tiene sentido.» Recuerda lo que has escrito aquí, porque la memoria del ser humano es muy endeble. Mañana puedes olvidarte y volver a caer en tus viejos hábitos.

Lo que no sabes es que todos los días recibo alrededor de cien preguntas y tiro casi el 95 por ciento. No es que no tenga tiempo; si me parece que estás siendo sincero y lo necesitas con urgencia, buscaré tiempo para responder, pero es evidente que son innecesarias. Y tirarlas también es una forma de contestarte.

George Bernard Shaw tenía un solo día al mes para responder a sus cartas. Durante todo el mes las cartas se iban acumulando. Recibía miles de cartas de todo el mundo. Sus amigos estaban preocupados: «¿Qué sistema has descubierto? Las cartas se van acumulando, ni siquiera las lees». Él dijo: «He decidido leerlas el primer día del mes. Casi todas tienen ya la respuesta. Y las pocas que me siguen pareciendo relevantes son las que respondo, pero son muy pocas».

No responder también es una respuesta. Y está bien que te haya ocurrido algo. Pero tenlo presente, porque yo tengo que estar leyendo tus preguntas innecesarias. Puede que no responda, aunque tengo más compasión que George Bernard Shaw.

Dices: «Se me ha ocurrido pensar que a lo mejor no quieres que haga preguntas y simplemente quieres que me quede callado». No, lo que quiero es que hagas preguntas auténticas. Quiero que preguntes algo que sirva para tu crecimiento. En tus preguntas te olvidas de ti por completo. Son para los demás, tienen que ser graciosas para que los demás se rían. ¿De qué manera te sirve esto?

No quiero que te calles. Todavía no ha llegado la hora. Y cuando llegue, no tendré que decirte que te calles. De repente, sentirás que no tienes más preguntas que hacer; ya tienes la respuesta, la has descubierto.

Pero la mente es tan astuta que dices: «¿Realmente ha llegado el momento? A veces me pregunto si no llegó hace tiempo».

Todavía no has empezado el viaje. Estás preocupado por cosas intrascendentes. Es evidente que te ha llegado la hora de ser sincero y auténtico y hacer las preguntas que sacarán a relucir tus heridas para curarlas.

> Un agente del KGB ve a un judío leyendo una gramática de hebreo en un banco del parque de Gorky en Moscú. «Oye, judío —chilla—, ¿por qué estás leyendo eso? Sabes que nunca te dejaremos ir a Israel.»
>
> «Bueno —respondió el judío—, la estoy leyendo por si acaso en el cielo hablan hebreo.»
>
> «Y ¿qué pasa si vas al infierno?», dice el agente del KGB.
>
> «Ah —suspira el judío—, en ese caso no pasa nada porque ya sé ruso.»

No hace falta que te preocupes de hacer reír a la gente. Cuando me parece necesario, yo ya busco la forma de hacerles reír. Estas risas tienen un propósito. No quiero cargaros la cabeza con asuntos pesados, serios, problemas existenciales; por eso, de tanto en tanto, cuento chistes. Una buena carcajada despeja las nubes y ya estás listo para escuchar algo serio.

Pero puedes hacer una cosa —he estado usando tus chistes—, si no encuentras ninguna pregunta de verdad, sigue escribiendo chistes. Si a alguien le apetece escribir algo y no tiene preguntas, que escriba un chiste. Así siempre sabré dónde recurrir si quiero encontrar chistes.

Osho,

Mi mente está sutilmente condicionada: cree que el dar y el recibir tienen que estar siempre en equilibrio. Dices que la acción y la recompensa son dos caras de la misma moneda; sin embargo, a veces siento que no me merezco que me des tanto. ¡Gracias!

¿Eres judío o a lo mejor has sido judío en una vida anterior? ¿De dónde has sacado este condicionamiento?

Estás diciendo «Mi mente está sutilmente condicionada: cree que el dar y el recibir tienen que estar siempre en equilibrio. Dices que la acción y la recompensa son dos caras de la misma moneda; sin embargo, a veces siento que no me merezco que me des tanto». Pero sé que yo recibo de ti más que tú de mí.

Tú eres mi vida; de lo contrario, no tendría ningún motivo para seguir viviendo un día más. Tú eres mi sueño, mi esperanza. Creo que la humanidad se puede salvar a través de ti.

Es muy poco lo que recibes. Lo que yo recibo de ti es mi vida, mis latidos, mi respiración, porque el día que sienta que es una tarea imposible, simplemente me taparé con la manta y desapareceré.

Lo que me da esperanzas para seguir es tu alegría, tus risas, tu silencio, tu esfuerzo por estar consciente.

En todo el mundo nadie está tan preocupado como yo por la catástrofe que se avecina para toda la humanidad. Puedo ver cómo se va aproximando cada vez más. Y quiero que estés preparado para enfrentarte a ella, para rebelarte contra todas esas fuerzas reaccionarias, viejas, terribles, brutales, que están en el poder. Y su poder es tan destructivo..., cuando esos pobres pájaros ya no puedan cantar, cuando los árboles ya no puedan disfrutar de los rayos del sol por la mañana, bailar bajo el viento, bajo la lluvia. A esas fuerzas malignas no les importa que mañana salga la luna y no haya ningún poeta para cantarle. Que haya amaneceres y atardeceres y que ningún pintor para pintarlos.

Este es el único planeta donde tenemos la certeza absoluta

de que la vida ha llegado a su cima más alta. Los científicos calculan que hay vida de algún tipo por lo menos en otros cincuenta mil planetas, pero solo es una elucubración y no se puede confiar en ella.

De modo que no te preocupes. De hecho, yo debería estar preocupado porque recibo demasiado y doy poco. Mi problema es que no puedo preocuparme, y tu problema es que no puedes dejar de preocuparte; ya encontrarás algo de que preocuparte.

> Dos judíos se encuentran en la estación.
>
> «Dime una cosa —pregunta uno—, todos los días nos vemos aquí en la sinagoga y en el club de golf, pero nunca me preguntas cómo me van los negocios.»
>
> «Está bien —responde el otro—. ¿Cómo van los negocios?»
>
> «Bah —dice el primero—. Mejor ni me lo preguntes.»

6

La conciencia no irá a la guerra

Osho,

Háblame, por favor, de la moralidad.

Esta pregunta sobre la moralidad es muy importante, porque la moralidad no es lo que os llevan contando desde hace siglos. Todas las religiones se han aprovechado de la idea de moralidad. Lo enseñan de diferentes maneras, pero el principio básico es siempre el mismo: mientras no seas más moral, mientras no seas más ético, no podrás ser religioso.

Por moralidad entienden que tienes que ser sincero, honesto, caritativo, ser compasivo y no violento. En una palabra, primero deberás poseer todos estos grandes valores y solo entonces podrás empezar a ser religioso.

Pero en realidad es al revés. Según mi forma de ver, no podrás ser moral mientras no seas religioso. Primero está la religión, la moralidad es tan solo una consecuencia. Pero si esta última se convierte en la meta del ser humano obtendrás una humanidad problemática, desdichada..., y todo por una buena causa. Es como poner la carreta delante de los bueyes: ni los bueyes pueden avanzar ni la carreta se mueve; ambos están atascados.

¿Cómo puede ser un hombre sincero si no sabe qué es la sinceridad? ¿Cómo puede un hombre ser honesto si ni siquiera sabe quién es? ¿Cómo puede un hombre tener compasión si no conoce la fuente del amor que hay en su interior? ¿De dónde saldrá esa compasión? Lo único que puede hacer en nombre de la moralidad es volverse un hipócrita, un farsante. Y no hay nada peor que ser un hipócrita. Podrá fingir, podrá intentarlo, pero todo seguirá siendo superficial y estará a flor de piel. Si rascas un poco, te darás cuenta de que todos los instintos animales siguen igual de vivos, dispuestos a vengarse en cuanto les den una oportunidad.

Anteponer la moralidad a la religión es uno de los crímenes más grandes que ha cometido esta última contra la humanidad.

La propia idea da como resultado un ser humano reprimido. Y un ser humano reprimido está trastornado, dividido psicológicamente, en lucha constante consigo mismo, intentando hacer cosas que no quiere hacer.

La moralidad debería ser algo relajado y sencillo, como tu sombra; no es algo que tengas que ir arrastrando, sino que llega de forma natural. Pero no es esto lo que ha ocurrido, pues tenemos una humanidad que sufre un trastorno psicológico. Todo el mundo está en tensión, porque hagas lo que hagas siempre tendrás el conflicto de si está bien o está mal. Tu naturaleza va en una dirección, pero tu condicionamiento va en la dirección contraria, y una casa dividida no aguantará en pie mucho tiempo. De modo que todo el mundo intenta tranquilizarse, pero el peligro de padecer una crisis nerviosa siempre está ahí, a tu lado.

Yo no enseño moralidad en absoluto. La moralidad debería surgir por su propia cuenta. Yo te enseño a experimentar tu propio ser. Cuando empieces a sentirte más tranquilo, más sereno, más sosegado y callado, cuando empieces a entender tu conciencia, cuando tu ser interno esté más centrado, tus acciones reflejarán moralidad. No es algo que tú decidas, sino que se trata de algo tan natural como que un rosal dé rosas. Esto último no ocurre por que el rosal esté haciendo grandes esfuerzos, ayunando y rezándole a Dios, imponiéndose obedecer los diez mandamientos; el rosal no hace nada. Solo tiene que estar sano, alimentado, y se llenará de flores cuando llegue el momento, con una gran belleza, sin hacer esfuerzo alguno.

La moralidad que surge con el esfuerzo es inmoral; la que surge de forma natural es la auténtica.

Pero yo no os hablo de moralidad porque ha causado muchos problemas a la humanidad, en todos los aspectos. Te han impuesto ideas preconcebidas sobre lo que está bien y lo que está mal. En la vida, las ideas preconcebidas no funcionan porque la vida no cesa de cambiar, es como un río que toma nuevos cursos, pasa por nuevos terrenos..., de las montañas a los valles, de los valles a los llanos, y de los llanos al mar.

Heráclito tenía razón cuando decía: «No se puede pisar dos veces el mismo río», porque siempre está fluyendo. La segunda vez que lo pisas, es otra agua diferente. Estoy tan de acuerdo con Heráclito que además digo que no se puede pisar el mismo río ni una sola vez, porque cuando tus pies tocan la superficie, el agua del fondo sigue fluyendo; cuando tus pies se van hundiendo, el agua de la superficie sigue fluyendo; y cuando tocas el fondo, ha pasado tanta agua que... ya no es el mismo río; no se puede decir que estés pisando el mismo río. La vida es exactamente igual que el río, es un flujo. Y tú vas acarreando dogmas fijos. Siempre estarás fuera de lugar porque para seguir tus dogmas tienes que ir contra la vida; si estás en consonancia con la existencia, vas contra tus dogmas.

Por eso mi propósito es que tu moralidad sea espontánea. Deberías estar consciente y alerta, y responder con conciencia absoluta en cada situación. Entonces, todo lo que hagas estará bien. No se trata de que las acciones estén bien o mal, sino de una cuestión de conciencia: de hacerlo de forma consciente o de forma inconsciente como un robot.

Mi filosofía se basa en elevar tu conciencia, en aumentar tu conciencia hasta el punto que no quede dentro de ti ni rastro de inconsciencia; te convertirás en un faro de luz. Todo lo que hagas bajo esta luz, bajo esta claridad, nunca puede estar mal. No es que tengas que evitar hacer algo, es que aunque quieras no podrás hacerlo. Con esta conciencia, todo lo que hagas será una bendición.

Aun tratándose de la misma acción, si surge de la conciencia es moral, pero si surge de la inconsciencia es inmoral.

Esto me recuerda una historia. Un rey se estaba haciendo viejo y le dijo a su único hijo, que iba a sucederle en el trono: «Antes de que me muera, tendrás que aprender el arte de la moralidad, porque un rey debe ser un modelo para todos los habitantes del reino; tus actos deberán ser los correctos. Por eso te mando a mi maestro. Yo soy viejo, pero él es aún más viejo, así que no pierdas el tiempo. Apréndelo todo, intensamente, con totalidad, sin perder un solo instante».

El príncipe fue a ver al maestro y al llegar se sorprendió; se sorprendió por el hecho de que era un maestro arquero: «¿Qué tiene que ver la arquería con la moralidad? ¿Mi padre se ha vuelto loco?». Pero había viajado hasta las montañas, de modo que pensó que lo mejor era ver a ese hombre aunque solo fuera una vez.

Pasó al interior. El hombre tenía una belleza y una gracia inmensas, estaba rodeado de un aura de silencio y de paz. El príncipe creía que iba a encontrar a un guerrero, a un arquero, y sin embargo era un sabio. Cada vez estaba más extrañado, y le preguntó al anciano: «¿Es usted el maestro arquero?». «Así es», respondió.

El príncipe dijo: «Mi padre, el rey, que es tu discípulo, me ha enviado para que me enseñes moralidad. Yo no veo qué relación hay entre la moralidad y la arquería». El anciano se rió y respondió: «Pronto lo verás».

«Tengo prisa —señaló el príncipe—. Mi padre es anciano y quiero satisfacer su deseo antes de que muera.» El maestro dijo: «Entonces, lárgate, esto no es algo que se pueda aprender corriendo. La paciencia, la paciencia infinita es la base primordial para aprender cualquier arte, ya sea arquería o moralidad».

El príncipe miró al anciano a los ojos y decidió quedarse,

diciendo: «¿Cuándo comienzan las clases?». El anciano contestó: «Acaban de comenzar. La paciencia es la primera lección. Y tengo que comunicarte la segunda. La segunda lección es que tienes que limpiar los suelos, arreglar el jardín, recoger las hojas secas y echarlas a la basura. Ten mucho cuidado porque te puedo dar con mi espada de madera en cualquier momento. Y aunque sea de madera, hace mucho daño. Ha fracturado a mucha gente».

El príncipe protestó: «Pero yo no he venido a fracturarme, ¡he venido a aprender moralidad!». El anciano respondió: «Eso llegará a su debido tiempo, esto es solo el comienzo». Estaba extrañado y confundido..., pero conocía a su padre y sabía que se enfurecería si volvía con las manos vacías. Tenía que aprender. Tenía a dos ancianos locos, uno a cada lado... «¡Y este hombre me quiere enseñar moralidad a palos! Pero veamos qué ocurre.»

El maestro le empezó a pegar. Estaba limpiando el suelo y de repente recibía un golpe. Estaba arreglando el camino del jardín y de repente recibía otro golpe. Pero se sorprendió cuando al cabo de una semana empezó a intuir su presencia. Antes de que el viejo se acercase, se quitaba de en medio. Hiciera lo que hiciese, una parte de su conciencia estaba alerta y pendiente de saber dónde estaba el anciano. Y este era tan silencioso al caminar que era casi imposible estar alerta. Pero había recibido tantos palos y le dolía tanto el cuerpo que empezó a estar consciente.

Así siguió durante un mes. Al cabo de ese tiempo, había espabilado tanto que el anciano no acertaba a pegarle, y dijo: «Realmente eres hijo de tu padre. Él también era muy aplicado, intenso y absoluto en su aprendizaje; no te llevará mucho tiempo. Hoy has terminado la primera lección porque llevo veinticuatro horas intentando pegarte, pero siempre has estado alerta y te has salvado.

»A partir de mañana tendrás que estar más alerta porque reemplazaré la espada de madera por una de verdad. Con la espada de madera, como mucho, podría haberte hecho una fractura, pero con la de verdad puedo cortarte hasta la mano. Por eso tienes que estar mucho más alerta».

Pero durante ese mes había recibido una gran lección..., nunca se había dado cuenta de que tenía en su interior un gran potencial de conciencia intuitiva. Había recibido una gran educación, también intelectual, pero no sabía nada sobre la intuición. Y no le daba miedo la espada de verdad porque dijo: «Es igual. Si no puedes darme con la espada de madera, tampoco podrás darme con la de verdad. Para mí es lo mismo».

Durante un mes, el hombre estuvo intentando golpearle con la espada de verdad de todas las formas posibles y el príncipe, naturalmente, cada día estaba más alerta; era inevitable, no había otra alternativa. Pasó un mes sin que el hombre pudiera tocarle. El anciano estaba muy contento y dijo: «Estoy muy satisfecho. Ahora viene la tercera lección. Hasta ahora te he pegado mientras estabas despierto. A partir de esta noche, recuerda que puedo pegarte por la noche mientras estás durmiendo. Y volveré a empezar con la espada de madera».

El príncipe estaba un poco preocupado: una cosa es estar despierto, pero ¿qué haces cuando estás dormido? Pero esos dos meses habían aumentado su respeto y confianza en el anciano y su arte, y también la confianza en su propia intuición. «Si él lo dice —pensó—, es posible que la intuición no duerma nunca.»

Y se demostró que era cierto. El cuerpo duerme, la mente duerme, pero la intuición siempre está despierta; su naturaleza es estar despierta, aunque nunca le hagamos caso. Él tuvo que empezar a hacerle caso, a estar alerta incluso cuando dormía.

El anciano le empezó a pegar, y unas cuantas veces recibió duros golpes. Pero estaba agradecido, no estaba enfadado, porque con cada golpe estaba cada vez más alerta. Incluso dormido, había algo, una llamita, que permanecía viva, alerta, despierta. Y en un solo mes era capaz de protegerse incluso dormido. Cuando el anciano se acercaba, muy despacio, sin hacer ruido, sin que se oyeran sus pasos, el joven saltaba de la cama. Aunque estuviese profundamente dormido, había algo que se mantenía despierto.

En la siguiente lección apareció la espada de verdad en su

sueño. La mañana siguiente el anciano le dijo: «Y ahora, la última lección. Te pegaré con la espada de verdad. Ya la conoces, un solo golpe y estás acabado. Tendrás que poner toda tu conciencia en funcionamiento». El joven estaba un poco preocupado, tenía miedo, porque el juego era cada vez más peligroso.

Al amanecer, el hombre estaba leyendo un libro sentado debajo de un árbol y el joven estaba juntando hojas secas en el jardín. De repente, se le cruzó un pensamiento: «Este anciano me ha estado pegando los últimos meses y se me ocurre que... debería intentar pegarle para ver si está atento o no».

Y solo estaba a siete u ocho metros de distancia, todavía era un pensamiento —todavía no había hecho nada— y el anciano dijo: «Chico, yo ya soy muy mayor y todavía no ha terminado mi enseñanza. No pienses esas cosas». El príncipe no podía creerlo. Fue y se postró a sus pies diciendo: «Perdóname, no he hecho nada, solo estaba pensando... era una idea».

El anciano repuso: «Cuando estás completamente atento, puedes escuchar incluso el sonido de los pensamientos. Es cuestión de estar atento. No tienes que hacer nada, con solo pensarlo yo lo sabré. Y tú pronto también serás capaz de hacerlo, solo tienes que tener un poco más de paciencia».

Pronto llegó un día en el que de repente el príncipe se dio cuenta de que el anciano estaba pensando en pegarle..., sin motivo. El hombre estaba sentado leyendo un libro, pero de repente tuvo esa idea tan clara que fue al maestro y le preguntó: «¿Así que vas a pegarme? Se me acaba de pasar por la cabeza hace unos instantes». El maestro dijo: «Tienes razón, estaba pensando en ir cuando acabase de leer esta página. Ahora ya no hace falta que te quedes aquí. Sé que tu padre te está esperando».

Pero el joven dijo: «¿Y la moralidad?». El anciano respondió: «Olvídate de ella. Cuando un hombre está tan consciente, solo puede ser moral. No puede hacer daño a nadie, no puede robar, no puede ser malo, no puede ser cruel; solo puede ser cariñoso y compasivo. ¡Olvídate de la moralidad!».

Este estar alerta es lo que yo llamo religiosidad. El príncipe regresó. El padre lo estaba esperando y le preguntó: «¿Has aprendido todo el arte de la arquería?». El joven dijo: «Me has enviado para aprender el arte de la moralidad. ¿De dónde has sacado esta idea de la arquería?». El rey contestó: «Te he enviado allí para aprender moralidad, pero la arquería es el único método».

Hay muchos procedimientos, muchos métodos y muchas técnicas de meditación para aumentar la conciencia, para despertar tu intuición dormida. Y cuando está despierta, ya no hay que decirte qué está bien, qué es moral, qué está mal, qué es inmoral; tu conciencia tendrá capacidad de decisión. Y siempre será espontánea, joven y fresca, no se equivocará porque todos los principios habrán muerto. Si intentas ajustar tu vida a unos principios, tú también te mueres.

Es lo que les ha ocurrido a los cristianos, a los hindúes, a los musulmanes, a los jainistas, y al resto de la gente; están viviendo de acuerdo a unos principios caducos. Y esos principios caducos no se ajustan a la realidad, no concuerdan. Únicamente una conciencia espontánea... La diferencia es como tener una fotografía tuya del año pasado o tal vez de la infancia, pero has cambiado tanto que es probable que ni siquiera te reconozcas a no ser que lo supieras. La foto está muerta; no crece; pero tú sí.

La moralidad es como las fotografías. La religión es como un espejo. Si un niño se pone delante, se reflejará un niño; si un anciano se pone delante, se reflejará un anciano. Siempre es espontáneo, se sitúa en el momento presente, responde a la realidad. Un hombre consciente es como un espejo: refleja la realidad y responde en consonancia. Su respuesta es moral.

Yo estoy cambiando todo el enfoque de la acción a la conciencia.

Cuanta más gente consciente haya, más cambiará el mundo en el que vivimos. Un hombre consciente no puede ir a la guerra. Aunque las escrituras sagradas digan que es noble sacrificarte en nombre de la nación, de la religión, un hombre consciente no debe obedecer una idea caduca. Para él, la idea misma de nación es inmoral porque divide a la humanidad, y ciertamente la guerra es inmoral. Podrás ponerle bonitos nombres, palabras altisonantes, a veces será religión, a veces comunismo; son buenas ideas, pero en realidad están convirtiendo a los seres humanos en carniceros.

Matas a gente que no conoces de nada. Y sabes perfectamente que has dejado a tu mujer llorando en casa y que te estará esperando, que has dejado a tu anciana madre y a tu padre esperando en casa a que vuelvas con vida, que has dejado a tus hijos pequeños..., el hombre que matas también tiene una mujer, también tiene hijos, también tiene un anciano padre y una madre. Y no te ha hecho nada; ni tú a él.

Si el mundo se volviera un poco más consciente, los soldados tirarían las armas y se abrazarían, y se sentarían juntos bajo un árbol a charlar. Los políticos no pueden obligar a todos los ejércitos a matar, a asesinar. Ni los papas o los líderes religiosos pueden convencer a nadie de que hay que asesinar en nombre de Dios. Es curioso... porque Dios ha creado a todo el mundo. Si matas a alguien en nombre de Dios, estás matando la creación de Dios. Si es cierto que Dios ha creado el mundo, entonces la guerra no debería existir; es una sola familia; las naciones no deberían existir.

Las naciones y las religiones son inmorales, todo aquello que discrimina a la gente y crea conflictos es inmoral.

Un hombre consciente nunca será avaricioso porque se dará cuenta de que su avaricia es la causa de la pobreza; y las personas que pasan hambre y mueren son sus hermanos y hermanas. Da igual que vivan en Etiopía o en la India; da igual que tengan la piel clara u oscura.

La verdadera moralidad es una consecuencia de la conciencia. Y el arte de la conciencia es la religión. No hay una religión hindú, una religión cristiana o una religión musulmana; solo hay una religión y es la religión de la conciencia; estás tan alerta, tan iluminado y tan despierto que los ojos te permiten ver con claridad y responder de acuerdo a esa claridad.

A un hombre consciente no se le puede engañar con las palabras. Los musulmanes dicen que si mueres en una guerra santa... ¿cómo puede haber una guerra santa? La guerra, básicamente, es lo contrario de la santidad. Pero los cristianos, los musulmanes y todas las demás religiones dicen que si mueres en una guerra santa, tu recompensa en el otro mundo será mayor. Te recompensarán por el acto inmoral de matar gente. Pero recubierto de palabras altisonantes como «guerra santa».

Un hombre consciente puede ver qué hay detrás de las palabras. No se deja engañar por tu Dios, ni por tus libros sagrados, ni por tus naciones, ni por tus políticos. Vive de acuerdo a su conciencia. Tiene una personalidad, una personalidad muy clara, es simplemente un espejo, no está velado por nada, no está cubierto de polvo.

Pero desde hace miles de años se mata a la gente por una palabra y por una causa estúpida y trivial. El cristianismo quemó a miles de mujeres en la Edad Media. Se inventaron una historia: la historia del demonio. El demonio no existe. ¡Dios no existe! Pero la gente vive en la inconsciencia y le han dicho que tiene que creer todo lo que dicen sus líderes, sus «santos»; si no lo crees, irás al infierno, si lo crees te recompensarán.

Han destrozado la inteligencia de la gente. Los tratan como si fuesen retrasados mentales. De lo contrario no habrían podido quemar a miles de mujeres por un motivo tan insólito: según ellos, esas mujeres mantenían relaciones sexuales con el demonio. Ahora nadie mantiene relaciones sexuales con el demonio. Pero, de repente, en la Edad Media, al demonio le interesaban mucho las mujeres, ¡aunque eso solo ocurría en Europa...!

El Papa instituyó un nuevo tribunal en el que cualquiera que tuviera sospechas de que una mujer mantenía relaciones con el diablo pudiera informarle, y este se ocuparía de encarcelar inmediatamente a esa mujer y de torturarla. Y era una tortura muy cruel. Inventaron unas máquinas especiales con ese fin.

Hace unos cinco o seis años tuve un problema de espalda. En la comuna había muchos masajistas y todos intentaron ayudarme, pero no lo consiguieron. Finalmente llamaron al mejor experto mundial que estaba en Londres, y él sugirió una máquina que se llama tracción. Me trajeron la máquina y me la pusieron. Mientras ajustaban las cintas, recuerdo haber leído que esta misma máquina la habían inventado los sacerdotes de la Edad Media para torturar a las mujeres. Te estira de las piernas hacia un lado y de los brazos hacia el otro. Naturalmente eso estira la columna vertebral, y si se hubiese desviado, se vuelve a enderezar.

Fue un invento accidental. Estaban torturando a una anciana que llevaba veinte años sufriendo de dolor de espalda y tras haber sido sometida a la tracción, al levantarse la mujer no podía creerlo: el dolor había desaparecido. Así fue como la máquina de tracción pasó de la Iglesia al hospital. Realmente es una tortura, y si solo la quieres para torturar te basta con seguir tirando...

A veces incluso les rompían las manos, les arrancaban las piernas. Era una tortura tan atroz que muchas mujeres prefirieron confesar, porque mientras siguieran diciendo que no tenían nada que ver con el diablo, las seguirían torturando. Solo se detenían si confesabas que habías tenido relaciones sexuales con el diablo.

Miles de mujeres confesaron que habían mantenido relaciones con el diablo. Y una vez que habían confesado ante el tribunal, estaba todo resuelto. El castigo consistía en quemarlas vivas en las glorietas de la ciudad.

A nadie le importaba que hubiera realmente un diablo. Era simplemente una palabra, nadie lo había visto. Si hubiesen torturado a esas mujeres para que confesaran que mantenían relaciones sexuales con Dios, ¡también lo habrían confesado! El sufrimiento que uno puede soportar tiene un límite.

Meras palabras... pero ¿por qué la gente disfruta matando, haciendo sufrir, torturando? Porque ellos mismos son infelices, muy infelices y desdichados. Y no soportan que otra persona se sienta dichosa, feliz. Quieren que todo el mundo sufra más que ellos.

La moralidad ha sido un excelente método para torturar a la gente: no hay que torturarlos, se torturan ellos solos; incluso hacer el amor con tu mujer es un pecado. No están hablando de la mujer de otra persona, la sexualidad es pecado; cualquier cosa relacionada con la sexualidad se convierte en pecado. Pero el sexo es natural, es inevitable. De esta forma pones a la persona en un dilema: mentalizándola de que el sexo es inmoral y dándole una naturaleza sexual y sensual.

Se ha descubierto que en todo el mundo hay millones de hombres que padecen jaquecas después de mantener relaciones sexuales. El informe que estoy leyendo es de un científico católico, y, evidentemente, al ser católico su mente está condicionada. Está intentando descubrir las causas por las que los hombres padecen jaquecas.

Lleva trabajando en este proyecto desde hace un año sin parar. Ahora acaba de publicar su informe, en el que da muchos motivos —psicológicos, químicos—, pero la realidad es muy simple, no es necesario llevar a cabo una investigación. La realidad es que la mente del hombre ha sido dividida en dos partes. Una parte dice: «Lo que estás haciendo está mal. No lo hagas»; y la otra «No puedo resistir la tentación. Lo voy a hacer». Estas dos partes están en lucha, en conflicto.

La jaqueca tan solo es un síntoma que muestra que existe un profundo conflicto dentro de tu mente. Los aborígenes no tienen migrañas después de hacer el amor. Los católicos son los que más las padecen, porque su condicionamiento es tan grande que provoca una división en su mente. Llevan repitiéndolo desde hace siglos sin tener bases, sin tener pruebas, pero lo siguen repitiendo. Y una vez que... si repites una mentira demasiadas veces, acaba pareciendo verdad.

Hay que tener mucho cuidado con las palabras.

Un hombre va a un bar y empieza a contar un chiste polaco. El hombre que está sentado a su lado, grande, corpulento, un armario, se vuelve y dice amenazante: «Yo soy polaco. Espera que llame a mis hijos».

Entonces grita: «Iván, ven aquí y tráete a tu hermano». Y aparecen por la trastienda dos hombres más corpulentos que el primero. «José —dice el hombre—, tráete a tu primo.» Dos hombres todavía más grandes entran por la puerta de atrás y los cinco rodean al hombre del chiste.

«Vamos —dice el primer polaco—. Termina de contar el chiste.»

«No», dice el hombre.

«¿No? ¿Por qué no? —se sorprende el polaco abriendo y cerrando el puño—. ¿Acaso tienes miedo?»

«No —dice el hombre—. Es que no me apetece tener que explicárselo a cinco personas.»

La gente es muy astuta con las palabras. Pueden ocultar cualquier realidad. El hombre tiene miedo —esos cinco tipos pueden matarle—, pero encuentra una buena excusa: «No tengo ganas de molestarme en explicar el chiste a cinco personas».

Todas las religiones han jugado con las palabras y han impedido que la gente tenga la inteligencia suficiente para ver más allá de las palabras. Han creado una intrincada selva de palabras, teologías, dogmas, credos y cultos. Y el pobre ser humano está cargando con todo ello en nombre de la moralidad.

Te digo una cosa: no le hagas ni caso a la moralidad. Lo único que le interesa al buscador sincero es estar alerta, más consciente. Y tu conciencia se hará cargo de todos tus actos. Sin hacer esfuerzos, tus actos serán morales, igual que las flores se abren a tu alrededor sin necesidad de hacer ningún esfuerzo.

La moralidad es simplemente el estilo de vida de una persona consciente.

Osho,

¿Por qué cuando estoy en tu presencia se me empiezan a caer las lágrimas? No son lágrimas de tristeza ni lágrimas de felicidad. Provienen de un lugar desconocido de mi ser y me dejan abierto y vulnerable, como si acabase de nacer. Y veo que contemplo el mundo con nuevos ojos. Osho, ¿podrías hablarme de las lágrimas?

Las lágrimas son uno de los fenómenos más misteriosos de nuestra vida. La mayor parte de la gente solo es consciente de una de estas dimensiones: la del dolor, el sufrimiento, la desdicha, la tristeza. Hay poca gente que también tenga conciencia de la segunda dimensión: te pones a llorar cuando eres inmensamente feliz, enormemente dichoso. De modo que las lágrimas no se limitan a la tristeza y a la infelicidad; también puede haber lágrimas de alegría, lágrimas de felicidad.

Estás hablando de una tercera dimensión poco corriente. Muy pocas personas han llegado a conocerla.

Estás diciendo: «¿Por qué cuando estoy en tu presencia se me empiezan a caer las lágrimas? No son lágrimas de tristeza ni lágrimas de felicidad. Provienen de un lugar desconocido de mi ser y me dejan abierto y vulnerable, como si acabase de nacer. Y veo que contemplo el mundo con nuevos ojos».

La tercera dimensión es la dimensión de la inocencia. Te sientes tan inocente, estás rebosando inocencia y frescura y los ojos se llenan de lágrimas de agradecimiento. Tanto si se trata de dolor, como si se trata de felicidad o de inocencia, las lágrimas tienen algo en común y es la sensación de rebosar. Cuando la tristeza es demasiado grande y no puedes contenerla, se expresa en forma de lágrimas. Cuando sientes tanta felicidad, necesitas expresarla en forma de lágrimas.

La experiencia que estás teniendo es poco común porque poca gente se siente tan cargada de inocencia para llorar de puro agradecimiento, con un sentimiento de inmensa gracia hacia toda la existencia... no tienes nada más que dar; viertes tu corazón en tus lágrimas.

Lo que te está ocurriendo es muy importante. No hagas esfuerzos por impedirlo. La sociedad te enseña que las lágrimas son un signo de debilidad, solo les está permitido a las mujeres, pero los hombres no pueden llorar y sollozar. Incluso a los niños pequeños se les dice: «¡No seas nena!». Las niñas pueden llorar, son más débiles; no se pueden contener como los hombres. Y, poco a poco, esto se ha vuelto parte de nuestro condicionamiento, y si nos ven llorar sentimos vergüenza. Incluso a ti te da vergüenza verlo: ¿un hombre llorando? Deberías poder controlar tus lágrimas. Esto es completamente absurdo.

No hay que reprimir las lágrimas porque suponen una limpieza. Aunque sean lágrimas de tristeza, es una manera de eliminar esa tristeza; te quedarás más tranquilo y más sereno. Siempre te ayudan. Si son lágrimas de felicidad, hablamos de otra dimensión. Si estás triste, se llevan la tristeza, pero si se trata de felicidad, esta será mayor. Son como las flores.

Y la tercera dimensión, la de la inocencia que es la que tú sientes, es la más elevada. Te limpian el corazón, te limpian la mente, hacen que te sientas renovado, fresco. Y eso es lo que estás sintiendo, como si volvieras a nacer. Los mismos árboles y la misma gente de siempre ahora empiezan a parecer nuevos. Los árboles son más verdes, las rosas son más rosa, y la belleza del rostro humano tiene algo de divinidad. Los ojos de la gente de siempre se convierten en las ventanas de su alma.

Es una gran experiencia, única y poco corriente; permítela, protégela, disfrútala. Cuando llores, baila, canta, toca la guitarra. Alégrate de esas lágrimas porque te están abriendo una nueva puerta en tu vida; la puerta de la inocencia pura. Los únicos que han conocido la divinidad de la existencia son quienes han alcanzado esta inocencia de los ojos.

La belleza, la verdad, la bondad no están lejos, pero tienes tanto polvo en los ojos que no eres capaz de verlo. Te rodea, está por todas partes, solo tienes que limpiarte los ojos. Y esto solo puedes hacerlo cuando experimentas esta tercera dimensión de lágrimas. Les ocurre a todos los que entran en meditación profunda.

A ti te ocurre simplemente con estar en mi presencia. Es posible que mi presencia sea para ti una meditación profunda, un silencio profundo, un gran amor, una confianza enorme. Alégrate y agradécelo.

Pero no te preocupes de que la palabra «lágrimas» tenga una connotación de tristeza, miseria, angustia, ansiedad; esto es así porque mucha gente solo conoce la primera dimensión.

> Un judío está tomando una copa en el bar de un hotel cuando un caballero oriental derrama la copa por accidente. «Maldito japonés —exclama el judío—, primero Pearl Harbor, ¡y ahora esto!»
>
> «Un momento —dice el hombre—, yo no soy japonés, soy chino.»
>
> «Chino... japonés..., ¿qué más da?», responde.
>
> «Y vosotros los judíos —dice el chino—, ¿qué tenéis que decir después de haber hundido el *Titanic*?» «¿Cómo? —exclama asombrado el judío—. El *Titanic* se hundió por culpa de un iceberg.»
>
> «¡Iceberg, Golberg! ¿Qué más da?»

Pero sí importa, porque una palabra está cargada de connotaciones. En cuanto dices lágrimas, se asocia a la idea de tristeza. Sin lugar a dudas, mis seguidores tendrán que modificar esa asociación.

Que las lágrimas sean siempre de dicha.

Y si es posible, que las lágrimas sean de inocencia y rebosen agradecimiento por todo lo que la existencia te ha dado y ha hecho por ti.

No tenemos nada para dar, pero al menos las lágrimas de agradecimiento serán una buena oración. Las oraciones que consisten en palabras no significan nada; las oraciones que consisten en lágrimas son muy elocuentes.

Osho,

Tengo miedo de no ser nadie. ¿Podrías comentarlo, por favor?

Todo el mundo tiene miedo de no ser nadie. Solo hay algunas raras y extraordinarias excepciones que no tienen ese miedo. Para no ser nadie hay que ser Gautama Buda. No ser nadie no es un fenómeno corriente; es una de las mayores experiencias de la vida: seguir siendo y no ser, ser existencia pura sin nombre, sin dirección, sin límites..., ni santo ni pecador, ni inferior ni superior, solo silencio puro.

La gente tiene miedo porque desaparecería toda su personalidad; su nombre, su fama, su reputación, todo desaparece; de ahí el miedo. Pero, de cualquier manera, la muerte se lo llevará todo. Sabio es aquel que permite que todas estas cosas se vayan solas. Entonces ya no tendrás miedo de que la muerte te quite algo. Desaparecen todos los miedos porque no te puedes morir; no tienes nada que la muerte se pueda llevar.

La muerte no puede matar a quien no es nadie.

Una vez que sientas que no eres nadie, te habrás vuelto inmortal. La experiencia de no ser nadie es exactamente lo que significa nirvana: la nada, silencio absoluto e inmaculado, sin ego, sin personalidad, sin hipocresías, solo este silencio... y los insectos cantando por la noche.

En cierto modo estás aquí, pero no lo estás.

Estás aquí por la vieja asociación con el cuerpo. Pero si miras en tu interior, no estás. Y tu realidad, que la muerte no puede destruir, es esta percepción en la que hay silencio puro y ser. Es tu eternidad, es tu inmortalidad.

Disfruta estos momentos en los que no eres nadie todo lo que puedas. Es una experiencia muy simple, poco complicada..., porque no eres nadie, solo tienes que sumergirte un poco más en tu interior. Tu personalidad solo está en la superficie. Y lo que hay dentro es el ancho cielo, infinito.

Cuando lo experimentes sin tener miedo, querrás volver a

tener esa experiencia muchas veces. Siempre que dispongas de tiempo, te sumergirás en tu no ser nadie.

Cuando no eres nadie, eres un Gautama Buda. Cuando no eres nadie, eres toda la existencia.

No tienes nada que temer. No tienes nada que perder. Y todo lo que crees que se ha perdido —tu nombre, tu reputación, tu fama— no tiene valor. Es un juego de niños, no es para personas maduras.

Es hora de crecer, es hora de estar maduro; es hora simplemente de ser.

> Dos borrachos van deambulando por las calles de Londres sin tener nada que hacer; hace muchas horas que los pubs han cerrado. Llegan a un semáforo y se paran a contemplarlo. Al cabo de unos instantes, uno de ellos murmura: «¿No te parece que la luna es espectacular esta noche?». El otro se vuelve sorprendido y dice: «¿La luna? Lo que estás viendo es el sol».
>
> Siguen discutiendo un rato hasta que deciden pedir la opinión de una tercera persona, otro borracho que va dando tumbos por la esquina de la calle. El primer borracho le pregunta: «¿Perdone, ¿qué es eso, el sol o la luna?». El borracho se encoge de hombros y dice: «Lo siento, no lo sé. No soy de aquí».

Tu nombre, tu fama, todos tus títulos y credenciales, tu riqueza, tu reputación y tu prestigio solo son diferentes tipos de bebidas alcohólicas.

Solo la persona que no es nadie no está borracha. Solo el que no es nadie está completamente despierto, completamente alerta. Y por estar alerta tiene como recompensa todo el mundo; todo el universo puede desaparecer en su no ser nadie. Es tan amplio...

El ser alguien es muy pequeño. Cuanto más eres alguien, más pequeño te vuelves. Cuanto menos eres, más grande eres... No seas absolutamente nadie y serás uno con la existencia misma.

7

Cada ser humano es un anhelo de la existencia

Osho,

Cuanto más tiempo estoy aquí contigo, más confuso, emocionado y sorprendido de tu existencia me siento. He sido sannyasin durante siete años y ahora me doy cuenta de que no te estaba valorando. ¿Cómo puede ser que haya tardado siete años en empezar a darme cuenta, poco a poco, de quién eres?

Pueden ser siete años, o pueden ser setenta, es igual. Lo importante es que tu verdadera vida empieza cuando te das cuenta. Antes de eso estabas durmiendo.

Y recuerda que cada individuo tiene su propio ritmo. Unos van muy rápido, otros van despacio..., de hecho el ir despacio también tiene un valor. Cuanto más lento vas, más arraigado estás, más centrado estás. La persona que va muy rápido nunca llega al nivel de cristalización que adquiere la persona que va muy despacio.

Estás diciendo: «Cuanto más tiempo estoy aquí contigo, más confuso, emocionado y sorprendido de tu existencia me siento. He sido sannyasin durante siete años y ahora me doy cuenta de que no te estaba valorando. ¿Cómo puede ser que haya tardado siete años en empezar a darme cuenta, poco a poco, de quién eres?».

Siete años no son tantos años en lo que respecta a ver claramente sin prejuicios, sin condicionamientos. Es un pequeño período en un largo viaje de miles de vidas a tus espaldas. En tus vidas pasadas es posible que te hayas cruzado con muchos maestros vivos sin darte cuenta.

Tenemos que recordar que miles de personas fueron a ver a Gautama Buda pero solo unos pocos se quedaron con él. Los demás no se dieron cuenta de que tenían delante de sus ojos un fenómeno extraordinario. Se quedaron absortos en su propia mente, con el parloteo de sus pensamientos, y en la mente hay mucha basura tapándote los ojos.

Siete años no es tanto tiempo. No deberías sentirte confuso, sino saltar de alegría. Ahora comienza tu verdadero sannyas. Es posible que hace siete años tomaras sannyas por curiosidad. No había confianza ni amor, solo tenías curiosidad por saber de qué se trataba. Ahora sientes mi presencia, ahora tus latidos están en armonía con los míos. Este es el principio de un verdadero y auténtico sannyas.

Realmente es asombroso que de los millones de personas que tienen la capacidad de autorrealizarse solo les ocurra raramente a unos pocos. Es como si sembraras miles de semillas y de todas ellas solo una brotara y echara hojas, flores, aroma.

¿Qué le ha pasado al resto de las semillas? No han tenido valor suficiente para desaparecer en la tierra. Se han quedado protegiéndose. Y su protección es lo que ha provocado su muerte. La que se atrevió a morir en la tierra, empezó una nueva vida, empezó a crecer hacia arriba, en contra de la gravedad, empezó a transformar la tierra en verde follaje, en los bellos colores de las flores, en una verdadera fragancia.

Pero el primer paso es el más difícil: abandonar todas tus defensas. Una semilla es un mecanismo de defensa. Guarda el potencial en su interior, pero la semilla lo defiende. Eso está bien mientras no aparezca el terreno adecuado. Por eso siempre hago énfasis en el hecho de que si cambia el contexto, lo bueno se convierte en malo y lo malo en bueno.

Una semilla necesita protección absoluta porque acarrea un vientre, un niño en su interior. Pero solo hasta que se encuentre con la tierra. Entonces tiene que abandonar la protección para que esta no se convierta en su prisión. Hasta este momento ha estado bien, pero ahora estar protegida le resulta perjudicial. Y cuando abandona su defensa, la tierra la acoge en su corazón y le aporta toda su savia. Y empieza a ocurrir un milagro: la semilla ha desaparecido, pero el potencial de la semilla se convierte en una realidad.

Yo digo que es un gran milagro porque tiene que crecer en sentido contrario a la gravedad. Y un árbol puede crecer hasta treinta o cincuenta metros de altura... Al principio, los científicos estaban sorprendidos de que la savia pudiese subir cincuenta metros sin necesidad de usar una bomba. Pero con el tiempo descubrieron que el árbol tiene su propio mecanismo, un mecanismo sutil por el que es capaz de crecer en contra de la gravedad.

El árbol consta de millones de estratos, y el sistema que los árboles han utilizado desde hace millones de años es muy sencillo, no es mecánico, es natural. Cuando el estrato superior se empieza a secar, el estrato que hay por debajo le aporta su savia. Al hacerlo se seca, por lo que el estrato inmediatamente inferior se la aporta a este, y así sucesivamente. De esta forma, desde las raíces hasta las flores, hay un continuo flujo de savia y el agua va ascendiendo contra la enorme fuerza de la gravedad.

Y cuando el árbol alcanza la madurez, vuelve a sorprendernos que una pequeña semilla guardara todas esas ramas, todas esas hojas, todas esas flores, todos esos frutos. En la semilla estaban guardadas en miniatura; son tan pequeñas que los equipos científicos no las distinguen. Si cortas la semillas, no verás nada. Pero esa nada está cargada, solo hay que aportar la tierra, el agua y la ayuda adecuadas para que sea ella misma. Esto no te sorprende porque ocurre a tu alrededor en todas partes. Pero te asombras cuando le ocurre a uno entre un millón de personas, aunque todo el mundo tenga el mismo potencial.

Por el hecho de nacer, todo el mundo tiene derecho a convertirse en Gautama Buda. Pero la gente sigue dormida. Una semilla está profundamente dormida; el árbol ha despertado. Y el despertar trae consigo toda esa fruta y esas flores. Recuerda no quedarte dormido. ¡Despierta!

Tú no eres lo que pareces. Eres mucho más, muchísimo más. Pero para que descubras ese «mucho más» dentro de ti hay que provocarte, hay que desafiarte. Como el resto de la gente sigue viviendo medio dormida, tú los imitas.

Algunas tribus de Sudáfrica son caníbales. En la espesura de la selva, cuando nace un niño entre los caníbales, empieza a comer carne humana desde el principio porque todo el mundo lo hace; es lo correcto. No se percata de que comer carne humana es horrible y hasta los animales se avergüenzan de hacer algo así. Los animales no comen carne de su propia especie; los leones no comen a otros leones, los pájaros no comen a otros pájaros de su propia especie.

El hombre tiene muchos tipos de perversiones.

Había una tribu caníbal, a principios del siglo xx, que contaba con tres mil miembros. Ahora solo quedan trescientos porque nadie quiere atravesar esa selva por miedo a ser capturado, de modo que empezaron a comerse unos a otros, se comieron a sus madres, a sus padres, a sus hijos. De tres mil solo quedan trescientos..., trescientos..., y trescientos no tardarán mucho en desaparecer.

Me han contado que un misionero cristiano insistió en ir a esta tribu para enseñarles la forma correcta de vivir y convencerlos de que el canibalismo era lo peor que se puede hacer. Cuando llegó, fue bien recibido porque los caníbales llevaban muchos días esperando que apareciera alguien. Y el misionero estaba tan gordo que se pusieron a bailar. El misionero pensó: «Parecen buenas personas, son encantadores». Le dieron una gran bienvenida y le pusieron una guirnalda de flores, lo subieron a hombros y se lo llevaron a la selva, donde había una gran olla llena de agua hirviendo.

Al ver la olla con el agua hirviendo, el misionero pensó: «Es posible que no tengan baños y estén calentando el agua (aquí hace mucho frío) para darme un baño». Pero en vez de darle un baño lo metieron en la olla. Seguía sin creérselo. Seguía pensando que iban a darle un baño. Cada vez hacía más calor allí de pie en la olla, y les preguntó: «¿Habéis tenido algún contacto con el cristianismo?».

«No —respondieron—. Todavía no, pero tendremos nuestro primer contacto cuando te hayas convertido en caldo.» Hasta los niños pequeños estaban bailando y disfrutando; habían encontrado una buena pieza.

En todas las sociedades la gente imita a la mayoría; pero, como norma general, todo el mundo está dormido porque los que les rodean también están dormidos. Por eso es extraordinario encontrarse con un Gautama Buda, un Mahakashyapa, un Bodhidharma o un Chuang Tzu.

Lo sorprendente es cómo han podido evitar la ley de gravedad de la sociedad, cómo han podido escabullirse del control de esta. Basta que se salga un solo hombre de la multitud, y les mostrará el camino a los demás. Y te dice que tú también puedes, solo tienes que tener un poco de valor, un poco de inteligencia...

> Un hombre se pasó toda la noche dando vueltas, incapaz de dormir. «¿Qué te ocurre?», le preguntó su mujer. «Es por los quinientos dólares que le debo al vecino. Mañana he quedado en devolvérselos, pero no los tengo.» Ella abre la ventana de par en par y grita al vecino de enfrente: «Oye, ¿recuerdas los quinientos dólares que te debe mi marido y que pensaba pagarte mañana? Bueno, pues no los tiene». Cierra la ventana y dice: «¿Ves? Ahora es él el que se preocupa. Y tú duérmete».

Alguien tiene que despertarte..., no mandarte a dormir. Toda la sociedad está orientada al sueño, porque la gente dormida no es rebelde, no desobedece, no está en contra de las estúpidas supersticiones que la sociedad considera grandes verdades.

A una personas que está dormida no le importa nada lo que

es verdad y lo que no lo es. Va por la vida como un borracho. Esta escuela de misterio solo está aquí para que despiertes, no para dormirte. No te doy dogmas, un sistema de creencias o unas escrituras; pero te doy una cosa: una sacudida para que el potencial que está aletargado y dormido empiece a darse cuenta de su propia realidad.

El maestro no puede darte nada aparte de cierta seducción. Puede cautivarte para que pienses que el estar despierto es bonito, es dicha, es el mayor éxtasis.

Olvídate de esos siete años, no cuentan. Empieza a contar tu vida a partir de hoy. Si reconoces mi presencia, pronto te darás cuenta de tu misma presencia.

Osho,

En el libro *El cuarto camino* de Ouspensky, este dice: «En el trabajo, la primera condición es comprender cuánto quieres ganar y cuánto estás dispuesto a pagar por ello, porque hay que pagar por todo». En el día a día aceptamos que no hay nada gratis, pero en lo referente a las cuestiones que no son materiales, como el amor, la felicidad, la meditación, tendemos a pensar que no se aplica esta regla. Y damos estas cosas por garantizadas, como si nos correspondieran por derecho, como si la vida nos las debiera por ser tan buenos y honrar la existencia con nuestra presencia. ¿Podrías comentarlo?

Ouspensky tenía razón en lo que dijo. En el trabajo, la primera condición es saber qué quieres ganar y el precio que estás dispuesto a pagar por ello, porque tenemos que pagar por todo lo que hacemos.

Comprendo tus dudas sobre la declaración de Ouspensky. «En el día a día aceptamos que no hay nada gratis, pero en lo referente a las cuestiones que no son materiales, como el amor, la felicidad, la meditación, tendemos a pensar que no se aplica esta regla.» Esta regla se sigue aplicando, pero de una manera más sutil, de una manera más invisible.

Por ejemplo, no podrás tener amor a menos que estés dispuesto a renunciar a tu ego; ese es el precio. No podrás ser feliz a menos que estés dispuesto a renunciar a lo que impide que surja tu felicidad. No podrás ser meditativo a menos que disperses todos tus pensamientos. No hay nada gratis; hay que pagar por todo, ya sea material o inmaterial.

En el día a día pagas por una mercancía de forma material. Puedes ver lo que pagas para obtenerla. Pero en el mundo no material también pagas algo por obtener algo; pero al no ser material, tienes que tener una percepción mayor para darte cuenta.

La meditación no es gratis. Eso no significa que tengas que pagar doscientos cincuenta dólares a Maharishi Mahesh Yogi, pero pagas renunciando a tus pensamientos, renunciando a tus emociones, renunciando a tus estados de ánimo. Solo así podrás estar en silencio, tranquilo.

Tienes que pagar con tu mente, solo así podrás meditar. No puedes tener ambas cosas al mismo tiempo, mente y meditación; o estás en la mente o estás meditando. Y siempre hay un tenue equilibrio.

Ouspensky tiene razón: uno tiene que darse cuenta de lo que quiere y el precio que quiere pagar por ello. Es una declaración muy importante porque si Dios fuera gratis, todo el mundo querría tenerlo. ¿Qué puedes perder? No hay que pagar; si la meditación fuese gratis, nadie renunciaría a tenerla. Pero es más difícil que obtener algo a cambio de dinero. Tienes que pagarlo con la mente, tienes que renunciar a tu ego, tienes que renunciar a tu inconsciencia; todas estas cosas son invisibles a los ojos, por eso ha surgido tu pregunta.

También dices: «Y damos estas cosas por garantizadas, como si nos correspondieran por derecho». Nos corresponden, pero no puedes darlas por garantizadas; tenemos que prepararnos para recibirlas. Y esa preparación en sí es el precio. También dices: «Como si la vida nos las debiera...». La vida no te debe nada. Tú le debes todo a la vida.

Este es un gran malentendido que habría que suprimir; «cosas que la vida nos debe por ser tan buenos y honrar a la existencia con nuestra presencia». En realidad es justamente lo contrario: la existencia has sido lo bastante generosa para aceptarte y hacerte un lugar. Es muy raro que la existencia sienta tu gracia porque no la tienes. Pero cuando un ser humano despierta, la existencia empieza a deberle algo.

Hay historias preciosas..., no son históricas, por supuesto, porque a Oriente nunca le ha interesado la historia. Esta consta tan solo de hechos triviales. En Oriente no se ha prestado atención a los hechos, sino a los valores esenciales. Esos valores esenciales solo se pueden expresar con parábolas. Por ejemplo, se dice que cuando Mahakashyapa se iluminó, le llovieron flores. Esto no es un hecho —no puede ser un hecho histórico—, pero tampoco es mentira. Es absolutamente cierto. Está por encima de los hechos: es una verdad.

Cuando un hombre se ilumina, toda la existencia siente que le debe algo a esa persona. Ha llenado toda la existencia con su gracia. Su dicha se ha esparcido por toda la existencia; su descubrimiento de la verdad, alcanzar la máxima expresión de la conciencia es una felicidad para toda la realidad. Es una forma poética de expresarlo; cuando se iluminó, de repente se quedó atónito, ¿qué estaba ocurriendo? Empezaron a lloverle miles de flores..., pero no flores de este mundo, sino flores de lo desconocido que nunca había visto y cuyo aroma nunca había olido. El aroma de esas flores le inunda.

Si hubieses estado ahí presente cuando se iluminó Mahakashyapa, no habrías visto las flores. Solo Mahakashyapa las veía. Pero si hubieses estado en el mismo espacio, en la misma conciencia, en la misma iluminación, también las habrías podido ver. Habrías visto esas flores, habrías olido su aroma.

Por lo general, ni eres lo suficientemente bueno ni tienes la gracia. Al contrario, la existencia tiene tanta compasión de ti que aunque no seas lo suficientemente bueno te sigue apoyando, te mantiene vivo con la esperanza de que quizá un día llegues a ser bueno. Aunque ahora mismo no tengas la gracia, la existencia sigue soñando y esperando que esa gracia en potencia que hay dentro de ti, un día... En algún lugar, en algún sitio, tu gracia empezará a fluir de tu ser.

La existencia no tiene que estarte agradecida; eres tú quien debe estar agradecido a la existencia, agradecido porque: «No merezco estar vivo, ni siquiera merezco haber nacido», y a pesar de todo, la existencia, que es abundante, te sigue dando vida y todos esos potenciales que pueden hacerte feliz, extático, que hacen que conozcas y experimentes la verdad.

La existencia es como un jardinero que va sembrando con la esperanza de que tal vez un día llegue la primavera y broten las flores. No es necesario, no es inevitable; sin embargo, la existencia confía en sus propios sueños, en sus anhelos.

Cada ser humano es un anhelo de la existencia. Deberías estar agradecido a la existencia. Y deberías recordar que para tener amor tendrás que renunciar a muchas cosas, tendrás que renunciar a la envidia, al deseo de poseer, al deseo de dominación.

Para ser meditativo, tendrás que renunciar por completo a tu mente, tendrás que renunciar a todo tu proceso de pensamiento. Para ser dichoso, tendrás que renunciar a los viejos hábitos de sentirte infeliz. Están tan profundamente arraigados porque has sido desdichado durante mucho tiempo y has empezado a dar la desdicha por sentada y a creer que la vida es así.

Tendrás que cambiar tu actitud y tu enfoque por completo. Y esto es lo que está diciendo Ouspensky: tienes que pagar por todo; no puedes dar nada por sentado, y no puedes obtener nada sin pagar lo que corresponda.

> Un matrimonio está de viaje en su primer crucero. La mujer quiere acostarse pronto todas las noches; él quiere sumarse a la diversión y a los juegos y, al mismo tiempo, no quiere disgustar a su mujer. Al cabo de tres días le dice que

va a participar en la tertulia mientras ella duerme. Ella lo piensa un instante y accede.

En la tertulia todo el mundo saca un papelito de un sombrero y tiene que hablar durante cinco minutos sobre el tema que está escrito en el papel. En el del hombre pone «sexo». Empieza a hablar sobre ello y todo el mundo se ríe de sus chistes.

Cuando regresa con su mujer más tarde, ella le pregunta de qué trataba la tertulia. «De navegación», responde él. Ella resopla y sigue durmiendo. A la mañana siguiente una mujer pechugona se acerca a la esposa y le dice: «Su marido estuvo muy simpático ayer. No pensé que tuviera tanta experiencia». Ella la mira molesta: «¿Experiencia? —se sorprende—. En todos los años que llevamos casados solo lo ha hecho tres veces. La primera vez se quejó porque se le voló el sombrero, que finalmente se perdió. La segunda vez se mojó toda la ropa y la tercera se cayó y casi se ahoga».

Solo es un malentendido. Ouspensky es discípulo de George Gurdjieff y habla un idioma diferente al mío. Aborda la misma verdad pero los conceptos, la filosofía y la dirección son completamente distintos a las mías. Por eso no puedo afirmar que él estuviera de acuerdo con lo que estoy diciendo sobre su declaración. Pero tanto si lo está como si no, es indudable que estoy dándole más importancia a su declaración de la que él mismo le habría dado.

Es sorprendente, pero en los grupos de Gurdjieff había que pagar por todo en el sentido material. El mismo Gurdjieff escribió un libro titulado *Todo y todas las cosas*. Es un libro de mil páginas imposible de leer. Él mismo reconoce que es imposible de leer. Solo tiene unas cien páginas abiertas; ¡las novecientas restantes están sin cortar ni separar!

El libro empieza con una declaración que dice: «Lee las primeras cien páginas, es la introducción. Si crees que entiendes lo que dice, entonces puedes abrir las demás páginas. Si sientes que te supera, puedes devolver el libro y pedir que te reembolsen el dinero».

Y ¿sabes cuánto cobraba por el libro en esa época? Mil dólares, porque Gurdjieff y Ouspensky consideraban que nadie se implica de lleno en nada a no ser que pagase por ello. Si alguien pagaba mil dólares, tenía que leer el libro. Y puesto que había novecientas páginas sin cortar, incluso las personas que no entendieran la introducción tendrían curiosidad por saber qué ponía en el libro, ya que habían pagado mil dólares; de modo que era mejor abrirlas para saber.

Pero el libro es cada vez más complicado, complicado en el sentido de que Gurdjieff se inventaba sus propias palabras. Y no puedes encontrar el significado en ningún diccionario. Son palabras que no existen en ningún idioma. Inventaba una palabra mezclando tres idiomas. Y había palabras tan largas que a veces ocupaban toda una frase. No se podía pronunciar. Hay párrafos tan largos que pueden ocupar toda la página. Y cuando llegas al final del párrafo, ya te has olvidado del principio. Las frases a veces se extienden incluso a lo largo de toda una página.

Gurdjieff tenía su propio método. Y cuando dice que tienes que pagar por todo, se refiere al sentido material.

En una ocasión, una de sus ricas discípulas presentó una condesa a Gurdjieff, y esa misma noche él mandó un mensaje a la dama: «Deposite todas sus joyas, diamantes, dinero y todo lo demás, para que mañana puedan empezar las clases». Ella estaba preocupada: «¿Qué clases son estas? Puedo pagar una cuota, pero ¿entregar todos mis diamantes y mis joyas?». Era muy rica y poseía gemas muy valiosas.

Ella le preguntó a su amiga: «¿Qué hago? ¿Qué clase de persona es este Gurdjieff? Lo quiere todo, y solo así dará comienzo a las clases mañana». «No te preocupes —le dijo la amiga—. A mí también me hizo entregar todo lo que tenía, todas mis joyas, mi dinero y todo lo que poseía, y al día siguiente, cuando empezaron las clases, lo primero que hizo fue devolverme todo el dinero, la bolsa entera. Así que no te preocupes.»

La condesa juntó en un bolso todos los diamantes, las joyas y el dinero, y se los hizo llegar a Gurdjieff. Al día siguiente se quedó esperando antes de que empezara las clases... pero nunca le devolvió la bolsa. Estaba muy extrañada, le había dado todo lo que tenía y ahora era pobre. Le preguntó a su amiga: «Tú decías que a ti te lo devolvió todo».

«Eso es absolutamente cierto —dijo—. Mira, tengo todas mis cosas. Yo también estoy sorprendida de lo que te ha ocurrido. Puede que se haya olvidado o algo parecido, y por eso no te lo ha devuelto.» Pero nunca se las devolvió, y la mujer preguntó: «Las he entregado porque mi amiga me aseguró que me las devolvería mañana, pero han pasado tres días. Han empezado las clases y no puedo concentrarme; mi mente está pensando en el dinero, los diamantes y las joyas, porque era todo lo que tenía».

Gurdjieff dijo: «A la primera mujer le fueron devueltas sus cosas porque hizo entrega de ellas con amor y confianza. A ti no te serán devueltas porque las has entregado con la idea de que te serían devueltas, y te aseguraste de ello preguntándoselo a tu amiga. No has entregado tu confianza y tu amor. Esta es la primera lección: para estar conmigo tendrás que confiar. No hay nada gratis».

Es posible que Ouspensky no esté de acuerdo con mi interpretación, pero tengo la certeza absoluta de que es más espiritual, mucho más poética, mucho más mística y mucho más oriental. Y no me importa que esté de acuerdo conmigo o no.

No estoy aquí para enseñaros la filosofía de Ouspensky o de Gurdjieff; mi camino es completamente distinto. Su camino no se cruza con el mío. A pesar de esto, son personas que me encantan porque han provocado un enorme deseo de la búsqueda espiritual en Occidente.

Muchos de vosotros no habríais llegado hasta aquí si no hubiesen existido Gurdjieff y Ouspensky. Puede que nunca hayáis oído sus nombres, pero han creado un clima de búsqueda espiritual y los respeto profundamente a ambos. Aunque no coincida con ellos en lo que se refiere al camino. Yo tengo mi propia opinión de cómo debes despertar, iluminarte.

Osho,

Cada día, cada palabra, cada gesto penetran por capas desconocidas... se abren flores inimaginables, bailo una música indescriptible. Y con cada capa surge un anhelo más profundo de algo que echo en falta, como una diana que llora porque la flecha no la ha alcanzado. ¿Será que me preocupo demasiado de lo que echo en falta?

Te preocupas demasiado por lo que echas en falta. Y deberías centrar tu atención en lo que está creciendo. Prestar atención es sustentar; si prestas atención a lo que falta, cada vez sentirás que te faltan más cosas. Y eso te causará dolor, infelicidad.

Si le prestas atención a lo que te está ocurriendo, a lo que está desarrollándose dentro de ti, crecerá más rápido. Y quizá con el crecimiento deje de faltarte lo que te falta ahora.

Dices: «Cada día, cada palabra, cada gesto penetran por capas desconocidas... se abren flores inimaginables, bailo una música indescriptible. Y con cada capa surge un anhelo más profundo de algo que echo en falta».

Es natural, cuando empiezas el camino, cuando empiezas a colmarte de nuevas experiencias, que al mismo tiempo sientas un anhelo de querer más porque es a lo que estamos acostumbrados desde hace siglos en el mundo ordinario..., nuestra mente siempre pide más.

En la India hay una antigua parábola: un rey tenía un hombre maravilloso, lleno de alegría y felicidad, cuya única función consistía en darle un buen masaje al rey cada mañana, y a cambio solía recibir una moneda. Ese era todo su trabajo y el resto del día estaba libre. Vivía frente al palacio y le encantaba tocar la flauta.

Vivía holgadamente, con lujo y abundancia, pues no tenía

otra cosa que hacer y recibía una moneda de oro cada día. Todos los días tenía asegurada su moneda de oro, de modo que no ahorraba. El rey estaba maravillado: «Este hombre es feliz incluso cuando toca la flauta. Noto su alegría y su felicidad. Sin embargo, yo que soy el rey de una gran nación siempre estoy preocupado, tengo un problema tras otro, no puedo dormir por las noches, y cuando llega él por las mañanas para darme un masaje, siento envidia. Vive en mejores condiciones que yo; yo soy rey y este pobre hombre solo recibe una moneda de oro».

Le preguntó al primer ministro: «Quiero saber qué misterio es este. Mi reino es inmenso, mi incalculable tesoro es cada vez más grande, y sin embargo, no soy feliz; hace años que no sonrío, ni siquiera recuerdo la última vez que lo hice. ¿Qué misterio es este? Este pobre tipo se pasa todo el día tocando la flauta, toca incluso las noches de luna llena... Está tan saludable, no tiene ni una sola preocupación, y no tiene nada porque lo que recibe por la mañana se le acaba por la noche».

El primer ministro le dijo: «Deme un poco de tiempo y resolveré este misterio». Esa mañana, cuando el hombre llegó a darle el masaje al rey, estaba triste. Era la primera vez que su rostro no reflejaba un aura de felicidad. Y cada día que transcurría estaba más afligido.

El rey llamó a su primer ministro y le preguntó: «¿Qué ha ocurrido? ¿Qué has hecho? Ya no oigo su flauta. A lo mejor no tiene ganas de tocar la flauta y por eso se siente tan desdichado como yo».

El primer ministro respondió: «No, es muy sencillo. Puse en su casa una bolsa con noventa y nueve monedas de oro». El rey dijo: «No lo entiendo, ¿qué le ha hecho tu bolsa? Debería estar más contento ahora que tiene noventa y nueve monedas de oro».

El primer ministro dijo: «No lo entiende, pero es una cuestión psicológica muy simple. Al día siguiente estaba triste, pensando, "Si ahorro una moneda, tendré cien". De modo que ese día no comió nada, diciendo: "No pasa nada por ayunar un día y ahorrar una moneda; no te la gastes". Y desde entonces empezó a desear tener más, ciento una, ciento dos, ciento tres... Ahora come menos y ya no vive como antes. El ahorro se ha convertido en su problema. Y pronto espera llegar a tener doscientas monedas».

El rey dijo: «Pero eso no es..., ¡vas a matar a ese pobre hombre!». El primer ministro replicó: «¿No quería saber el misterio? El misterio es que la mente quiere cada vez más, y cuanto más tiene más quiere. No tiene límite».

Vas acumulando mucho, pero tu deseo de tener más también crece; es un hábito de la mente. Cuando empiezas a adentrarte en el mundo espiritual, inconscientemente sigues con el hábito de querer cada vez más.

Estás diciendo: «Cada día, cada palabra, cada gesto penetran por capas desconocidas... se abren flores inimaginables, bailo una música indescriptible. Y con cada capa surge un anhelo más profundo de algo que echo en falta».

No te falta nada, pero si empiezas a preocuparte por lo que te falta eso acabará con todo lo que estás experimentando. Tienes que dejar ese viejo hábito..., ser un poco más inteligente. Disfruta de lo que estás recibiendo. Sustenta lo que estás teniendo para que se fortalezca, dé más flores, más belleza.

Y no te preocupes por lo que te falta. Esas flores que te faltan saldrán del mismo árbol. Pero si solo te preocupas de las flores que faltan y te olvidas del árbol, entonces te olvidarás de alimentarlo y es posible que nunca dé flores; al contrario, puede que te quedes también sin el árbol. La mente es algo extraño. Siempre está preocupada por lo que no tienes, pero no celebra lo que tienes; y te afliges por lo que no tienes.

Un sannyasin tiene que cambiar todo su enfoque. Es una simple cuestión de comprensión; no te comportes tontamente. Estás creciendo en el sentido apropiado, pero si tu mente se preocupa porque cree que falta algo más, te perderás. Y tampoco se necesita tanta inteligencia.

Vivimos con una pequeña fracción de nuestra inteligencia. No la usamos toda, de lo contrario, todo el mundo tendría tanto encanto y tanta belleza, tanta alegría y amor.., tanto que no podría contenerlo y tendría que compartirlo con los demás.

> Dos polacos están conduciendo y tienen que detenerse en un hipermercado. Encuentran un aparcamiento, salen del coche, cierran las puertas y el conductor dice: «Mierda, me acabo de dejar las llaves dentro del coche». «Y ahora qué hacemos», dice el otro. «No lo sé —responde el conductor—. Me temo que vamos a tener que romper la ventanilla para sacarlas.»
>
> «No —dice su amigo—, no puedes romper la ventanilla. Es mejor que busques una percha para forzar la puerta.» «Eso es demasiado complicado», responde el conductor. «Bueno —dice su amigo—, pues espero que se te ocurra algo pronto porque está empezando a llover y la capota está bajada.»

Este es el estándar de la humanidad. Aparentemente, nadie usa la inteligencia para nada. Se supone que debes usarla; te han enseñando a confiar en el consejo de tus jefes, de tu padre, de tu madre y de tu profesor. Y, poco a poco, te olvidas de que tienes inteligencia.

Pedir consejo constantemente es una enfermedad.

Intenta usar tu inteligencia primero, dale la oportunidad de agudizarse. Y respecto a tu problema, es muy sencillo. Entiendo tu anhelo de tener cada vez más. Llegará, no te preocupes, pero ahora mismo disfruta lo que tienes, alégrate, baila por todo lo que te está ocurriendo.

Tu alegría te dará cada vez más espacio, aumentará tu capacidad de que sucedan cosas. De todas formas, es mejor que se te ocurra algo pronto porque está empezando a llover y la capota está bajada.

8

Una iniciación a la libertad

Osho,

¿Por qué me cuesta tanto hacerme sannyasin? En toda mi vida no he estado tan nervioso como desde que te vi en una entrevista por la televisión hace un año. A veces me gustaría nunca haber oído hablar de ti pero, por otra parte, estoy contento de que haya una persona como tú que me pueda enseñar el camino. Pero tomar sannyas... Me siento tan egoísta —tengo celos, tengo pereza—, y pienso que es posible que nunca llegue a ser un buen sannyasin. ¿Podrías darme una pista para ayudarme a salir de este dilema?

Tomar sannyas siempre es difícil, pero solo el primer paso. Luego se produce una transformación de un estilo de vida a otro completamente distinto. A la mente siempre le cuesta adaptarse a una nueva forma de vida. Te has familiarizado con la antigua; puedes recorrerla con los ojos cerrados, casi dormido, como un robot. Y para la nueva hay que estar despierto, alerta; hay que aprender a vivir de nuevo.

El sannyas solo es una iniciación a un nuevo espacio dentro de ti, un cambio de la cabeza al corazón, de la lógica al amor, de tu condicionamiento habitual a una mente no condicionada, a usar una libertad que ni siquiera tienes conciencia de poseer.

El sannyas es como un pájaro que se ha quedado en la jaula, una jaula de oro, preciosa, muy valiosa, aunque para el pájaro solo sea una prisión. Pero el pájaro lleva mucho tiempo en la jaula, aunque le han arrebatado su libertad, el cielo, sus vuelos hacia el sol, su alegría; casi han conseguido acabar con su capacidad de volar. Quizá el pájaro haya olvidado que tiene alas. Pero la jaula le da seguridad, seguridad frente a lo desconocido. El pájaro no necesita preocuparse del futuro, no necesita preocuparse del sustento.

Aunque le abras la puerta, el pájaro dudará en salir. Porque conlleva muchas cosas: su seguridad, su protección. ¿Quién sabe todo lo que puede ocurrir en el ancho cielo, dónde podrá aterrizar? Y se ha olvidado por completo de que tiene alas. Sabes que tienes algo cuando lo usas. Si un pájaro no ha usado nunca sus alas, ¿cómo va a recordar que las tiene?

El término inglés «pecado» es muy hermoso. Los cristianos han destruido su belleza convirtiéndolo en algo horrible; pero la raíz original significa «olvidar». Solo hay un pecado: olvidar.

Las puertas están abiertas, el cielo te invita, los demás pájaros están volando, solo necesitas tener un poco de valentía. Por eso digo que lo difícil es el primer paso. Si el pájaro puede armarse de valor y saltar al aire, esas alas, de las que no es consciente, se abrirán.

Está volando.

El cielo está a su disposición.

Ahora puede peregrinar hacia las lejanas estrellas.

El sannyas es una iniciación a la libertad, tomar conciencia de tus alas, tomar conciencia de que el cielo con todas sus estrellas te pertenece. No tienes que preocuparte de tu seguridad ni de tu protección; la existencia se ocupa de muchos pájaros, de muchos árboles, de muchas estrellas..., y también puede ocuparse de ti.

Sannyas es confiar en la existencia. Y en el momento que confías, desaparecen los miedos, las preocupaciones, las dificultades. La vida se vuelve más agradable, se convierte en un fenómeno relajado.

Tú preguntas: «¿Por qué me cuesta tanto tomar sannyas?». Yo afirmo que no puedes tomar sannyas deliberadamente; es algo que te acontece, como el amor; es algo que te sobreviene, como el sueño. No puedes esforzarte por tener sueño, no puedes esforzarte por enamorarte; son cosas que no forman parte del mundo de la acción. La primera dificultad que tienes es que estás pensando en tomar sannyas. Olvídate y el sannyas te tomará a ti. De repente te darás cuenta: «Dios mío, soy sannyasin».

Es algo que llega y lo hace de una forma silenciosa y delicada. Pero la idea de tomar sannyas, en esencia, es un error; por eso surge esta dificultad. Y aunque lo hagas, será falso; no será verdadero sannyas; simplemente estarás soñando que has tomado sannyas. El verdadero sannyas llega sin más, en un momento, y te posee, surge de tu propio corazón y no puedes evitarlo. Es el latido de tu propio corazón.

De modo que lo primero que tienes que evitar es la idea de tomar sannyas. Quédate aquí unos días y disfruta. Fíjate en cómo abren las alas los demás pájaros en el cielo. Participa en sus canciones, en sus bailes, sin preocuparte del sannyas. Y en un momento en el que estés inmerso en la danza y el canto, cuando no estés ahí..., sentirás que empieza a suceder, que ocupa tu ser más profundo.

No es algo que tengas que hacer, es algo que se desarrolla dentro de ti. No es un artículo que tengas que comprar, es una cualidad, una gracia, una búsqueda que empieza a desplegarse dentro de ti, como cuando desaparece una semilla en la tierra y en su lugar empieza a salir una planta. Esa planta estaba dormida dentro de la semilla y ha despertado.

El sannyas está dormido dentro de ti, pero solo dormido. Por eso, baila con locura, canta con locura, medita, disfruta de todas estas personas, de esta excéntrica comunión, y el momento llegará por su cuenta. Cuando estés maduro, verás que no hay nada más fácil que el sannyas.

Estás diciendo: «En toda mi vida no he estado tan nervioso

como desde que te vi en una entrevista por la televisión hace un año». Esto es una buena señal. Te he llegado al corazón. Ese nerviosismo que no habías sentido antes simplemente es una señal de que te ha empezado a ocurrir algo. Tú no sabes qué es ni sabes adónde te lleva, por eso estás nervioso.

La gente siempre se siente bien cuando va caminando por una autopista en la que hay millones de personas. Puede que no vaya a ninguna parte, pero el hecho de que toda esa gente se dirija al mismo sitio te hace sentir cierta tranquilidad porque piensas que no pueden estar todos equivocados. Pero mi mensaje es que hasta que no empieces a moverte por tu cuenta, dejando a un lado la multitud..., porque esta nunca ha llegado a nada, nunca se ha hablado de una multitud que se iluminara. La multitud sigue siendo una multitud, ciega, sorda y sin dirección. Pero sigue porque siempre hay alguien que va por delante.

Un científico estaba haciendo experimentos en Sudáfrica con una especie de insectos que siempre siguen al líder; siempre van en fila. Si sacas a uno de la fila, se pone nervioso y empieza a sentir que ha perdido el anclaje, la raíz. Si vuelves a colocarlo en la fila, se queda absolutamente tranquilo. Tiene uno delante y otro detrás, deben ir a alguna parte, no pueden estar todos equivocados.

El científico hizo un experimento y capturó cerca de una docena de insectos de esta especie. Los colocó sobre una gran superficie, una superficie redonda, y empezaron a dar vueltas y vueltas. Siempre tenían uno delante y otro detrás, y por culpa de su condicionamiento de tantos siglos, mientras que el líder no se detuviera... Pero no había un líder porque se trataba de una circunferencia. Son muy obedientes, nadie se detiene hasta que se detenga el líder. Siguieron andando durante sesenta horas, hasta que cayeron muertos.

¿Adónde va la multitud? Pero resulta confortante formar parte de ella. La gente se siente muy inquieta cuando está sola, y el sannyas es el arte de estar solo. Hasta que no aprendas a estar solo, no podrás ser un individuo por derecho propio; hasta que no aprendas a estar solo no serás capaz de entrar en tu interior, porque ahí no puede entrar la multitud. Ni siquiera puede ir contigo tu amigo más íntimo, tu amante, tu querido. Es un camino absolutamente privado. Es tu derecho, nadie puede interferir en esto y es aquí donde está la fuente de la vida. Puedes llamarlo vida, puedes llamarlo Dios, puedes llamarlo verdad..., no importa el nombre.

Te pones nervioso y eso es buena señal. Te he estado rondando desde entones y seguiré haciéndolo toda la vida hasta que te suceda el sannyas. Puedes ir a donde quieras, puedes irte a la Luna, pero no servirá de nada.

Dices: «A veces me gustaría no haber oído hablar de ti». Nadie quiere que sucedan desastres, pero ocurren. Y ahora ya ha ocurrido, no merece la pena quejarse porque ya no tiene remedio. «Y, por otra parte, estoy contento de que haya alguien como tú para mostrarme el camino.» Seguirás teniendo este dilema: una parte de ti está listo para saltar y la otra se aferra al pasado.

Debes tener en cuenta una cosa: el pasado ya no existe, y aferrarse a él es aferrarse a la muerte. Es muy peligroso porque te dificulta y te obstaculiza la vida en el presente y en el futuro. Deberíamos irnos librando del pasado muerto en cada momento. Es uno de los principios del sannyas: ir renovándote a cada instante, morir al pasado y volver a nacer. Lo que se ha ido, se ha ido, no mires atrás. Mirar atrás no es buena señal.

Los niños nunca miran hacia atrás, siempre miran hacia delante. En el pasado no hay nada que los haga mirar, no tienen pasado, solo futuro. Los ancianos nunca miran hacia el futuro, porque en el futuro solo ven la muerte y quieren evitarla, no quieren hablar de ella. Siempre miran hacia atrás. Decoran sus memorias, hacen que parezcan muy bonitas; es lo único que tienen: una colección de memorias que cada vez van mejorando más, aunque cuando las estaban viviendo realmente no las disfrutaran. Pero ahora el futuro es oscuridad; necesitan un consuelo. Y solo encuentran consuelo en el pasado.

Una persona que vive en el presente —sin preocuparse por el pasado ni por el futuro— es fresca, joven; no es un niño y tampoco es un anciano. Y puedes seguir siendo joven hasta el último aliento. El cuerpo puede ser viejo, pero la conciencia sigue siendo joven, como una brisa fresca al amanecer, refrescante, balsámica. El problema es que nos atrapa el pasado. Nos frena, no nos permite seguir. Y si no vamos en contra del pasado, toda nuestra vida será un aburrimiento porque siempre estarás repitiendo el pasado, siempre darás los mismos pasos.

La escuela filosófica más importante de nuestra época es el existencialismo, y han planteado varios problemas nuevos para que los filósofos piensen en ellos. Uno de ellos es el aburrimiento. Si analizas un tratado de existencialismo, te sorprenderás: no hablan de Dios en absoluto; a nadie le interesa el alma, el cielo o el infierno, los ángeles o el demonio. Hablan del aburrimiento, de la angustia, de sinsentido, de la sociedad, de temas extraños, pero mucho más importantes que Dios, el diablo, el cielo y el infierno, porque todas esas cosas son inventadas, y estas son reales.

Una persona que vive de acuerdo al pasado permanecerá atrapada por este. Sentirá el aburrimiento, la futilidad, una especie de angustia; «¿Qué hago yo aquí? ¿Por qué sigo vivo? ¿Mañana qué hay: una repetición de hoy? Y hoy ha sido una repetición de ayer.» No tiene sentido. ¿Por qué seguir arrastrándote desde la cuna hasta la tumba dando los mismos pasos?

Eso es perfecto para los búfalos o los burros porque no piensan, no tienen memoria del pasado, no saben nada del futuro. De modo que todos los días hacen lo mismo: los búfalos pastan la misma hierba toda su vida, ni siquiera cambian de hierba porque no se aburren; para aburrirse hay que tener cierta conciencia. Esa conciencia es la que se da cuenta de que lo has hecho antes y lo estás repitiendo, y mañana volverás a hacer lo mismo porque no sales del pasado, no lo dejas morir, lo mantienes vivo.

Este es el dilema con el que se enfrenta todo el mundo en la vida, y la única solución es dejar morir el pasado.

Hay una bella historia sobre la vida de Jesús. Llega a un lago al amanecer, el sol todavía no ha salido y un pescador está a punto de echar la red al lago para pescar. Jesús le pone la mano en el hombro y le pregunta: «¿Cuánto tiempo vas a seguir haciendo esto cada día, por la mañana, por la tarde, por la noche, simplemente pescando? ¿Acaso piensas que esto es todo lo que te da la vida?».

El pescador nunca se había parado a pensarlo —era un hombre pobre, humilde— y le dijo: «Nunca lo había pensado, pero ahora que lo mencionas puedo entender lo que estás diciendo; en la vida hay algo más».

Jesús dijo: «Ven conmigo y te enseñaré a pescar hombres en lugar de peces».

El hombre le miró a los ojos..., había tal profundidad, tal sinceridad, tanto amor, que no pudo dudar de él; estaba rodeado de tanto silencio que no podía decirle que no. El pescador echó la red al agua y le siguió.

Cuando estaban saliendo de la ciudad, llegó un hombre corriendo y le preguntó al pescador: «¿Adónde vas con ese desconocido? Tu padre, que llevaba muchos días enfermo, ha muerto. ¡Vuelve a casa!».

El pescador le dijo a Jesús: «Dame tres días para llevar a cabo los rituales póstumos que debe efectuar un hijo a la muerte de su padre».

Y lo que quiero que recordéis es esto: Jesús le dijo al pescador: «Deja que los muertos entierren a sus muertos, y tú ven conmigo». ¿Qué quería decir con esto? «Deja que los muertos entierren a sus muertos y tú ven conmigo..., la ciudad está llena de muertos; ellos se ocuparán de tu padre muerto. Tú no eres imprescindible para ellos. Ven conmigo.» La mera presencia de gente como Jesús impone respeto, y el pescador le siguió.

En cada momento hay algo que muere. No colecciones antigüedades; deja lo que está muerto. Sigue avanzando con la vida, fluye con ella de forma total e intensa, y de ese modo nunca tendrás que enfrentarte a un dilema o a un drama.

El sannyas es un hecho sencillo, pero solo para los inteligentes, no para los retrasados. No es para los idiotas..., yo al menos nunca he visto a un idiota pensando en sannyas. Los idiotas pertenecen al mundo de los búfalos. Están perfectamente cómodos aunque su vida no tenga ningún sentido, aunque no haya flores ni fragancias. En su corazón nunca nace una canción; nunca sienten el deseo de bailar hasta perderse. En su vida no hay entusiasmo. Nunca experimentan tanta intensidad para poder convertirse casi en una llama, en una antorcha que se quema por los dos extremos. Y solo estas pocas personas han conocido la verdad, la belleza y el éxtasis de la vida.

Estás diciendo: «Pero tomar sannyas... Me siento tan egoísta —tengo celos, tengo pereza—, y pienso que es posible que nunca llegue a ser un buen sannyasin».

¿Quién te ha dicho que tengas que ser un buen sannyasin? Aquí solo hay sannyasins; no hay buenos ni malos. No creemos en esas categorías. ¿Has visto alguna vez un ciervo precioso o un ciervo horrible? Esas categorías no existen, los ciervos simplemente están tan vivos... Aquí, a nadie le importa que seas un buen sannyasin o un mal sannyasin. Puedes ser un buen cristiano o un mal cristiano, un buen hindú o un mal hindú. Pero el sannyas no es una religión, es una búsqueda.

¿Qué quieres decir con: «No puedo ser un buen sannyasin»? ¡Ser sannyasin es bueno! Es su cualidad intrínseca. Alguien que tiene el valor de dar el salto y salir de las antiguas ataduras al ancho cielo... bondad es el amor por la libertad y arriesgarse por ella.

Y en lo referente a la pereza, sannyas es justamente el arte de ser espiritualmente vago. Yo me he autodenominado la guía del vago hacia la iluminación, porque lo único que os enseño es a sentaros en silencio sin hacer nada, esperando a que llegue la primavera y crezca la hierba. No hace falta que tires de la hierba, crece sola; solo hay que esperar.

La pereza no es una característica negativa. Mis mayores, mis profesores y mis maestros, mis colegas y mis amigos, siempre me han reprochado que no valía para nada. Y yo les decía: «Eso es exactamente lo que quiero ser: un inútil». En este mundo no encontrarás ningún vago que se haya convertido en Adolf Hitler, Ronald Reagan, Alejandro Magno, Nadir Shah, Tamerlán o Gengis Khan. ¡El mundo ha tenido que padecer a todas esas personas activas pero no a los vagos!

Si hubiese habido dos docenas de vagos en el mundo, solo dos docenas más..., gente como Iósif Stalin, Benito Mussolini o Adolf Hitler... solo un par de docenas y el mundo habría sido un paraíso porque no habrían existido las guerras. Los vagos no pueden luchar.

Esto me recuerda una historia. En la India hay un estado, Rajastán, que es la cuna más antigua de los guerreros; allí siempre ha habido grandes guerreros. En un pueblecito había uno; en la India tener el bigote con las puntas hacia arriba es señal de que eres un gran guerrero. Era tan arrogante y terco que decía a todo el mundo en el pueblo: «Puedes llevar bigote, pero las puntas siempre tienen que ir hacia abajo. Como vea a alguien con las puntas hacia arriba, ¡le mataré!».

Y mató al menos a dos o tres personas. Entonces todo el pueblo le empezó a temer; «Es un hombre extraño; ni siquiera podemos llevar el bigote hacia arriba.» ¿Qué podían hacer? Era peligroso y tenía mucho poder.

Entonces llegó un forastero a vivir a ese pueblo. Era un hombre muy vago. La gente le decía: «Tú eres forastero y no conoces las leyes de este pueblo. Si el gran guerrero te ve..., te cortará la cabeza. Tienes que llevar las puntas del bigote hacia abajo».

Él respondió: «Soy tan vago que prefiero que me corte la cabeza. Yo no voy a hacer un esfuerzo semejante, me llevaría horas... mi bigote está acostumbrado a estar hacia arriba de toda la vida, y no es fácil hacerlo cambiar de posición. Si me corta la cabeza, me ahorrará todos los problemas y las angustias».

La gente dijo: «Pero ¿tú estás loco?».

Él estaba sentado en la puerta de su casa cuando llegó el guerrero y le dijo: «Al parecer tú eres nuevo en el pueblo».

«Así es», respondió el hombre.

El guerrero exclamó: «¡Forastero o no, el bigote tiene que ir hacia abajo!».

«Eso no es posible —respondió el vago—, pero si quieres pelear conmigo te sugiero una cosa..., porque nunca se sabe, yo puedo morir pero tú también... no me voy a quedar quieto mientras me cortas la cabeza; yo también tengo una espada, aunque nunca la haya usado. Pero si la ocasión lo exige, tendré que usarla. De cualquier forma uno tiene que morir.

»Antes de que empecemos a pelear y nos matemos, propongo ir a casa y matar a mi mujer y a mis hijos, porque cuando esté muerto mis hijos serán huérfanos y mi mujer viuda, ¿y quién se hará cargo de ellos? A ti también te sugiero lo mismo: ve a tu casa, mata a tu mujer y a tus hijos para que no tengan problemas si mueres; así no dejarás a nadie en la pobreza y en la miseria.»

El guerrero dijo: «Es una buena idea». Fue a su casa y les cortó inmediatamente la cabeza a su mujer y a sus seis hijos, y volvió. Cuando estaba de regreso, vio que el hombre volvía sin su espada y que se había bajado las puntas del bigote. El guerrero dijo: «¿Qué ha ocurrido?».

Él respondió: «Como soy tan vago, he pensado que me iba a costar menos trabajo bajarme las puntas del bigote que matar a mi mujer y a mis hijos. Además nunca he matado a nadie, así que he cambiado de idea». El guerrero dijo: «¡Idiota; has cambiado de idea y yo ahora he matado a mi familia!».

«Eso no es culpa mía —respondió—. Yo tenía que escoger

lo que fuera más fácil, y he pensado que lo más fácil era bajarme el bigote.»

Básicamente, soy un vago. Los vagos nunca han hecho daño a nadie. Son los activos, los hiperactivos, quienes han llevado al mundo a la desdicha, a la locura, a la esclavitud. En lo que respecta a la pereza, es una gran ventaja para la meditación, porque hay que tener una mente muy tranquila, calmada, sosegada. Y una persona vaga es tan vaga que ni siquiera se preocupa de pensar. Pensar también forma parte de una mente activa.

De modo que no te preocupes por ser un buen sannyasin, porque ser sannyasin es bueno. No te preocupes por ser vago; es una gran cualidad que hay que desarrollar y ¡tú ya la tienes!

En lo que respecta al ego y a tus celos, mi propósito aquí es ayudarte a que te vuelvas cariñoso y transformar en amor la energía que se convierte en celos. Y tú sabes perfectamente que los celos van aparejados al amor. Cuando no hay amor, no hay celos. El hombre que no ama no es celoso.

Los celos son casi la sombra del amor. Si podemos aumentar nuestro amor, tomará toda la energía de los celos y la transformará también en amor. Es una transformación alquímica. Y puedo garantizarlo porque a mí me ha sucedido, miles de mis sannyasins también se han olvidado de lo que son los celos. Su amor es demasiado grande.

A medida que tu silencio, tu paz, tu relajación y tu amor vayan profundizando, tu ego desaparecerá. El ego es una entidad falsa. No hay que preocuparse por el ego. La meditación es la medicina que matará el ego. Por eso acepto todo tipo de personas: egoístas, celosos, enfadados, violentos, deprimidos, porque he visto cómo los metales básicos pueden transformarse en oro con una simple meditación. Es la alquimia del sannyas.

Eso no debería preocuparte. Cuando seas sannyasin, yo me preocuparé de eso, de tus celos y de tu ego. Me ocuparé de que no desaparezcan enseguida; de lo contrario sentirías un vacío, como si te faltara algo. Por eso me ocupo de que antes de que empieces a echar de menos el ego, tengas al menos un atisbo de tu verdadero ser, de tu yo. Así no echarás de menos el ego. Y en tu energía afectiva tendré que suministrarte nuevas flores para que no eches de menos los celos.

Y no es solo esto, hay muchas, muchas cosas más. El ego va acompañado de depresión, ansiedad, angustia y todo tipo de ideas patológicas. Mi problema es que todas esas ideas patológicas no deben desaparecer de golpe; o tendrás una sensación de vacío. Llevan ahí mucho tiempo y siempre te han hecho sentir pleno.

Antes de que desaparezcan tendré que proporcionarte otras experiencias; no es difícil, están latentes dentro de ti. Basta un pequeño empujón para que tu corazón se llene de canciones y entonces ¿qué importan los celos?

Toda tu vida adquiere una gracia y te olvidas de que alguien sea más atractivo o más inteligente que tú. Tu competitividad, tus celos simplemente desaparecen; de lo contrario, irás acumulando cada vez más problemas y cuando llegue la hora de morir solo serás una inmensa colección de problemas. No tendrás nada que agradecerle a la existencia. Estarás enfadado porque la existencia no te ha dado más que problemas, y estos siguen aumentando.

Todo depende de ti: si quieres que haya rosas en tu ser o malas hierbas. Normalmente, la gente no presta atención; las malas hierbas van creciendo y ellos siguen sufriendo.

> Una mujer está sentada en un autobús con un bebé, cuando un borracho se tambalea delante de ella, la mira y dice: «¡Señora, este es el bebé más feo que he visto en mi vida!».
>
> La mujer empieza a llorar y la gente que viaja en el autobús separan al borracho. Están armando tanto lío que el conductor se hace a un lado de la carretera y se detiene. Va hasta el fondo del autobús y pregunta: «¿Qué ocurre?». La

mujer sigue llorando desconsoladamente y no puede ni hablar.

«Mire, yo no sé qué le habrá dicho —dice el conductor—, pero le voy a traer una taza de té para que se tranquilice.»

Baja del autobús, entra en el hotel más próximo y le trae una taza de té. «Tranquilícese —dice el conductor—. ¿Ve como ya está mejor? Le he traído esta taza de té y ¡un plátano para su monito!»

Las cosas van creciendo. Todo lo que tienes no permanecerá igual toda la vida porque todo crece. Si tienes cuernos, seguirán creciendo; si tienes rosas, seguirán creciendo.

El sannyas solo es la apertura de una nueva puerta, olvidarte del pasado y empezar una nueva vida. Si en tu vida pasada sentías celos, eras egoísta y tenías otros problemas, puedes empezar una vida nueva con rosas. Depende completamente de ti. Te convertirás en lo que tú quieras, y serás lo que tú hagas de ti.

Osho,

Soy un sannyasin muy nuevo. He venido para experimentar el estar contigo, tu amor y la atmósfera que te rodea. Pero hay algo que me confunde, y es el hecho de que siento en mi corazón mucho más amor por ti y por tu presencia cuando estoy meditando que cuando estoy delante de ti durante el discurso. ¿Cómo es posible?

No es una pregunta compleja. Cuando estás tranquilamente sentado meditando y tu mente se relaja, tienes menos pensamientos y tu corazón empieza a sentir más amor. Si la mente tiene menos pensamientos y hay más amor en el corazón, sentirás mi presencia con mucha facilidad porque tu propio ser está muy cerca del corazón amoroso.

Nuestras mentes pueden ser diferentes, nuestros corazones son algo menos diferentes y nuestro ser es uno. Lo que está ocurriendo en tu interior es que sientes tu propio ser con más intensidad, con más claridad, con más transparencia. Esto mismo le ocurre a la gente que lleva aquí conmigo muchos años. Estar sentados conmigo es una meditación. Tú eres un nuevo sannyasin. Cuando estás sentado aquí junto a mí, no absorbes mi presencia sino que estás más interesado en lo que estoy diciendo, no en lo que soy.

Y es natural, porque eres nuevo y quieres familiarizarte con mi filosofía, de manera que tu mente se pone en marcha. Tienes más pensamientos y estás en la mente, y tienes menos amor y estás menos en el corazón y más lejos de tu propio ser. La distancia que te separa de tu ser es la misma distancia que te separa de mí.

Poco a poco, te darás cuenta de que lo que estoy diciendo no es tan importante, sino que es más importante lo que soy. No solo tienes que escuchar mis pensamientos, tienes que beberme, absorberme. Un sannyasin nuevo tardará un tiempo en poder hacerlo porque, en primer lugar, has venido porque mi pensamiento te ha convencido y estás encantado con este nuevo pensamiento, estos argumentos, esta nueva forma de pensar.

A medida que te vayas familiarizando conmigo, te darás cuenta de que no soy un filósofo ni un teólogo. Y que lo que digo solo es un pretexto para que estés sentado conmigo en silencio. Yo hablo, tu mente se queda callada y tu corazón se empieza a acercar a mí. Lentamente se establece un sincronismo entre tu corazón y el mío.

Por encima de esto está el encuentro del ser. Entonces los pensamientos no tienen ninguna importancia. Lo que importa es la luz que alberga mi ser, el néctar que derramo a mi alrededor. Cuando te des cuenta de ello, mi presencia empezará a ser un sustento, un alimento. Entonces cambiará toda la situación. Tu meditación profundizará, como ahora, pero me echarás de menos. Durante tu meditación me echarás más de menos que en otros momentos porque encontrarás el templo, pero estará vacío.

Tardará un tiempo más hasta que, poco a poco, tu templo se

llene de divinidad. Entonces ya no me necesitarás. Te habrás convertido en mí, o yo en ti, y quizá los dos nos hayamos fundido en una sola entidad.

No estés confundido, lo que te sucede es natural; les ocurre a todos los sannyasins nuevos, especialmente a los hombres. Con las mujeres ocurre lo contrario: cuando están en mi presencia me sienten más; cuando están sentadas meditando se acuerdan de mí, pero no me sienten. Una cosa es recordar y otra sentir. Recordar pertenece a la mente y sentir, al corazón. Recordar provoca tristeza y sentir, alegría. Pero es la diferencia entre los hombres y las mujeres. Su energía opera de diferente manera.

Pero no te pasa nada. Todo va bien. Solo necesitas un poco de tiempo, un poco de paciencia, esperar un poco más.

> Un judío vuelve a casa a medianoche y descubre que su mujer le ha sido infiel. Le confiesa a su amigo que la va a matar. «No lo hagas —le dice su amigo—. Si lo haces, irás a la cárcel y te ahorcarán. Mejor mátala a polvos.»
>
> Así que hace el amor con su mujer día y noche durante un año. Su amigo llega de visita y se horroriza al verlo envejecido y fatigado, mientras que su mujer tiene un aspecto maravilloso, radiante de salud.
>
> «¿Cómo es que estás tan enfermo y ella tan bien?», le pregunta el amigo.
>
> «Chis, no digas nada. Ella no sabe que se está muriendo.»

Solo es un malentendido. No puedes matar a una mujer haciéndole el amor, pero te matarás tú. Son energías muy distintas. El hombre pierde energía al hacer el amor pero la mujer la gana; es la receptora. Cuanto más haces el amor, más cerca estarás de la muerte. Y la mujer cada vez estará más saludable.

Es una lástima que ningún psicólogo haya investigado en profundidad las energías del hombre y de la mujer y sus diferencias. No tienen la misma energía. No es solo que su cuerpo sea distinto; su energía también es distinta, funcionan de manera diferente. Cuando una mujer llega aquí, conecta conmigo a través del corazón; cuando viene un hombre, conecta conmigo a través de la mente.

Y la conexión con la mente no es muy fiable. Lleva más tiempo porque cualquier duda puede hacer que se desmorone todo. Pero para la mujer no hay dudas. El amor no tiene dudas. A medida que pasa el tiempo, es cada vez más profundo, hasta que se convierte en confianza. La confianza es la culminación del amor.

El hombre tiene un viaje más largo porque empieza por la duda hasta llegar a la confianza. La mujer empieza por el amor; su viaje es más corto y sin posibilidades de hacer marcha atrás. No hay muchos obstáculos en el camino. Empezar por la duda e ir hacia la confianza es ir en sentido contrario a la duda. La confianza es lo diametralmente opuesto a la duda. El amor no es lo opuesto a la confianza, es el principio de la confianza.

Por eso, para la mujer el camino es más fácil, más claro, más corto. Hay menos mujeres místicas, menos mujeres iluminadas, se debe a que el hombre ha estado reprimiendo a la mujer desde hace siglos. Pero hay algo que quizá nunca hayas pensado: todos los grandes maestros fueron traicionado por sus discípulos hombres, pero nunca por sus discípulas. Entre las mujeres no encontrarás ningún Judas.

Devadatta traicionó a Gautama Buda e intentó asesinarlo muchas veces —hubo varios intentos a lo largo de su vida—; sin embargo, no encontrarás a una sola mujer comparable a Devadatta o a Judas. Jesús también estaba rodeado de mujeres para servirle.

Recuerdo un incidente; Jesús estaba alojado en casa de una de sus discípulas, María. Eran dos hermanas, María y Marta. Esta estaba preparando la comida y otras cosas, y María le estaba lavando los pies a Jesús con lujosos aceites de Egipto. Judas estaba muy enfadado y le dijo a Jesús: «Deberías decirle a María que deje de gastar esos aceites tan caros porque podríamos aprovechar ese dinero para los pobres».

Antes de que Jesús pudiese responder, María dijo algo que nunca se me ha olvidado: «Siempre habrá pobres, pero Jesús no estará aquí toda la vida. Por favor, no digas eso. Puedo servir a los pobres porque siempre habrá pobres. Y tú también, la pobreza abunda, pero ¿dónde volverás a ver a un Jesús?».

La mujer tiene otra perspectiva. Judas es absolutamente socialista, matemático, lógicamente correcto. María no es lógica ni es socialista, pero sabe amar, conoce el arte de la devoción.

Tú eres un hombre, y tu cabeza te ha traído hasta aquí. Y me llevará un tiempo cortártela..., tendré que esperar, tener paciencia. Las cosas empezarán a ir mejor cuando logre llevar la energía de tu mente a tu corazón. Entonces habrás pasado del desierto al jardín, y todo empezará a ser más fácil.

9

¡No te preocupes! Lo peor también ocurrirá

Osho,

Desde que empezaste a hablar del arte subjetivo y del arte objetivo, del artista y del místico, se ha desencadenado dentro de mí una profunda reflexión. Estoy confuso respecto a meditar y hacer. Siempre he sentido que mi arte era una meditación, pero ¿no sigue siendo hacer? Noto la diferencia cuando estoy sentado en vipassana. ¿Tendrán que desaparecer también el arte y la escultura en la no acción? ¿La creatividad en el plano material puede ser realmente meditativa? ¿Seguirá siendo mi arte solamente subjetivo hasta que el ego acceda a suicidarse?

La diferencia entre el arte subjetivo y el objetivo se basa principalmente en la meditación. Todo lo que surge de la mente seguirá siendo arte subjetivo, y lo que surja de la no-mente, del silencio y de la meditación será arte objetivo.

Es una definición muy sencilla que acabará con tu confusión. Crees lo que crees —puedes ser escultor, carpintero, pintor, poeta, cantante, músico—, pero lo único que tienes que recordar es que lo que surge de tu silencio es espontáneo. No es algo predeterminado, programado, calculado. Cuando lo dejas en manos de la existencia, tú mismo te sorprenderás de lo que vas haciendo.

Tus manos ya no son tus propias manos. Siguen el deseo de la existencia. Tú no interfieres, solo eres el observador, el observador de tu propia actividad creativa. Tienes que pasar de ser el actor a ser el observador.

Una de las mejores expresiones del arte objetivo son los antiguos Upanishads. Hay declaraciones enormemente significativas, una poesía de inmensa belleza; sin embargo, no sabemos el nombre del poeta, desconocemos el nombre del místico. Su nombre no se menciona por una simple cuestión: ellos no son los autores, son meramente un instrumento en manos de la existencia.

La mente es hacedora, por eso el arte subjetivo es algo que sale de la mente, subjetivo en el sentido de plasmar tus pensamientos sobre una tela en forma de colores, cantar tus pensamientos a través de la flauta; pero eso no puede ser sagrado. Tu mente está repleta de banalidades, solo le preocupan las cosas que no son esenciales. Es un caos.

Siéntate un día en silencio en una esquina. Cierra la puerta —ciérrala con llave para que puedas tener la seguridad de que nadie verá lo que estás haciendo— y ponte a escribir lo que se te ocurra. No lo corrijas, no intentes mejorarlo. Ni siquiera te preocupes de terminar las frases; si se quedan incompletas y surge otra frase, déjalo así. Tiene que ser fotográfico. Un pequeño ejercicio de diez minutos, y luego lee lo que has escrito. Y te sorprenderás: ¿esas son tus palabras? ¿Esa es tu mente? ¡Parece la de un loco!

Pero esos son los pensamientos que te pasan por la mente a lo largo del día, todo el tiempo. Todo lo que se crea partiendo de esta locura que llamamos mente lo reflejará. Por eso, aunque se trate de un gran pintor Picasso, nunca llegará a hacer lo que yo llamo arte objetivo. Todos sus cuadros son subjetivos.

Y si contemplas tranquilamente sus pinturas, estas no crearán un espacio de silencio en tu interior, un espacio de belleza, de gracia, no te darán la sensación de divinidad, sino que empezarás a sentir un poco de locura. Esos cuadros son una locura. Han salido de una mente loca. No importa que sea la mente de un genio.

Por otra parte, si te sientas en silencio a contemplar el Taj Mahal en una noche de luna llena, te sorprenderás de que tu mente se quede tranquila y sosegada. El Taj Mahal tiene un efecto completamente distinto porque fue creado por los místicos sufíes. Es un ejemplo de arte objetivo.

El arte subjetivo es como vomitar. Estás tan cargado de basura que quieres deshacerte de ella y la única manera es ponerla en un lienzo, en un instrumento musical. El arte objetivo surge de un silencio profundo..., es casi una expresión que te transmite que todo el mundo puede alcanzar el silencio.

El arte objetivo contiene un mensaje.

El arte subjetivo contiene locura.

No tienes que preocuparte. Estás preguntando: «Desde que empezaste a hablar del arte subjetivo y objetivo, del artista y del místico, se ha desencadenado dentro de mí una profunda reflexión. Estoy confuso respecto a meditar y hacer. Siempre he sentido que mi arte era una meditación, pero ¿no sigue siendo hacer?». No tienes por qué sentir confusión. Si lo que haces surge de tu mente llena de pensamientos, entonces es arte subjetivo. Si lo que creas surge del silencio, de la dicha, la serenidad, del éxtasis, entonces tiene un aroma diferente, un significado distinto; se convierte en objetivo.

Debes de haber oído hablar de los haikus de los maestros zen de Japón. Son ejemplos del arte objetivo. Uno de los haikus más famoso de Basho..., y Basho era un genio pero no escribía desde la cabeza. Todo lo que escribe surge de su silencio como una flor, y se lo entrega al mundo de regalo.

Escucha este haiku con atención. Tienes que visualizarlo y solo así podrás ser capaz de sentir su frescura, su belleza, y cómo penetra en tu ser. Imagínatelo:

Un viejo estanque.
Salta una rana.
Este sonido.

Tres frases..., ni tan siquiera frases.

Un viejo estanque.
Salta una rana.

Naturalmente, al saltar produce un sonido.

Este sonido.

Si lo visualizas, te encontrarás sentado al lado del viejo estanque..., y una rana salta en su interior. Oirás el ruido de la rana que salta en su interior, y después del sonido, un enorme silencio. Ese silencio es el mensaje. Basho está intentando transmitirte el mensaje que ha vivido, sentido, y se siente responsable de que quien lo esté buscando pueda recibirlo.

Si lo comparas con Basho, a Picasso tú no le interesas. Su cabeza está cargada y necesita vaciarla. Si contemplas los cuadros de Picasso, sentirás cierta carga, surge una tensión. Si pones cuadros de Picasso en tu dormitorio empezarás a tener pesadillas. Todas sus pinturas son pesadillas. Él se libra de ellas plasmándolas en sus cuadros. Hay una gran diferencia.

Antes de hacer nada, permite que tu acción surja del silencio. Antes de cantar, deja que tu canción surja del silencio. Medita antes de pintar. Hasta llegar a ese punto en el que sientes que ya no estás, entonces la existencia podrá usarte como un instrumento...

«Siempre he sentido mi arte como una meditación», dices. Introduce un pequeño cambio: deja que tu meditación sea tu arte. Tú siempre has sentido que tu arte es tu meditación. La prioridad es el arte y lo llamas meditación porque estás absorto en él, te implicas y te olvidas de ti.

Introduce un pequeño cambio: permite que tu meditación sea el arte. Límpiate primero; deja que te atraviese una brisa fresca, que florezcan las flores del silencio dentro de ti. Entonces sabrás que la primavera ha llegado y que estás en manos de lo desconocido. Deja que tus manos estén en poder de lo desconocido, permite que se muevan no de acuerdo a tu deseo, sino de acuerdo a algo más grande, a algo más amplio. Y te sorprenderás porque se mueven y verás que ese movimiento no surge de ti, sino del más allá.

Un pequeño cambio, deja que tu meditación sea tu arte..., pero la prioridad está en la meditación; el arte solo es una consecuencia. La meditación no puede ser la consecuencia de nada.

«Siempre he sentido que mi arte era una meditación, pero ¿esto no sigue siendo hacer?», preguntas.

Sí lo es. Si la prioridad es el arte, entonces es hacer. Si la prioridad es la meditación, entonces es no hacer. Basta un pequeño cambio para que haya un gran cambio..., tan misterioso, bello, delicioso. Te has entregado a los brazos de la eternidad. Es un gran ofrecimiento.

Es la única oración que conozco. Las demás oraciones son bobadas que surgen de la mente.

«Noto la diferencia cuando estoy sentado en vipassana.» Es bueno que notes la diferencia, que te des cuenta de que la meditación es algo completamente distinto. «¿Tendrán que desaparecer también el arte y la escultura en la no acción?» No desaparecen sino que se transforman. Empiezan a ser sagradas, empiezan a tener algo divino.

«¿Puede la creatividad en el plano material ser verdaderamente meditativa?» La cuestión del plano material o inmaterial no tiene importancia. Lo que importa es que lo que haces surja de la meditación. Pero puede ser material: un cuadro es material, una estatua también lo es.

Si surge de una meditación profunda, lo estará transmitiendo a lo largo de siglos. Y cualquier persona que sepa sentarse en silencio un rato y contemplarlo recibirá tu mensaje. El lapso de los siglos desaparecerá y empezará a sentir la misma meditación de cuando se creó la escultura o la pintura.

«¿Mi arte seguirá siendo meramente subjetivo hasta que el ego decida suicidarse?»

El ego nunca accede a suicidarse.

El ego es suicidio.

Has olvidado tu verdadero ser por culpa del ego. No te preocupes por el ego, preocúpate de buscar tu verdadero ser. Cuando lo encuentres, desaparecerá el ego. No se trata de un suicidio, el ego no es una realidad: tan solo una ausencia de tu ser. Nunca has penetrado en tu ser y por eso has confundido la sombra de tu ser con tu ser.

No te preocupes del suicidio y no te preocupes de lo que le sucederá a tu ego. Entiendo que todos los artistas y las personas creativas tienen un gran ego. Los pintores, los poetas, los cantantes, los bailarines, los actores, todos ellos tienen un gran ego. Pero no se dan cuenta de que ese ego no les permite que su talento se manifieste del todo. No es tu amigo, sino tu enemigo. Y al identificarte con él, nunca te pones a buscar tu verdadero yo.

Es muy peligroso identificarse con algo falso porque eso detiene la búsqueda de lo auténtico. Hay que renunciar a lo falso. Hay que darse cuenta de qué es falso para que se desencadene el proceso de la búsqueda de la verdad. Esta pertenece a la existencia. La traes contigo al nacer.

El ego no es tu naturaleza, sino que ha sido creado. Ha sido creado por tu familia, tus amigos, tu educación, tus talentos. Es una falsa creación y te has identificado con ella —igual que todo el mundo—, y este es el mayor impedimento. Si dejas de identificarte con el ego, inmediatamente tendrás una percepción de tu propio ser, que es un regalo de la naturaleza. Cuando lo descubres, ¿a quién le interesan las tonterías: tu ego, tus pensamientos, tu personalidad? Has descubierto el verdadero diamante.

Y puesto que el vipassana te ha dado un atisbo de lo que es la meditación, no dejes pasar esta oportunidad. Aprovecha esta sensibilidad para profundizar más. Cuanto llegues al fondo, tus manos crearán algo de gran belleza y delicadeza, pero no serás tú.

En lo que respecta al suicidio, ya me ocupo yo.. tú simplemente... Yo he visto muchos suicidios. Mi única función es ayudar a la gente a suicidarse, porque no descubrirás tu alma hasta que no te suicides como ego.

> Un médico llama a su paciente para entregarle el resultado de un análisis: «Tengo una noticia mala y otra peor —dice el doctor—. La mala es que solo te quedan veinticuatro horas de vida.» «¡Oh, no! —dice el paciente—. ¿Y qué puede haber peor que eso?»
>
> El médico contesta: «Que llevo intentando decírtelo desde ayer».

No te preocupes. Lo peor también ocurrirá. Es posible que ya haya empezado a ocurrir, porque solo una pequeña experiencia de lo verdadero, basta con una velita en la oscuridad de la noche para que desaparezca la oscuridad...

Osho,

Aquí contigo me siento renovado y ligero como un niño recién nacido. Ha desaparecido toda mi pesadez alemana. Sentado delante de ti me siento como si estuviese totalmente borracho. Ya no tengo pensamientos ni preocupaciones por el futuro o el pasado. Estar contigo nunca había sido tan intenso y satisfactorio. Pero la otra noche, cuando estabas hablando sobre la soledad, cayó sobre mí una sombra, el miedo a no estar contigo, el miedo de volver a quedarme atrapado en mis antiguas preocupaciones. Esta sombra cae sobre mí una y otra vez. Osho, ¿podrías alumbrarme para que lo entienda?

Sientas lo que sientas en este momento, debes confiar que el momento siguiente va a nacer de este. Si este momento es bonito, el siguiente será más bonito aún. Si es satisfactorio, el siguiente será más satisfactorio aún. Te he estado observando y me he dado cuenta por tu mirada que el alemán ha muerto. No te preocupes por eso.

Te has convertido en un ser humano puro. Alemán, indio, chino o japonés, todo eso son tonterías. La realidad es que eres un ser humano sin necesidad de adjetivos. Reconozco que el pegamento alemán es un poco más fuerte, pero he destruido a tantos alemanes que se podría decir ¡que soy casi un experto en matar a alemanes! Hasta el Parlamento alemán me tiene miedo.

No he pedido ningún visado para entrar en Alemania, no hace falta. Los que quieren morir vienen aquí. Así es más fácil; de lo contrario no sé cómo podría distinguir quiénes están dispuestos a morir, a desaparecer, a convertirse en nadie, en Alemania. Los elegidos vienen por su propio pie.

Pero el Parlamento alemán debe de estar asustado. El problema es que de todos los alemanes que vienen a verme ninguno vuelve. Y naturalmente, el Parlamento está preocupado, ¿qué ocurre? Sus jóvenes, hombres y mujeres cultos; de repente, desaparecen. Y aunque regresen, ya no son alemanes; se han deshecho de todas esas idioteces.

Tú dices: «Aquí contigo me siento renovado y ligero como un recién nacido». Seguirás teniendo esa frescura, esa ligereza, esa sensación de ser un recién nacido. Eso no desaparecerá; lo tendrás para siempre. Cuando te vuelves consciente de estas cualidades, ya no las pierdes. Siempre han estado contigo, pero no las has visto. No llegan de fuera, sino que crecen en tu interior.

«La pesadez alemana ha desaparecido.» ¡Fabuloso! «Sentado delante de ti me siento como si estuviese completamente borracho.» ¡Informa al Parlamento alemán!

«Ya no tengo pensamientos ni preocupaciones por el futuro o el pasado. Estar contigo nunca había sido tan fuerte y satisfactorio.» Nunca se sabe cuándo ha llegado el momento adecuado. Y cuando digo momento adecuado me refiero a ser vulnerable, a la apertura, a estar dispuesto a recibir, a no tener miedo, a deshacerte de todas las defensas.

«Pero la otra noche, cuando estabas hablando sobre la soledad, cayó sobre mí una sombra, el miedo a no estar contigo.»

No te preocupes por eso. Si estás abierto, renovado, yo estoy dentro de ti. Puede que estés solo, pero si cierras los ojos verás que yo estoy ahí, más real que lo que puedas ver con los ojos abiertos, más real que lo que estás viendo ahora mismo. No hay posibilidad de sentir ansiedad.

«... el miedo de volver a quedar atrapado en mis antiguas preocupaciones.» Cuando has experimentado algo del más allá, ya no vuelves a recaer. La naturaleza tiene unas leyes: puedes avanzar pero no retroceder. La naturaleza no le ha puesto a tu conciencia una palanca de marcha.

Cuando Ford fabricó su primer coche, se le olvidó de ponerle marcha atrás; eso era un gran inconveniente. Cada vez que te pasabas tres metros de la casa, había que dar una vuelta de varios kilómetros para volver y parar exactamente delante de la casa. La gente decía: «Así se tarda más, es más fácil ir a pie, por lo menos se puede retroceder». Y entonces le añadió la marcha atrás.

Dios también se ha olvidado de poner la marcha atrás. No puedes retroceder; no puedes retroceder en el tiempo, en la conciencia. Si eres joven, no puedes volverte niño; si eres viejo, no puedes volverte joven. Dios creía que la creación estaba completa. Al cabo de seis días no lo volvieron a encontrar. Puede que todavía no sepa que el hombre vive sin marcha atrás. Puede que ni siquiera él tenga marcha atrás. ¡Y por eso no puede volver! Debe de estar avanzando sin parar, pensando dónde se ha quedado su creación.

En este ancho vacío es difícil encontrar una Tierra tan pequeña. En realidad la Tierra es muy pequeña. Nuestro Sol es miles de veces más grande que nuestro planeta, y nuestro Sol es bastante mediocre comparado con otros soles. Esas estrellas son miles de veces más grandes. Nuestra Tierra es pequeñísima. Si te la pasas, no hay muchas posibilidades de volver a encontrarla.

Estoy seguro que seguirás sintiéndote renovado, ligero e inocente como un recién nacido tanto si estás aquí como si estás en Alemania.

«Esta sombra vuelve a caer sobre mí una y otra vez.» No te preocupes por las sombras. Solo es el viejo alemán que intenta atraparte otra vez. Pero nunca he visto a un fantasma alemán atrapando a un sannyasin. Esa sombra es un fantasma, ¡un fantasma alemán!

Disfruta de tu inocencia, de tu ligereza, y no hagas caso de esas preocupaciones. Todo el mundo las tiene al principio. Son viejos compañeros... no saben que tú has cambiado y por eso siguen llamando a tu puerta. No saben que ya no te interesan, que no vas a hospedarlos. Pero, poco a poco, lo entenderán.

Ahora mismo, disfruta, baila y canta con toda la locura que puedas. Al verte bailar y cantar con locura, esos fantasmas alemanes volverán a Alemania a buscar a otro miembro del Parlamento para decirle: «Tenías razón cuando dijiste que este hombre era peligroso y que no debíamos permitirle entrar en suelo alemán».

El Parlamento alemán tiene tanto miedo. Nunca me habría imaginado que Adolf Hitler dejaría a unos enclenques. Han decidido que mi avión ni siquiera puede aterrizar para repostar. ¡Deben de estar asustadísimos!

Y hace dos días recibí una carta de un sannyasin que le ha escrito al Parlamento alemán diciendo: «Hace casi un año desde que pasasteis la orden de que Osho no podía entrar en el país. Él ni siquiera había solicitado la entrada; no era necesario pasar esa orden. Podríais haberle denegado el visado en cualquier momento. Ya es hora de ir retirando la orden porque no tiene mucho sentido».

Pero el comité que recibe las apelaciones contra el Parlamento ha declarado que debe seguir manteniendo esta orden porque soy un hombre peligroso y corrompo la mente de las personas.

Pero el Parlamento alemán no puede impedirme corromper la mente de las personas. Y tampoco conocen el término exacto: lo que yo hago es destruir la mente de la gente para que solo sean corazón, porque todo lo bello ocurre en el corazón y todo lo eterno ocurre en el ser. La mente es simplemente una papelera. Todo lo que no sirve se echa dentro de la mente. Tiene una enorme capacidad..., es un gran ordenador.

Disfruta, ríete, ríete con totalidad. Y la risa te ayudará. Cada vez que sientas que te está entrando el virus alemán, ponte a bailar y a reírte y el virus saldrá corriendo.

Alemania se ha olvidado de reír; se ha olvidado de celebrar, se ha endurecido. Y solo para que te rías:

> Un hombre y una mujer están haciendo el amor cuando inesperadamente aparece el marido en la casa. El otro hombre no tiene elección —el marido puede entrar en la habitación en cualquier momento— y salta por la ventana de la habitación, desnudo como está. Fuera hace frío y llueve. Un grupo de personas pasan haciendo footing. Al no tener nada mejor que hacer, se une al grupo.
>
> Al cabo de un rato, el que corre a su lado le pregunta: «Hola, ¿siempre haces footing desnudo?» «Sí», responde el hombre y sigue corriendo. «¿Y siempre llevas un preservativo para correr?», le pregunta el hombre.
>
> «No —responde—, solo cuando llueve.»

Osho,

El terapeuta me dijo en una ocasión que podemos quedarnos atrapados también en las emociones, igual que en la mente, y que hay que renunciar a las emociones o superarlas. Siempre pienso en esto porque las emociones guían mi vida y siento las cosas con mucha intensidad. ¿Podrías comentarlo?

Tu pregunta es importante: «Un terapeuta me dijo en una ocasión que podemos quedarnos atrapados en las emociones, igual que en la mente, y que hay que renunciar a las emociones o superarlas. Siempre pienso en esto porque las emociones guían mi vida y siento las cosas con mucha intensidad».

Nuestras acciones provienen de tres centros: la cabeza, el corazón y el ser. La cabeza es el más superficial. Tiene que pensar en las cosas, la cabeza tiene que pensar incluso en si te enamoras: ¿realmente estoy enamorado? Si decide que sí, que parece que estás enamorado, la cabeza le informará a la mujer: «Me parece que me he enamorado de ti».

Pero la base es el pensamiento. El hombre funciona a través de la cabeza. Esta tiene su utilidad, ha desarrollado la ciencia y la tecnología, las armas nucleares; y es posible que provoque el suicidio global muy pronto.

La mujer funciona a través del corazón. No puede decir: «Creo que te quiero». En toda la historia de la humanidad eso no ha ocurrido jamás. Ella simplemente dice: «Te quiero». El pensamiento no juega ningún papel. El corazón se basta a sí mismo; no necesita la ayuda de la cabeza.

Si hay que escoger entre el corazón y la cabeza, habría que escoger el corazón porque todos los valores más bellos de la vida pertenecen al corazón. La cabeza es un buen mecánico, un técnico, un científico, pero no puedes vivir la vida con alegría simplemente siendo un mecánico, un técnico o un científico. La cabeza no tiene las cualidades, la capacidades de la felicidad, la dicha, el silencio, la inocencia, la belleza, el amor y todo lo que enriquece la vida; solo las tiene el corazón.

Tu terapeuta no está equivocado. También puedes quedarte atrapada en los sentimientos del corazón, igual que la gente se queda atrapada en la mente. Pero es posible que el terapeuta no supiera que hay un centro aún más profundo que el corazón, que es el ser, y que tiene todas las cualidades del corazón y aún más, más riquezas, más tesoros: la dicha, el silencio, la serenidad, el estar centrado, el estar arraigado, la sensibilidad, la conciencia..., una cierta percepción de la divinidad de la existencia.

Primero tienes que pasar de la cabeza al corazón. Pero no te quedes ahí; solo te quedas para pasar la noche, es un sitio de paso. Ahí puedes descansar un poco, pero no es tu meta. Baja del corazón al ser.

El secreto de la meditación es este: dondequiera que estés, ya sea en la cabeza o en el corazón, no importa, la meditación te baja de la cabeza o del corazón al ser. La meditación es la forma de llegar a tu centro de la existencia, donde el quedarse atrapado está fuera de lugar. Es lo que tú eres. ¿Cómo puedes quedarte atrapada? No hay dos cosas, solo estás tú, tú y tu gloria absoluta.

Pero eres una mujer y naturalmente tienes miedo porque las emociones te guían en la vida y sientes las cosas con mucha intensidad. Aunque es más fácil llegar al ser desde el corazón que desde la cabeza. No te quedarás sin guía; de hecho no lo necesitas para nada. Habrá tanta luz, tanta claridad...

Un guía es para los ciegos. Tendrás nuevos ojos para ver, para ver incluso aquello que no se puede ver con los ojos ordinarios. Y serás capaz de tener nuevas experiencias que no están al alcance del corazón.

No hay por qué preocuparse. Tu preocupación es la de una mujer, un temor natural porque los sentimientos son tu guía y sientes intensamente; si renuncias a ellos, ¿quién te va a guiar? ¿Cómo sentirás las cosas intensamente? No sabes que en tu interior hay un centro que no necesita para nada ese guía, donde tú eres el guía y la intensidad se vuelve absoluta, del ciento por ciento. Y no solo respecto a las cosas que has sentido con el corazón, sino respecto a las experiencias universales de iluminación, despertar, divinidad. No serás una perdedora; no te preocupes.

Pero, al fin y al cabo, una mujer es una mujer.

> Me han contado que un grupo de mujeres judías querían aumentar su nivel intelectual. Ya no querían hablar de parejas, niños y yernos, solo de política y cuestiones sociales: Polonia, El Salvador, Afganistán, la bomba. Entonces una dijo: «¿Qué me dices de China?».

«¡Ah, me encanta la porcelana china! —dijo Sara—. «¡Sobre todo puesta encima de un mantel blanco!»

Querían abordar intelectualmente los problemas del mundo, pero en cuanto alguien mencionó la palabra «China», la mujer asintió inmediatamente, ¡y se olvidó de todo lo intelectual! Para una mujer hablar de China es hablar de porcelana.

Un hombre estaba leyendo una noticia en un periódico que decía que una de cada cinco personas del mundo es china.

La mujer dijo: «Ahora tendremos que tener mucho cuidado. Ya tenemos cuatro hijos y no quiero que el quinto sea chino».

Una mujer tiene su propia manera de sentir, de pensar y ver las cosas. Te preocupa, ¿cómo vas a renunciar a tus emociones? No tienes que renunciar a ellas; simplemente aprende el arte de la meditación y desaparecerán solas, como se caen las hojas secas de los árboles cuando sopla el viento..., ayer precisamente estaba sentado, empezó a soplar un viento muy fuerte y las hojas cayeron al suelo como si lloviera.

Cuando la meditación profundiza dentro de ti, empiezan a desaparecer tus pensamientos, tus sentimientos. La meditación te convierte en un estanque tranquilo sin ondas, tan quieto que parece un espejo; puedes ver tu rostro reflejado. Y no se lleva nada de tu inteligencia o de tus sentimientos; solo hace que todo sea más auténtico, más real, más puro. La inteligencia alcanza su cota más alta, así como el amor.

Conocer tu ser y estar centrado en él es descubrir el sentido de tu vida, tu propósito en este planeta. Te ha sido revelada la intención de la existencia.

Sócrates dijo: «Conócete a ti mismo». En estas palabras están contenidas todas las escrituras del mundo.

10

El arte de la vida comienza con la meditación

Osho,

¿Podrías hablar un poco más sobre estar plenamente vivo?

El arte de vivir plenamente, con totalidad, intensamente, no es difícil o arduo, aunque lo han vuelto casi imposible. Es tan simple y obvio que no hay nada que aprender.

Uno nace con un sentimiento intuitivo, intrínseco a la vida. Los árboles lo saben, los pájaros lo saben, todos los animales lo saben. Solo el hombre ha tenido mala suerte. El hombre es la culminación de la vida, pero quiere conocer el arte de vivir. Siempre ha sido condicionado en contra de la vida. Este es el motivo fundamental por el que se necesita la técnica.

Todas las religiones del mundo que llevan dominando a la humanidad desde hace siglos son contrarias a la vida. Su fundamento mismo es que la vida es un castigo. Según el cristianismo, naces en pecado porque Adán y Eva desobedecieron a Dios. ¡Hasta qué punto se pueden estirar las mentiras! Aunque Adán y Eva desobedecieran a Dios, no veo qué relación tienen conmigo o contigo. En segundo lugar, la desobediencia no es necesariamente un pecado, y a veces puede ser una virtud.

Pero todas las culturas y las sociedades quieren obediencia. Es otra forma de decir esclavitud, cárcel espiritual. ¿Qué daño hicieron Adán y Eva por comer de la manzana de la sabiduría?

¿Acaso la sabiduría es un pecado? ¿Acaso la ignorancia es una virtud? Y Dios les había prohibido comer de dos árboles: uno el de la sabiduría y otro el de la vida eterna. ¿Quién cometió el pecado, Adán y Eva o Dios? La sabiduría no es mala y el deseo de vida eterna tampoco; son cosas naturales. Lo que está mal es la prohibición, y su desobediencia es correcta. Fueron los primeros revolucionarios del mundo, los primeros seres humanos con cierta dignidad.

No es solo el cristianismo, todas las religiones tienen motivos para condenar la vida. El hinduismo, el jainismo y el budismo dicen que sufres, que eres desgraciado y que no puedes evitarlo porque es tu castigo por los malos actos de tu vida pasada. De modo que lo que hiciste en tu vida pasada no se puede deshacer y tienes que pagar por ello. Esta desgracia, este sufrimiento, esta angustia ha sido creada por ti y lo único que puedes hacer es padecerlas pacientemente si quieres recibir la recompensa en una vida futura. ¡Qué extraño razonamiento!

Si haces algo mal ahora, deberían castigarte en esta vida. De hecho, causa y efecto siempre van juntos. Si pones la mano en el fuego, ¿acaso crees que te quemarás en tu próxima vida? Te quemas aquí y ahora. Todo acto tiene su recompensa o su castigo. Crear una distancia de vidas es una estratagema para que aceptes la vida al mínimo, todas estas religiones te enseñan a renunciar a la vida. Los que renuncian a la vida se convierten en santos; son venerados. Sin embargo nadie venera a las personas que viven con totalidad, ni siquiera las aprecian. Al contrario, las condenan.

Toda nuestra educación va en contra del placer, en contra de la alegría, en contra del sentido del humor, en contra del disfrutar de las pequeñas cosas de la vida, de cantar una canción o bailar o tocar la flauta. Nadie te llamará santo por tocar bien la flauta.., excepto yo.

Yo puedo llamarte santo por bailar con tanta totalidad que desaparezcas en el baile y solo quede la danza; el bailarín se ha fundido, se ha disuelto en la danza. Si puedes tocar la flauta con tanta totalidad que te olvides de ti y solo quede la canción, si no eres el cantante sino el que escucha, entonces es Dios quien está tocando la flauta.

Si amas, te lo reprochan.

Todas las religiones han dicho que el amor es propio de los animales. Aunque yo he observado a los animales y nunca he visto amor en ninguna especie. El amor es completamente humano. Los animales pueden practicar la sexualidad, pero ¿has visto alguna vez cómo lo hacen? No tienen cara de felicidad. Parecen absolutamente británicos. Tan abatidos, parece que estuvieran pasándolo mal. Y, en realidad, lo están pasando mal. Es una necesidad biológica y se dan cuenta de que una fuerza desconocida que no les interesa los obliga a hacerlo.

Por eso, aparte del hombre, ningún animal hace el amor a lo largo de todo el año. Solo cuando tienen el celo y la biología les apremia: «Ahora hay que hacerlo..., por obligación»; es como si alguien te pusiera una pistola y te ordenara hacer el amor. Fíjate en los animales, fíjate en sus ojos, no están disfrutando.

Decir que el amor es propio de los animales es una tontería. Los animales no saben qué es el amor. Hay millones de personas que tampoco lo saben. Para que haya amor se necesita una base, estar centrado en tu ser de alguna manera, estar cimentado en tu ser, porque si no lo estás, no podrás conocer los tesoros que encierras en tu interior. El amor solo es uno de esos tesoros. Pero hay cosas aún más grandes: la verdad, el éxtasis y la experiencia de lo divino. Alguien que no profundice mucho en la meditación no podrá amar y no podrá vivir.

Me estás preguntando sobre el arte de estar plenamente vivo. Empieza por la meditación para que puedas conocer la fuente de tu vida y puedas estar en esa fuente..., es una experiencia increíble. De repente te das cuenta de todo lo que tienes: es tan abundante que si quieres puedes amar al mundo entero. Puedes llenar el mundo con tu amor.

Tu pequeño cuerpo contiene la semilla que puede dar millones de flores, contiene toda la fragancia que puedas imaginar.

El arte de la vida empieza por la meditación. Y con meditación me refiero a silencio en la mente, silencio en el corazón, llegar al centro mismo de tu ser y descubrir el tesoro que es tu realidad. Cuando lo conozcas, podrás irradiar vida, podrás irradiar creatividad. Tus palabras serán poesía, tus gestos serán agraciados; hasta tu silencio será una canción. Cuando estés sentado inmóvil, estarás bailando. Cada respiración que entra y sale será una alegría, cada latido de tu corazón será precioso porque es el latido del universo mismo y tú formas parte de él.

Sabes que formas parte de la existencia..., y empezarás a vivir tu vida con plenitud, sin temer a las religiones, a los sacerdotes y a todas las enseñanzas que van en contra de la vida y que quieren que renuncies a la vida y huyas de ella en lugar de celebrar. Cuando te liberas de tus condicionamientos, y la meditación es como un fuego que quema todas las tonterías que has heredado del pasado, vuelves a nacer. Y no necesitarás saber ninguna técnica. Surgirá espontáneamente de tu ser.

Ahora mismo hay muchos obstáculos, muchas barreras. Te llevan envenenando tanto tiempo y te han enseñado tantas cosas erróneas que ha sido casi una losa. Más que un baile, la vida ha sido irse arrastrando desde la cuna hasta la tumba. La gente sigue viviendo, ¿qué otra cosa pueden hacer? No se suicidan porque con una vida tan desdichada, ¿cómo van a esperar que la muerte sea mejor?

Y más que enfocarte en el arte de vivir, enfócate donde surge tu vida, en las raíces de donde saca su fuerza. Profundiza en tu interior y busca lar raíces de tu vida, y de repente te encontrarás con lo que los místicos han llamado iluminación, despertar o experiencia de la divinidad. Después de tener esa experiencia, serás una persona completamente distinta.

Cada acto conllevará totalidad.

No serás un esquizofrénico.

No te guardarás nada.

Si estás bailando, serás la danza. Si estás cantando, serás la canción. Si estás amando, serás el amor. Si estás escuchando, serás los oídos y todo lo demás desaparecerá. Cada momento estará lleno, y esta plenitud se sigue expandiendo.

Normalmente, la gente se contenta con lo mínimo, se consuela diciendo: «Bienaventurados los pobres. Bienaventurados los mansos». No hay que ser pobre ni manso.

La vida te ofrece tantas cosas que puedes ser un emperador. Para ser un emperador no necesitas un imperio; ser emperador es simplemente una forma auténtica y total de vivir. Los emperadores también son mendigos. No están viviendo, se encuentran en el mismo barco que estás tú; por dentro se sienten tan vacíos como tú. Están pidiendo más, quieren más.

> Esto me recuerda una antigua historia sufí. Un gran emperador había salido a pasear por su jardín por la mañana temprano, y de repente se topó con un mendigo que le estaba esperando en el jardín. Este sabía que el soberano solía dar un paseo todos los días antes del amanecer. Habría sido imposible conseguir una cita con él, y él sabía que el emperador siempre salía solo. «¿Qué quieres?», le preguntó.
>
> «Este es mi platillo de limosna —respondió el mendigo—, y quiero que me lo llenes. Mi condición es que me lo devuelvas lleno... (y no estoy diciéndote con qué, si oro, plata, diamantes, piedras o barro), llénalo de lo que quieras. Mi condición es que lo llenes del todo. Solo me marcharé si aceptas esta condición.»
>
> Estaba desafiando al emperador. Y este dijo: «¿Acaso piensas que no puedo llenar tu plato de limosnas?». Llamó inmediatamente a su primer ministro y le dijo: «Llénale el platillo con los mejores diamantes».
>
> El mendigo dijo: «Te vuelvo a decir, de mendigo a men-

digo, que tenemos tiempo». El emperador dijo: «¿Qué quieres decir con "de mendigo a mendigo"?».

«Ya lo entenderás dentro de un rato. Dile a tu primer ministro que venga», respondió el mendigo.

Volvió con un cubo lleno de diamantes y los echó en el platillo. El emperador y el primer ministro no daban crédito..., a medida que los diamantes iban cayendo sobre el platillo, iban desapareciendo. El platillo seguía vacío, tan vacío como al principio. Pero el emperador era un hombre muy orgulloso y dijo: «Aunque tenga que poner todo mi tesoro, derrotaré a este mendigo. He derrotado a otros emperadores; no voy permitir que un mendigo me derrote. Y además ya me ha dicho "de mendigo a mendigo"».

A medida que salía el sol, se corrió el rumor por toda la capital de que el emperador se encontraba en un gran aprieto. El platillo del mendigo estaba tragándose todo su tesoro. Se juntó una multitud y nadie daba crédito. Pero el emperador era testarudo. Desaparecieron los diamantes, los rubíes, las esmeraldas y los zafiros; y luego el oro y la plata. Por la noche el emperador dijo: «Tenías razón. Ahora soy tan mendigo como tú». El mendigo respondió: «Ya te dije que entenderías lo que te estaba diciendo».

El emperador dijo: «Me has engañado. Esto no es un platillo de limosnas y tú no eres un mendigo. ¡Tú eres un mago!».

El mendigo dijo: «No, no soy un mago, soy un simple mendigo. Pero el platillo sí es mágico. Y te contaré el secreto de mendigo a mendigo.

»Me lo he encontrado, acércate y míralo bien. Es la calavera de una persona. La he pulido y la he dejado limpia. Me la encontré en un cementerio. Soy tan pobre que ni siquiera puedo comprarme un platillo de limosna en el mercado, así que pensé que me podía valer. La lavé, la limpié y la pulí; como es un cráneo de un hombre nunca está satisfecho y siempre quiere más. No tiene más misterio. Tu cráneo también hace lo mismo. Es lo que siempre hace la cabeza de todo el mundo: ¡pedir más!».

Al pedir más te olvidas de lo que ya tienes.

Un meditador no se molesta por el pasado que ya se ha ido y tampoco por el futuro que todavía no ha llegado. Se enfoca en el presente y disfruta al máximo de lo que tiene. Le saca todo el jugo al momento presente. Naturalmente, no es la vida de un mendigo. No está pidiendo más aunque viva siempre con totalidad e intensidad. Pero normalmente tienes que darte por satisfecho, como te enseñan las religiones, con lo poco que tienes.

Se consideran como grandes valores la satisfacción y el contentamiento. Son el opio del pueblo para que al menos puedas soportar el sufrimiento que te rodea y la infelicidad en la que te ahogas constantemente.

> Un hombre está jugando al golf cuando lanza una pelota al bosque. Va a recogerla y se encuentra con una bruja removiendo el contenido de un enorme caldero. «¿Qué es eso?», pregunta.
>
> «Es una poción mágica —le dice la bruja riéndose estridentemente—. Si lo bebes, serás el mejor jugador de golf del mundo. Nadie te podrá ganar.»
>
> «Dame un poco —dice el hombre—. ¡Quiero probarlo!»
>
> «Espera —dice la bruja—, porque tu vida sexual será la peor del mundo.»
>
> El hombre se para a considerarlo y dice: «De acuerdo, dame un poco». El hombre se lo toma y vuelve a donde están sus amigos, gana la partida y se convierte en el campeón del club. Va jugando torneos hasta que se convierte en el mejor golfista del país.
>
> Un año más tarde, jugando en la misma pista, decide ir a ver si sigue ahí la bruja. Se mete en el bosque y la encuentra en el mismo lugar. «¿Te acuerdas de mí?», le pregunta.

«Ah, sí, claro que me acuerdo —responde ella—. Dime, ¿qué tal va el deporte?»

«Tenías toda la razón —dice él—. Gano siempre. ¡Soy el mejor golfista del país!»

Ella se carcajea y pregunta: «¿Y qué tal tu vida sexual?».

«No va mal», dice él.

«¿No va mal? —pregunta ella sorprendida—. ¿Cuántas veces has tenido relaciones sexuales el último año?»

«Tres... o cuatro», dice el hombre.

«¿Tres... o cuatro? —dice la bruja—. ¿Y dices que no está mal?»

«Bueno, no está mal para ser el sacerdote católico de una pequeña parroquia», dice él.

Hazme caso, ¡no te hagas sacerdote católico! Si quieres vivir la vida plenamente, no pertenezcas a una religión oficial y no dejes que los muertos te dominen. Vive de acuerdo con tu propia luz. Busca tu propia luz en tu interior y vive de acuerdo con ella sin miedos. Es nuestra existencia, formamos parte de ella y nos ha dado en potencia lo que necesitamos para ser lo que ella quiere que seamos. ¡Aprovéchalo! ¡Realízalo! No te guardes nada, no seas miserable al vivir, al amar, al compartir, al cantar, al bailar, no seas miserable en nada de lo que estás haciendo o no haciendo.

Si estás sentado en silencio, estate totalmente en silencio.

Si alguien quiere aprender el arte de vivir, tendrá que olvidarse de todas las escrituras sagradas, de todas las doctrinas que solo nos enseñan a tener actitudes antivitales al servicio de la muerte y no al servicio de la vida.

Quiero que mis seguidores sean las primeras personas del mundo en tener una religiosidad a favor de la vida.

Osho,

Es extraño... cuanto más me acerco a ti, más natural me parece. Es una calma, una tranquilidad, una nada, y partiendo de este espacio me descubro bailando, dando palmas, riéndome y celebrando contigo. Pero tengo una sensación diferente, como si hubiese desaparecido algo y no recordara qué es. Si busco palabras para describir esta nueva sensación, solo me sale «amor», aunque lo digo con incertidumbre, con inseguridad. Oh, amado Osho, ¿qué me ocurre?

La observación que haces es acertada y muestra que tienes mucha claridad. «Es extraño», dices. Parece extraño pero solo al principio. Cuanto más te familiarices, irá desapareciendo la extrañeza.

«Cuanto más me aproximo a ti, más natural me parece», dices. Es que es natural. ¿Acaso crees que las estrellas no son naturales? ¿Crees que la luna no es natural? ¿Crees que las rosas del jardín no son naturales? ¡Toda la existencia es natural! Incluso el decir que es natural revela un deseo de que debería ser extraordinaria.

Pero si todo fuese extraordinario, parecería natural. Y este es el caso. Todo es tan extraordinario..., pero todo. El ser extraordinario es la cualidad natural de la existencia. No hay nada especial, las cosas simplemente son así.

Cuanto más te aproximes, más comprensión tendrás. Tu imaginación empezará a dispersarse y conocerás la extraordinaria «naturalidad» de todo lo que te rodea.

«Es una calma, una tranquilidad, una nada, y partiendo de este espacio...» Ya estás sintiendo que esta «naturalidad» no es lo que tú siempre has entendido por natural, porque de esta «naturalidad» surge la calma, la tranquilidad, la nada. ¿Cómo puede ser natural esta «naturalidad»?

«Me descubro bailando, dando palmas, riéndome y celebrando contigo. Pero tengo una sensación diferente, como si hubiese desaparecido algo y no recordará qué es.»

Ha desaparecido algo y tiene una manera de irse que solo te das cuenta cuando ya no está ahí. Y aun así no sabes qué es lo que se ha ido. Es tu ego. Y dado que el ego no es sustancial, no hace ruido al irse; no oyes sus pisadas alejándose. Es como tu sombra: si estás parado bajo el sol hay una sombra; si te pones a la sombra de un árbol, tu propia sombra desaparece. Pero no hace ruido, no oyes sus pisadas cuando se va. ¿Hacia dónde se ha ido? Pero hay algo que ha desaparecido y todo se vuelve diferente.

Tu baile, tu canto, tus aplausos, tu risa, tu celebración... es tan diferente por el hecho de que surge espontáneamente; tú no haces nada. En estos hermosos momentos de bailar, cantar y dar palmas, no es que tú hagas algo, es algo que ocurre. Como mucho, eres un testigo. El actor, el ego, está ausente; de ahí la diferencia.

Y tu observación es acertada: «... como si hubiese desaparecido algo y no recordara qué es. Si busco palabras para describir esta nueva sensación, solo me sale "amor".» La gente cree que el odio es lo contrario del amor. Pero eso no es verdad porque el odio puede transformarse en amor. Es la otra cara de la moneda. El verdadero enemigo del amor es el ego, y puesto que el ego ha desaparecido, aunque no sepas claramente qué es lo que ha desaparecido, sientes que llega algo nuevo, un nuevo invitado al que solo puedes describir como amor.

«Pero lo digo con incertidumbre, con inseguridad.» El amor es un gran fenómeno. No puedes decirlo con certidumbre; no es matemático. Y no puedes decirlo con seguridad. Es tan amplio y tan frágil. ¿Cómo puedes estar seguro de ello? Hace un instante, no estaba, y ¿quién sabe lo que va a ocurrir dentro de un momento? De repente, ha descendido sobre ti. Te posee, pero no es posible tener la seguridad ni la certeza. Si quieres que sea cierto y seguro, lo estarás matando.

Un pájaro volando libre es hermoso, representa la libertad. Todo el cielo le pertenece..., sin límites, sin fronteras. Puedes atrapar el pájaro; puedes meterlo en una jaula. Sigue siendo el mismo pájaro en cierto sentido, pero no es el mismo pájaro porque ¿dónde está su cielo? ¿Dónde está su libertad? ¿Dónde está su alegre baile en el aire? Todo lo que estaba vivo dentro de él ha desaparecido. Solo es un recuerdo lejano del verdadero pájaro que estaba volando en el cielo. Se parece, es una fotocopia, pero no es el original.

Cuando llega el amor —y solo llega cuando el ego está ausente—, cuando llega el amor no tendrás ni certeza ni seguridad. Solo podrás estar agradecido. Solo podrás estar sorprendido, sorprendido de la generosidad de la existencia porque, aunque no lo mereces, ha derramado sobre ti todas esas flores. No te lo has ganado. No puedes exigir: «Mañana también quiero que derrames todas esas flores». Por eso no tienes certeza ni seguridad.

Tu observación es muy clara y me da mucha alegría; la observación de todo el mundo debería ser tan clara como la tuya. Estás simplemente en estado de asombro. Y preguntas: «Oh, Osho, ¿qué me ocurre?».

Es mejor no intentar racionalizarlo, intelectualizarlo, categorizarlo. «¿Qué me ocurre?» Lo único que puedo decirte es que lo que está ocurriendo tiene una enorme belleza. Permítelo, no hay que dar ninguna explicación. Experiméntalo, no tienes que entenderlo, no tienes que explicarlo. Déjate poseer por ello, y en esta posesión total el amor hará que vuelvas a nacer, te dará una nueva vida, un nuevo mundo a tu alrededor.

Estás atravesando el espacio más bonito que todo meditador debe atravesar. Sin miedo, ve bailando hacia lo desconocido sin preocuparte de dónde vas a aterrizar. Si el amor es tu guía, no tendrás por qué preocuparte; si el ego es tu guía, entonces deberás tener miedo y preocuparte. El amor solo te puede llevar al océano. El ego siempre intenta ir hacia arriba, va contracorriente.

El amor va con la corriente.

El amor es relajación, descanso, paz más allá de la comprensión.

No empieces a buscar lo que te falta, era algo que no tenía

valor, no era amigo tuyo. Lo que has perdido, ese algo que sientes que ya no está, era tu enemigo. Dile adiós y permite que este estado penetre cada vez más. Hay una profundidad tras otra. El crecimiento no tiene límites, los misterios de la existencia no tienen límites. Se abre una puerta tras otra. Es lo infinito del milagro de la existencia. No deberías molestarte en racionalizar tus experiencias; bebe de ellas y baila, canta, celebra. Y dale gracias a la existencia por haber tenido tanta suerte.

> Una mujer siciliana está sentada en un autobús atestado después de haber ido de compras al mercado. De repente, se da cuenta de que le han robado la cartera y empieza a llorar. El autobús se detiene y el conductor le pregunta: «¿Qué ocurre?».
>
> La mujer le explica que, con la confusión y las apreturas, le han robado la cartera.
>
> El conductor, intentando consolarla, le pregunta: «pero ¿dónde llevaba la cartera?».
>
> La siciliana se ruboriza y, poniéndose la mano en el vientre, dice: «Aquí, debajo de las bragas».
>
> El conductor asombrado le dice: «¿Y no se ha dado cuenta de que alguien le metía ahí la mano?».
>
> La mujer responde indignada: «¡Claro que me he dado cuenta, pero pensé que iba con buenas intenciones!».

Dondequiera que estuvieses escondiendo el ego, ha desaparecido. Aunque vuelva con buenas intenciones, no lo dejes entrar. Y ten cuidado, porque no te dejará tan fácilmente. No es que te lo hayan robado, sino que has renunciado a él con tu totalidad. Y debe de estar buscándote, así que ¡cuidado! Esto ocurre muchas veces: pierdes el ego y al día siguiente vuelve a estar ahí ¡con buenas intenciones! Pero tú cierra las puertas, aunque venga con buenas intenciones o sin intenciones.

Dile al ego: «He terminado contigo». O regálaselo a algún

amigo, ¡hay gente a la que le gusta tener dos egos! No les basta con uno.

Osho,

¿Hay alguna posibilidad de que el amor del discípulo por el maestro no sea la última barrera si el amor y la conciencia crecen juntos?

Sí, esa posibilidad existe, aunque una de las cosas más difíciles de la existencia es que el amor y la conciencia crezcan a la par. A la gente incluso le cuesta mucho trabajo que crezca solo una de las dos. Por eso, normalmente, la gente elige el camino del amor o el camino de la conciencia.

Pero no podemos negar esa posibilidad porque entre la conciencia y el amor intrínsecamente no hay ningún antagonismo. De hecho, mi finalidad es exactamente lo que tú estás preguntando. Quiero que desarrolles a la vez tu amor y tu conciencia, quiero que seas un Zorba y un Buda al mismo tiempo. Zorba es el amor; Buda es la conciencia. Es más fácil que se desarrolle uno solo, pero es mucho más apetecible si lo hacen los dos. Y si crecen los dos, el maestro no será la última barrera, porque con amor y conciencia serás uno con el maestro.

En el camino de la conciencia el maestro es un obstáculo. Por eso Buda dijo: «Si te encuentras conmigo por el camino, córtame inmediatamente la cabeza». Esta es la respuesta en el camino de la conciencia, porque en la enseñanza de Buda no hay espacio para el amor.

Ha habido escuelas de amor como las de los sufíes. Un sufí no estará de acuerdo con esto y dirá: «Si te encuentras con el maestro en el camino, hazte uno con él». Pero si entiendes mi enfoque..., es un poco más complejo porque estoy intentando que tu amor y tu conciencia vayan de la mano.

El motivo de que insista en que deberían crecer a la vez es porque los que han crecido en el amor no han alcanzado la cima de la conciencia. Han disfrutado enormemente de la vida, pero no han sido como el Everest, pilares de la conciencia. El amor los emborracha, hace que sean menos conscientes. Y los que solo han seguido la conciencia están resecos, se han vuelto desérticos. No crece nada, ni la hierba. En su camino no hay oasis, solo hay desierto cada vez más árido, pero han alcanzado la cima de la conciencia.

Mi contribución al mundo es mi propósito de crear una síntesis entre el amor y la conciencia, porque me gustaría que fueses tan consciente como Gautama Buda, pero no tan árido.

También quisiera que fueses como Meera, tan exquisita que hasta el día de hoy sus canciones no han podido ser superadas. Es como un jardín primaveral. Y no veo contradicción alguna. ¿Por qué la gente solo escoge una? Porque es más fácil de manejar. Es más difícil manejarlas a ambas, pero vale la pena. Si puedes lograr que salgan rosas en el Everest, habrás cumplido mi sueño de un nuevo tipo de sannyasin, un nuevo buscador de la verdad. Y que el amor y la conciencia vayan juntos no significa renunciar a la vida.

El amor puede impedirte renunciar a la vida, y la conciencia te ayudará a estar en el mundo sin formar parte de él. A mi juicio, pueden ser complementarios y podemos crear el Zorba el Buda, cuyos pies están en el suelo y cuya cabeza toca las estrellas. Si puedes tenerlos a ambos, ¿por qué ser pobre y quedarte solo con uno? Quiero que seáis los sannyasins más ricos que ha habido nunca jamás.

En el mundo ha habido dos tipos de personas: los amantes y los meditadores. Pero en el mundo nunca se ha intentado tenerlos a ambos. Con esta síntesis obtendremos un nuevo hombre. Para este buscador el maestro no es en absoluto un obstáculo.

11

Sin cielo, sin infierno, sin dudas

Osho,

De repente, una noche te vi sentado y no había una sola persona. Era como si una parte de ti nos estuviese hablando, y la otra estuviese haciendo algo con la atmósfera y la energía que hay a nuestro alrededor y dentro de nosotros. Osho, ¿en realidad cuántas personas eres?

Soy tantas personas como vosotros; mi corazón late dentro de vosotros. Sin vosotros no tiene sentido que yo esté aquí. Solo me mantiene entre vosotros un fino hilo de amor. Todo depende de vosotros, cuantos más sois, más soy yo.

Esto me recuerda a Ramakrishna... era un místico extraño. Al condicionamiento hindú le costaba aceptarlo. Muchos fueron a verle, pero pocos se quedaron. Al morir, tuvo millones de seguidores. Lo que impedía que la gente se quedase era algo muy trivial, pero para una mente condicionada incluso algo trivial se vuelve enormemente importante si va en contra de su condicionamiento. Y Ramakrishna era un individuo completamente libre.

Una reina construyó un hermoso templo en Dakshineshwar, cerca de Calcuta. Pero esta reina pertenecía a los «sudras», a la casta más baja, los intocables. No había ni un solo brahmin dispuesto a ser sacerdote de su templo, como si

Dios mismo se convirtiera en sudra en este templo, en intocable.

La reina, Rani Rasmani, era muy cuidadosa con esto y nunca entraba en el templo; se quedaba en la puerta y desde ahí mostraba su agradecimiento y gratitud a Dios, pero los brahmines se negaban absolutamente a ser sacerdotes de un templo sudra. El templo también se había vuelto sudra. Cuando Ramakrishna oyó hablar de esto, aceptó el cargo. Era un brahmin de la casta alta, y el resto de los brahmines se lo reprocharon, le boicotearon. Pero él se rió y dijo: «El que construye el templo no puede cambiar la cualidad de Dios». Y aceptó el cargo enfrentándose a toda la sociedad. Su devoción también era extraña. Era un hombre raro..., muy vistoso.

A veces se pasaba todo el día rindiendo culto desde la mañana hasta la noche. La gente estaba sorprendida..., se pasaba rindiendo culto todo el día de la mañana a la noche, y a veces no rendía culto en absoluto, ni siquiera abría las puertas del templo, las mantenía cerradas.

Esto llegó a oídos de Rasmani y ella no daba crédito. Le preguntó a Ramakrishna; «¿Qué manera es esta de rendir culto?». Él respondió: «Yo no soy una persona de rituales; confío en el amor. Cuando Dios se porta bien conmigo, le rindo culto todo el día; cuando es inflexible y obstinado, lo boicoteo por completo, ni siquiera le doy comida. Y al cabo de dos o tres días vuelve a sus cabales». Ramani debía de ser una mujer muy comprensiva. Se daba cuenta de la inocencia de Ramakrishna, de que no era un sacerdote ordinario.

Entonces le informaron que probaba los alimentos antes de ofrecérselos a Dios. «¡Esto es un sacrilegio, esto es demasiado!», decía la gente. Volvieron a llamarle: «¿Qué estás haciendo? ¿Acaso no sabes que no debes probar la comida? Debes ofrecérsela primero a Dios, él debe tomarla antes; luego puedes repartirla y comerla».

«Si quieres presento mi renuncia —dijo—, pero no puedo hacer nada que vaya en contra de mi corazón. Mi madre solía probar los alimentos antes de dármelos. Si estaban realmente deliciosos me los daba; si no estaban tan buenos volvía a prepararlos. Yo no puedo ser cruel con Dios. Lo adoro. ¿Cómo voy a ofrecerle algo sin haberlo probado?»

Ramani también lo entendió. No solo era sabia, sino que era una mujer. Pero había una tercera cosa que era lo que más le molestaba a la gente: cuando Ramakrishna estaba dando un discurso, en mitad de este —cuando estaba hablando de Dios, de lo supremo, de la oración—, de repente, se detenía y decía: «Perdonadme, vuelvo enseguida». Y se iba a la cocina para preguntarle a su mujer Sagar: «¿Qué estás cocinando hoy? Prepara algo rico».

Esto era demasiado. Hasta Sagar objetaba diciendo: «Esto es intolerable, estás hablando de Dios y, de repente, en medio del discurso te acuerdas de la comida; ¿qué pensará la gente? ¿De dónde ha salido este hombre?».

El círculo de discípulos más próximos creían que era un ser realizado, pero también tenían dudas. Todo estaba bien, pero interrumpir constantemente el discurso para ir a preguntarle a su mujer..., y la cocina no estaba muy lejos, de modo que todo el mundo sabía lo que le estaba preguntando. Al regresar, de nuevo empezaba a hablar de Dios. «Deberías dejar de hacerlo. Esto te desacredita», le decían. Pero él simplemente se reía y no contestaba.

Un día su mujer le dijo: «No voy a prepararte la comida hasta que no me contestes a esta pregunta; nos quedaremos todos en ayunas». Él dijo: «Si insistes, te lo diré. El día que no me interese la comida, el día que veas que no me interesa la comida será porque solo me quedan tres días de vida. Es el último hilo que me ata a la vida y es muy fino y frágil». Aunque estuviese tumbado en la cama descansando, cuando entraba su mujer con la comida él saltaba como un niño y miraba el plato: «¿Qué has preparado?».

Su mujer le decía: «Deberías comportarte como un adulto, ¡ya no eres un niño!». «No me ve nadie —respondía él—. No te preocupes, dime qué has preparado. Todo lo que preparas está tan bueno que me paso la mayor parte del tiempo meditando sobre ello. Pero, recuérdalo, el día que no muestre interés será porque me quedan tres días de vida.»

Y un día resultó que estaba descansando, mirando la puerta; cuando la mujer entró, se volvió hacia el otro lado. Normalmente, habría dado un salto pero hizo lo contrario. A su mujer se le cayó el plato. «¿Solo tres días?» Y ese mismo día descubrió que tenía cáncer de garganta.

Durante los tres días siguientes no pudo comer ni beber. Uno de sus discípulos más próximos le preguntó: «Estás tan cerca de la fuente de la vida que puedes pedirle que te quite este cáncer. Si tú no comes ni bebes, ninguno de tus discípulos lo hace. ¿Cómo podemos seguir así?». Cuando le insistieron todos, él dijo: «De acuerdo, lo intentaré. El problema es que cuando cierro los ojos me olvido, porque desaparecen todos los pensamientos, y no me acuerdo de lo que quería preguntar. Pero haré lo que pueda».

Era el tercer día, el día que murió. Cerró los ojos y su cara estaba radiante. Sonrió, aunque el dolor era inmenso, y abrió los ojos y les dijo a sus discípulos: «Lo he preguntado, pero la respuesta que he recibido es: "Ramakrishna, debes comer por todas las bocas que te aman, debes beber por todas las bocas que están conectadas contigo. ¿Por qué insistes en tener un solo cuerpo? Todos los cuerpos de los que te aman son tu cuerpo". Si queréis que reciba alimento, dejad de ayunar».

Sus discípulos cenaron con tristeza esa noche sabiendo que era la última... Ramakrishna salió de su habitación y disfrutó viéndolos comer. Pero les preguntó: «¿Por qué estáis tristes? Ya me conocéis, sabéis que me encanta la comida. Si lo estáis haciendo por mí, hacedlo igual que lo haría yo».

Él les hizo reír y celebrar en una situación que les apenaba mucho porque era el tercer día y Ramakrishna habría desaparecido al anochecer, habría muerto. Antes de morir, dijo a Sagar y a sus discípulos: «Solo estoy dejando mi cuerpo, pero nadie debe decir que Ramakrishna ha muerto. Estaré aquí y cuando estéis en este cuarto acordaos de comportaros como lo hacíais cuando yo estaba delante, con el mismo amor, el mismo respeto, el mismo agradecimiento, la misma felicidad».

Y le dijo a su mujer: «No vas a ser una viuda porque yo no me estoy muriendo, solo estoy pasando de tener cuerpo a no tenerlo. Ahora me resultará más fácil estar en todos vosotros dondequiera que estéis».

Tus manos son mis manos, tus ojos son mis ojos, y solo cuando esto ocurre pasas de ser discípulo a ser un devoto. Lo que sientes es correcto. Te estoy hablando para mantenerte entretenido y poder trabajar contigo de otra manera, para trabajar con tu corazón.

Esto que hago es cirugía espiritual. A menos que estés tranquilo, sosegado, en silencio, absorto en escucharme, no podré hacer mi trabajo sutil. Solo hablo para anestesiarte.

San Pedro se había tomado unas vacaciones en su trabajo de guardián de las puertas del paraíso y Jesús estaba sustituyéndole. Apareció un anciano cansado y apesadumbrado: «Anímate, hombre, has llegado al cielo —le dijo Jesús—. ¿Por qué estás tan triste?»

«Bueno —respondió el hombre—. Soy un pobre carpintero, pero tenía un hijo muy especial que nació milagrosamente y se hizo mundialmente famoso. Hace muchos años me dejó y desde entonces lo estoy buscando.» «¡Padre!», dijo Jesús abrazándole. «¡Pinocho!», dijo el anciano.

Osho,

La duda, la vergüenza, el miedo, la autocrítica desaparecen en el misterio de tu amor. ¿Podrías comentarlo?

El amor es la mayor alquimia que existe, es la ciencia de la transformación más profunda. Cuando amas, toda tu energía se junta y se enfoca en una sola cosa. La duda necesita energía, la vergüenza necesita energía, el miedo necesita energía, la autocrítica necesita energía..., todas necesitan energía.

Cuando no amas, todas estas cosas podrán seguir vivas dentro de ti; estás alimentándolas. Cuando ocurre el gran milagro del amor, todas las energías se dirigen inmediatamente al amor, como los ríos que van al mar. La duda se queda vacía y cuando no tiene energía, muere. Lo que mantenía viva la duda era tu energía.

La vergüenza, el miedo y la autocrítica necesitan tu energía, tu sustento. En apariencia parece que quieres deshacerte de ellas, pero en el fondo estás sustentándolas; de lo contrario, no existirían. Son parásitos.

El amor consume toda la energía y no queda nada para todo lo demás. Es total e intenso; por eso, aparte del amor, todo lo demás desaparece. En cierto sentido, es un fenómeno muy sencillo, solo hay que entender que el amor tiene una fuerza magnética que la duda, la vergüenza y la autocrítica no tienen.

El amor es tu propio ser, mientras que todas esas cosas provienen del exterior. Las dudas han sido creadas por las personas que te dan creencias. Si no tienes creencias, no tienes dudas. ¿Te lo has planteado alguna vez?

> En un pequeño colegio la profesora les está diciendo a los niños y a las niñas qué calificaciones son necesarias para entrar en el reino de Dios. Para que lo entiendan, intenta explicarles de todas las formas posibles que no entrarán en el reino de Dios a menos que renuncien al pecado. Y luego les

pregunta: «¿Podéis decirme cuál es el requisito para entrar en el reino de Dios?».

Un niño levanta la mano. Es raro, porque normalmente ese niño nunca toma la iniciativa de responder; es la primera vez. La profesora está muy contenta y dice: «Sí; ¿dime qué hace falta para entrar en el reino de Dios?». El niño contesta: «Primero hay que cometer un pecado». «¿Cometer un pecado? —pregunta la profesora—. Llevo una hora intentando explicaros que hay que renunciar al pecado, ¿y tú dices que hay que cometer un pecado?»

El niño dice: «Pero si no cometo un pecado, ¿cómo voy a renunciar a él? Y sin renunciar al pecado nadie entra en el reino del paraíso. De modo que lo primero que hay que hacer es cometer un pecado; y luego renunciar a él para entrar en el reino de Dios».

La duda surge porque te han obligado a creer. Si no te impusieran sistemas de creencias, no tendrías dudas. Por ejemplo, un cristiano, un musulmán o un hindú tienen dudas acerca de Dios porque han sido condicionados a creer que Dios existe. Pero no tienen ninguna prueba, ninguna evidencia, ningún argumento, ningún testigo, y ellos mismos tampoco sienten nada acerca de Dios. Esta creencia está creando una duda en su interior. Pero hay religiones como el budismo, el taoísmo, el jainismo, donde Dios no es una creencia; no forma parte de estas religiones.

Nunca he conocido a ningún jainista o budista que duden de la existencia de Dios. Si no crees, ¿cómo puedes dudar? Parece extraño pero no lo es. La creencia es un intento de reprimir tu duda. Por eso hay duda bajo toda creencia. Pero si no hay un sistema de creencias, no hay espacio para que exista la duda.

En países como la Unión Soviética o China en los que no existe el cielo ni el infierno, nadie duda.

Uno de mis amigos —era profesor en la Universidad de Varanasi— estaba de viaje por la Unión Soviética y le preguntó a un niño —al hijo de su anfitrión— cuando estaban paseando en el jardín: «¿Qué piensas de Dios, del cielo, del infierno?».

El niño se rió y dijo: «En el pasado, cuando la gente era ignorante, solían creer en tales cosas; pero ahora a nadie le interesan. Forman parte de una historia que ha muerto». El niño no tenía dudas. Tenía mucha claridad.

Las creencias crean la duda. Te han educado desde un principio a tener vergüenza de esto o de lo otro; nunca te han aceptado como eres. Por eso existe la vergüenza y al mismo tiempo el miedo de hacer las cosas mal, de perderte, de perder el tren, aunque no haya ningún tren y por eso no puedas perderlo.

En la India, todos los trenes llegan tarde, y llevo viajando ininterrumpidamente desde hace veinte años por todo el país. Un día, en Allahabad, me sorprendió que el tren llegase a la hora exacta. Era como un sueño. Fui al conductor y le dije: «Esto es una verdadera hazaña», pero él estaba muy avergonzado.

«¿Qué ocurre? —le pregunté—. Ha hecho un gran trabajo llegando a la hora exacta y al andén correcto. Es la primera vez desde hace veinte años que veo que un tren llega a la hora y al andén correcto.»

«No me abochorne más», dijo el hombre.

«¡No entiendo! Vengo a felicitarle», respondí.

«No me felicite porque este es el tren de ayer. Llego con veinticuatro horas de retraso —dijo—. Váyase, no me haga pasar vergüenza.»

«No estaba intentando avergonzarle —dije—. No me había imaginado que fuera el tren de ayer. Aunque, de todas formas, ha llegado a la hora, da lo mismo de qué día.»

Todas las religiones viven a costa del miedo; asustan a todos los niños. Y el miedo se convierte en el entorno psicológico de tu ser. Por eso no hay totalidad en nada de lo que haces, siempre estás dudando si está bien, si lo que estás haciendo merece una recompensa o un castigo; si estás acercándote o alejándote de Dios. Cada paso está cargado de miedo. Y por eso, todas las religiones se han aprovechado de ti.

No puedes aprovecharte de alguien que no tiene miedo porque vive la vida según su propia luz. Tiene un estilo propio, nadie se lo ha prestado, nadie se lo ha dado.

Nunca te han aceptado tal como eres. Y puesto que todo el mundo quiere que seas una persona distinta a la que eres, poco a poco, te vas autocondenando: soy un auténtico desastre, no lanzo la flecha con fuerza suficiente, nunca llega a la diana.

Hay una antigua historia de un gran rey que era también un gran arquero. Y solía creer que no tenía contendiente. En una visita a otro emperador, pasó por delante de un pueblo desplazándose en su trono dorado, en su carruaje de oro, y se sorprendió enormemente. Por primera vez sintió que en este pequeño pueblo podría haber un arquero mejor que él sin que él lo supiese porque había visto flechas justo en el centro de una diana en diferentes árboles y rejas.

Al parecer, este hombre no fallaba nunca la diana. Le preguntó a la gente..., detuvo el carruaje y dijo: «¿Quién es el arquero?». Ellos se echaron a reír. «¿De qué os estáis riendo? —preguntó—. Me encanta la arquería y quiero recompensar a este hombre porque creía que yo era el mejor (aunque también fallo alguna que otra vez), pero he comprobado que las flechas siempre están en el centro de la diana en todos los árboles.»

«Nos estamos riendo —dijeron—, porque no lo sabes, pero el arquero es el tonto del pueblo.» «¿El tonto del pueblo? —inquirió—. Da igual, aunque sea tonto es un gran arquero; decidle que venga.»

«No has entendido —respondieron—. Primero lanza la flecha, y luego dibuja el círculo alrededor; eso no es arquería.

Pero siempre está contento, y casi todo el mundo que pasa por el pueblo pregunta por él; no preguntan por nadie más. Sus flechas están por todo el pueblo, es lo único que hace a lo largo del día. No hay ninguna diana, pero caiga donde caiga la flecha él hace un círculo perfecto alrededor, por eso siempre está en el centro.

»No te preocupes por él, es un pobre idiota. Siempre le decimos que aprenda a tirar al arco si le gusta la arquería. Pero él dice: "¿Para qué? Un arquero puede hacer diana en el centro del círculo (¿qué más da si se dibuja antes el círculo o después?), mi flecha siempre está en el centro".»

La sociedad lo desaprueba absolutamente todo. Lo que eres nunca es suficiente, siempre es mejorable... Poco a poco, te vas contagiando con la enfermedad de la autocrítica.

Pero el amor es un milagro. Si te sucede y te dejas llevar totalmente por él, se llevará toda la energía del miedo, de la autocrítica, de la duda, de la tristeza, de la infelicidad, de la ansiedad. Y cuando toda esa energía desaparece, solo queda el cadáver de todos esos conceptos que dejarán de tener influencia sobre ti.

Por eso afirmo que el amor es la llave de oro de la transformación. Pero no debería ser un amor superficial, un amor ordinario. No debería ser un amor tan pequeño que consuma poca energía y así permita que la duda, la autocrítica, la miseria y el odio sigan existiendo. Tendrá que ser un amor que absorba toda tu vida. Cuando tu amor es casi tu vida, se convierte en oración.

Para mí no hay mayor oración que el amor que te posee totalmente y no deja nada dentro de ti; el amor necesita todo ese espacio y para que pueda ocuparlo tienes vaciar tu interior de basura. Un gran amor es la única oración, la única verdadera oración. Jesús estaba en lo cierto cuando dijo: «Dios es amor». Pero quiero añadir una mejora porque esta declaración ha permanecido igual desde hace dos mil años. Las declaraciones no se modifican cuando evoluciona la conciencia, hay que cambiarlas y darles dimensiones más elevadas.

Jesús dice: «Dios es amor». Y a mí me gustaría deciros: «El amor es Dios». Aparentemente no hay mucha diferencia, pero hay una gran diferencia. «Dios es amor» implica que puede ser muchas otras cosas; el amor no es su totalidad, puede ser justo, puede ser todopoderoso, puede ser omnisciente, puede ser omnipresente; el amor no usa todo su ser, solo es uno de los atributos de Dios. Pero si lo transformas en «el amor es Dios», entonces Dios se convierte en un atributo del amor.

Y el amor no tiene más atributos. El amor es la única experiencia terrenal que no pertenece al mundo, no es de este mundo, es la única experiencia que te permite saborear el más allá.

Dios no se puede demostrar porque es un atributo del amor. Pero el amor sí se puede demostrar. El amor no solo se puede demostrar, sino que se puede vivir. Y cuando vives el amor sabes que algo divino penetra en tu interior. Dejas de ser un ser humano ordinario. Dentro de ti hay algo, en tu conciencia hay algo que va más allá de la humanidad. Y ese ir más allá, ese sabor del más allá, es la única razón y la única prueba de eso que la gente ha dado en llamar Dios.

A mí personalmente me gusta más utilizar la palabra «divinidad», porque es como si la palabra Dios estuviera apagada y muerta, congelada, como si Dios ya no pudiera evolucionar; como si hubiese llegado a un punto muerto. Pero la divinidad es una cualidad, es el fluir de un río. Puede ir a más, no tiene por qué estar limitada.

Dios está limitado, la divinidad es infinita. Y dado que la divinidad es una característica, no tienes que adorarla sino desarrollarla. No tienes que crear ídolos de la divinidad, es imposible hacerlo. Y tampoco puedes alcanzar la divinidad directamente porque es un atributo del amor. Estas son todas las consecuencias que conlleva. Puedes olvidarte de Dios y de las iglesias y de las religiones oficiales.

Nadie se ha atrevido a negar que exista el amor. Cerca de la mitad de la población del mundo niega la existencia de Dios, pero nunca ha habido nadie, ni una sola persona, que negara la existencia del amor. Porque el amor está dentro de tu corazón en potencia, es algo que puedes desarrollar. Y cuando llegue a florecer, cuando llegue la primavera y las flores se llenen de aroma, sabrás qué es la divinidad. Va a su lado como si fuese su sombra.

Te han hecho hacer cosas muy raras: «¡Ama a Dios!», cuando Dios solo es una característica del amor. Yo no puedo decir una tontería de ese calibre: «Ama a Dios». Solo te puedo decir; «Ama, y descubrirás a Dios. Ama, y Dios te descubrirá. Ama y tu amor, cuando madure, se convertirá en algo sobrehumano, en algo divino».

No es una cuestión de creencias; no puedes creer en Dios. Y tampoco tienes que creer en el amor porque puedes experimentarlo. En el templo del amor, en el silencio mismo de ese templo, en la holgura de ese templo, encontrarás la divinidad.

Pero todas las religiones le han dado a la humanidad ideas con extrañas distorsiones. De lo contrario, la religión sería algo muy sencillo, como la música, la poesía, cantar, bailar. El amor tiene que ser prioritario y olvidarse de Dios por completo; si consigues ser total y abundante en el amor, Dios sucederá por su propia cuenta. Si no es así, puedes seguir creyendo.

Justo el otro día oí este chiste: ¿cuáles son las tres pruebas de que Dios era judío? En primer lugar, tener treinta y tres años y seguir viviendo con su madre; en segundo lugar, creer que su madre era virgen; y en tercer lugar, que su madre creyera que su hijo era Dios.

Las madres judías pueden seguir creyendo que sus hijos son dioses, pero no descubrirás a Dios por creer en él. Quiero que entiendas hondamente que Dios no es una persona sino una presencia. Cuando el amor es abundante, cuando te desborda, te rodea una presencia. Es algo que no puedes tocar pero sí sentirlo.

Esta presencia convierte el mundo de los seres humanos en un mundo de eternidad, de inmortalidad, convierte todas las mentiras que las religiones llevan predicando en la verdad sin velos de la existencia.

Capítulo 12

El mismo círculo vicioso

Osho,

Siempre te pronuncias contra la mente, dices que deberíamos renunciar a ella, decirle que se calle, que es innecesaria en la búsqueda de la verdad. Pareces lamentarte de que ninguno de tus sannyasins haya obtenido un Premio Nobel y nos animas a comer huevos para alimentar nuestras mentes. Por eso, cada vez que quiero informarme de algo me siento culpable, aunque en este mundo sea casi imposible sobrevivir siendo un ignorante. ¿Para qué nos sirve la mente? ¿Realmente es tan perjudicial?

Prem Mandira, una de las cosas más importantes de la vida es la mente, pero la mente es simplemente un siervo, no es el amo.

Si la mente se convierte en el amo, empieza el problema; porque entonces desplaza a tu corazón, a tu ser, y toma posesión de ti. Y más que obedecer tus órdenes, empieza a ejercer su poder sobre ti.

No te estoy pidiendo que destruyas la mente. La mente es el fenómeno más evolucionado de la creación. Te estoy pidiendo que estés atento para que el siervo no se convierta en el amo. Recuerda que tu ser es lo primero, tu corazón lo segundo, y tu mente va en tercer lugar; así es la personalidad equilibrada de un ser humano.

La mente es lógica... es muy práctica y no se puede vivir sin ella. Tampoco te he pedido que vivas sin usar la mente en el mundo; tienes que usarla. Pero eres tú quien tiene que usarla y no dejarte usar por ella. Hay una gran diferencia...

La mente os ha permitido tener toda la tecnología, la ciencia, y el haberos permitido tener tantas cosas ha hecho que se atribuya ser el amo de tu ser. Aquí es donde está el peligro; ha cerrado las puertas de tu corazón por completo.

El corazón no es práctico, no tiene un propósito que llevar a cabo. Es como un rosal. La mente te puede dar pan, pero no puede darte felicidad. No puede hacerte disfrutar de la vida. Es muy seria, ni siquiera tolera la risa. Y una vida sin risas es caer por debajo del estándar humano. Se vuelve subhumana porque de toda la existencia solo el hombre tiene la facultad de la risa.

La risa indica el desarrollo máximo de la conciencia. Los animales no se ríen, los árboles no se ríen, y la gente que está aprisionada en la mente —todos los santos, los científicos, vuestros líderes— tampoco se ríen. Son demasiado serios, y la seriedad es una enfermedad. Es el cáncer del alma; es destructiva.

Y por el hecho de que estamos en poder de la mente, la creatividad se ha enfocado al servicio de la destrucción; la gente se muere de hambre, pero la mente sigue acumulando más armas nucleares. La gente tiene hambre pero la mente intenta llegar a la Luna.

La mente no tiene compasión alguna. Para que exista la compasión, el amor, la alegría, la risa... es preciso un corazón que no esté aprisionado en la mente.

El corazón tiene un valor más elevado. No es práctico para la vida material, porque el mundo no es tu templo; porque el sentido de tu vida no es el mundo. De todas las actividades del ser humano la vida mundana es la menos elevada.

Jesús estaba en lo cierto cuando dijo: «No solo de pan vive el hombre». Pero la mente solo puede proporcionarte pan. Puedes sobrevivir, aunque sobrevivir no sea vivir. La vida necesita algo más: bailar, cantar, ser feliz.

Por eso quiero que vuelvas a poner las cosas en su sitio: si entre tu mente y tu corazón hay algún conflicto, deberás hacerle caso al corazón. Si entre el amor y la lógica hay algún conflicto, no podrá ser decisiva la lógica, tendrá que serlo el corazón. La lógica no puede darte alegrías, es árida. Sirve para hacer cálculos; sirve para las matemáticas y la tecnología científica. Pero no sirve para las relaciones humanas; no sirve para el desarrollo de tu potencial interior.

Por encima de tu corazón está tu ser. Así como la mente es la lógica y el corazón es el amor, el ser es la meditación. Ser es conocerte. Y cuando te conoces, conoces el propósito de la existencia.

Conocer el ser es alumbrar la oscuridad de tu mundo interior; mientras no haya luz en tu interior, la luz exterior no servirá para nada. En tu interior solo hay oscuridad, oscuridad abismal, inconsciencia, y todas tus acciones derivan de esa oscuridad, de esa ceguera.

No me malinterpretes cuando digo algo en contra de la mente. No estoy en contra de la mente y no pretendo que la destruyas.

Quiero que te conviertas en una orquesta. Si no sabes componer una sinfonía, crear una síntesis, poner las cosas en el sitio correcto, los mismos instrumentos podrán crear un bullicio.

Ser debería ser tu fin supremo... más allá no hay nada, es una parte de Dios dentro de ti. Te dará todo lo que la mente y el corazón no pueden darte: silencio. Te dará paz. Te dará serenidad. Te dará dicha y, finalmente, un sentimiento de inmortalidad. Cuando conoces el ser, la muerte se convierte en una ficción y la vida vuela hacia la eternidad. No se puede decir que una persona que no conoce su propio ser esté realmente viva. Puede ser un aparato práctico, un robot...

Busca, por medio de la meditación, tu ser, tu cualidad de ser, tu existencia. Comparte tu dicha por medio del amor, del corazón; el amor es eso: compartir tu dicha, tu alegría, tu baile, tu éxtasis.

La mente tiene su función en la vida material, pero cuando llegas a casa, tu mente no debería seguir con su parloteo. Del mismo modo que te quitas el abrigo, el sombrero, los zapatos, deberías decirle a la mente: «Cállate, este ya no es tu mundo». Pero esto no es estar en contra de la mente; en realidad, es darle un descanso a la mente.

En casa, con tu mujer, con tu marido, con tus hijos, con tus padres, con tus amigos, no necesitas la mente para nada. Necesitas un corazón rebosante. Una casa no se convertirá en un hogar a menos que esté rebosando amor; solo será una casa. Y si en esa casa puedes encontrar algún momento para meditar, para experimentar tu propio ser, esto elevará la casa a su cima más alta y se convertirá en un templo.

Es la misma casa... para la mente es simplemente una casa, para el corazón se vuelve un hogar, y para el ser se vuelve un templo. La casa sigue siendo la misma; sufres ciertos cambios: cambia tu visión, cambia tu dimensión y tu manera de ver las cosas. Una casa que no sea estas tres cosas estará incompleta, será pobre.

Un hombre que no sea las tres cosas en profunda armonía: la mente que sirve al corazón, el corazón que sirve al ser, y el ser que pertenece a la inteligencia, que está repartida por toda la existencia... La gente lo llama Dios pero a mí me gusta llamarlo divinidad. No hay nada por encima de esto.

Voy a leer tu pregunta, Mandira. ¿Recuerdas el significado del nombre que te puse, Prem Mandira, «Templo del amor»? En tu pregunta hay muchos malentendidos.

Dices: «Osho, siempre te pronuncias contra la mente». Si lo hago es por tu culpa, porque te aferras demasiado a la mente. Deja de hacerlo y no volveré a mencionar esa palabra.

Estoy cansado de hablar contra la mente. A mí la mente no me ha hecho nada, no es mi enemiga; está absolutamente a mi servicio. Es por tu culpa que tengo que seguir haciéndolo; mientras no decidas «vamos a intentar apartar la mente» y le digas «cállate», tendré que seguir hablando de ella hasta que hayáis salido todos de la prisión de la mente aunque yo no esté en contra de ella.

«Dices que deberíamos renunciar a la mente, deberíamos decirle que se calle.» Lo que te estoy pidiendo es que cuando vayas a meditar la dejes a un lado y vuelvas a usarla cuando estás en la vida material. ¿Quién te lo impide? ¿Acaso tienes que estar apegado a ella las veinticuatro horas del día? ¿Acaso tiene que dormir contigo debajo de la manta por el hecho de que mañana estés en la vida material? ¿Tienes miedo de que se escape?

Te pido que la dejes a un lado porque quiero que sepas que tú eres el amo. Si quieres puedes hacerlo, y si quieres usarla también puedes hacerlo. Solo es un instrumento.

«Estás diciendo que no es necesaria para la búsqueda de la verdad.» No; no es necesaria. No es necesaria en lo que se refiere a la búsqueda de la verdad. Todo lo contrario; es un impedimento.

La verdad no es algo que se pueda encontrar en la vida material; no es algo que se pueda comprar, no puedes robarla, no puedes pedirla prestada; es algo que está en tu interior. Pero no está al alcance de la mente. La mente solo puede alcanzar las cosas que están en el exterior. En lo que se refiere a tu mundo interior, la mente es absolutamente impotente. Ella no tiene la culpa, no ha sido creada con ese fin.

Para la verdad necesitas un estado de no mente —me refiero a que en tu conciencia no haya pensamientos, interferencias, ondas—, solo silencio absoluto.

La verdad se descubre únicamente en silencio, en soledad. Ni siquiera tu mente es testigo de ello.

Mandira, estás completamente equivocada cuando dices:

«Pareces lamentar que ninguno de tus sannyasins sea Premio Nobel». No sé de dónde has podido sacar esa conclusión.

Es cierto que he dicho no ha habido ningún Premio Nobel que fuera vegetariano. Y esto es porque la inteligencia necesita determinadas sustancias químicas, determinadas proteínas, que no se encuentran en la alimentación vegetariana. Pero no me estoy lamentando, simplemente estoy exponiendo un hecho.

Ser Premio Nobel no demuestra necesariamente haber alcanzado la cima de la conciencia. J. Krishnamurti no lo recibió; Ramana Maharshi no lo recibió; Meher Baba no lo recibió. Y estamos hablando de personas que alcanzaron las cimas más elevadas; tienen la misma categoría que Gautama Buda.

Y aunque Gautama Buda estuviera vivo, no se lo darían, porque el Premio Nobel es una maniobra política. No lo recibes por tu inteligencia, hay que cumplir ciertas condiciones políticas. Incluso hay políticos como Kissinger que han recibido el premio Nobel y, sin embargo, nunca se ha mencionado el nombre de J. Krishnamurti.

Hay un sannyasin que trabaja en el comité del Premio Nobel. Es uno de los miembros que eligen quién va a recibir este premio en un área determinada, y él es el experto del comité en materia económica. Puesto que es mi sannyasin, me propuso al presidente del comité del Premio Nobel y quería mostrarle mis libros a los demás miembros.

El presidente dijo: «¡Que esta sea la primera y la última vez que te oigo mencionar su nombre! Si quieres conservar tu puesto, no vuelvas a mencionarlo jamás. Este hombre es peligroso».

«Me quedé estupefacto —me dijo—. Ni siquiera estaban dispuestos a leer tus libros. Ni siquiera estaban dispuestos a tomar en consideración...

»No se trataba de que le dieran el Premio Nobel a mi maestro, yo no estaba presionando —dijo—. Al ver que el comité hacía entrega del Premio Nobel a políticos y a personas que no lo merecen, simplemente mencioné tu nombre. Y me amenazaron con expulsarme del comité y perder un buen trabajo. Me dijeron que podría recibir el Premio Nobel por ser un gran economista si seguía trabajando tranquilamente, pero que no debía mencionar el nombre de mi maestro.»

Yo no tengo apoyo político sino todo lo contrario: tengo enemigos políticos en todo el mundo. Todos los políticos, independientemente del país al que pertenezcan, se enfrentarán a mí.

Precisamente hoy estaba leyendo un recorte de periódico sobre una declaración de Rajiv Gandhi, el primer ministro indio, en la que decía que tendría que haber un debate público en el país acerca de una cuestión importante. Esa cuestión es que «la religión no debe interferir en la política».

«De acuerdo —dije—. Pero si se trata de un debate público también tendría que incluir la afirmación contraria, "la política no debe interferir en la religión", y de esa forma realmente habría libertad de expresión.»

Hay leyes para que no puedas decir determinadas cosas, y si las dices, te meten en la cárcel sin juzgarte. ¿Cómo se puede hablar entonces de un debate público? ¿Acaso crees que la política es más importante que la religión? Lo más importante no debería interferir con lo más importante; lo más importante debería interferir con lo menos importante.

Yo estoy dispuesto a mantener un debate público con Rajiv Gandhi donde él quiera; su Parlamento me parece el lugar idóneo. ¿Qué sabe él de la religión? ¿Y qué sabe de la política? Y declara que este debate publico debería tener lugar en todo el país. ¿Cómo lo quieren hacer? ¿Quién lo va a organizar? Puede empezar por el Parlamento, yo estoy listo. Si Rajiv Gandhi tiene el valor de hacerlo, ¡entonces yo defiendo que la religión debería interferir en la política! Y cuando digo religión no me refiero al hinduismo, al budismo o al cristianismo, sino a los valores religiosos: la verdad, la sinceridad, la honestidad, la compasión.

Si estos valores no influyen en los políticos, la política irá de mal en peor y ya está por los suelos. Si algo puede sacarla de ahí y darle una buena ducha... son los valores religiosos.

Estoy a favor de la religiosidad. No pertenezco a ninguna religión oficial y tampoco voy a decir que esta debería interferir en la política porque en sí misma es política.

La religiosidad siempre es individual. Y los políticos deberían escuchar a las personas religiosas dondequiera que estén, porque a pesar de que hayan logrado obtener los votos de la masa ignorante, eso no los convierte en sabios.

Aunque te voten en todo el mundo, no te convertirás en Gautama Buda; tu conciencia no se transforma porque obtengas muchos votos. Tendrían que escuchar a un Gautama Buda...

Cuando estaba leyendo la declaración de Rajiv Gandhi recordé una historia de Gautama Buda.

Buda estaba entrando en el reino de Vaishali y el primer ministro le dijo al rey: «Sería muy oportuno que fueses a recibir a Gautama Buda cuando pase las fronteras de tu imperio».

Era un joven rey muy arrogante... «¿Qué quieres decir? —preguntó—. El es solo un mendigo y yo soy un emperador. Si quiere verme, que pida una cita. ¿Por qué debería ir yo a recibirle... quién es él?»

El primer ministro era muy anciano y también había sido primer ministro con el padre del rey. El padre había muerto y él mismo había instruido al hijo y lo había coronado rey.

Al ver su arrogante y egoísta actitud, dijo: «Ahora tienes la madurez suficiente para tomar tus propias decisiones. Por favor, césame en mi cargo, acepta mi renuncia; no puedo seguir trabajando bajo tu mando. He cumplido mi deber con tu padre. Le prometí que no dejaría el puesto hasta que te convirtieras en rey y he cumplido mi promesa».

Pero el rey estaba preocupado porque el primer ministro era realmente sabio y sería muy difícil encontrar a alguien para sustituirlo, además lo quería como a su propio padre. De modo que dijo: «¿Renuncias simplemente porque no quiero recibir a ese mendigo...?».

«No sigas insultándome —respondió el primer ministro—. Yo no lo estoy haciendo.

»Me estás insultando, me estás faltando al respeto a mi edad, y estás difamando todo el concepto oriental de lo que es más elevado y de lo que es inferior. El hombre que llamas mendigo hubo un tiempo que era príncipe de un imperio mucho más extenso que el tuyo. Y él también iba a ser rey. No es un mendigo corriente; era hijo único y renunció a su imperio. Es muy superior a ti.

»Si quieres que siga siendo tu primer ministro, deberás acompañarme a recibir a Gautama Buda. Y además, recuerda, cuando me postre a sus pies, deberás hacerlo tú también. No se trata de poseer riquezas. Se trata de ser consciente. Y solo hay un hombre como este cada miles de años, con una conciencia tan elevada. El mendigo eres tú.

»¿Qué es lo que posees? La muerte se lo llevará todo. Él tiene algo que está por encima del alcance de la muerte. Su imperio no es de este mundo, sino de la eternidad; será rey eternamente. Tú solo eres rey por un día, solo eres rey hoy. No te dejes engañar por esta grandeza momentánea, material, ilusoria. Tu grandeza está hecha de la misma sustancia que los sueños. Ven conmigo.»

Cuando vi la declaración de Rajiv Gandhi recordé la historia de Gautama Buda y del rey de Vaishali.

No lamento que ninguno de mis sannyasins sea político. Estoy inmensamente feliz de que no lo sean. Y, hasta este momento, ningún meditador ha recibido el Premio Nobel. La meditación no entra dentro de sus intereses.

Un novelista puede recibir un Premio Nobel. Un director de cine puede recibir un Premio Nobel. Un científico puede recibir un Premio Nobel. Un político puede recibir un Premio Nobel. Pero dentro de los Premios Nobel no hay una categoría para personas como Jesús, Gautama Buda, Buda, Zaratustra o Lao Tzu.

Y aunque les dieran el Premio Nobel, se reirían. Porque para ellos este premio es como un juguete para que los niños se entretengan. ¿En qué aspecto pueden perfeccionar a Gautama Buda?

La gente oye cosas que no tienen sentido... yo nunca he lamentado...

Estás diciendo: «Cada vez que intento informarme de algo me siento culpable...». Me estás malinterpretando por completo. ¿Quién te ha dicho que no te informes? Lo que digo es que informándote no alcanzarás la autorrealización. Pero si quieres ser electricista, no voy a sugerirte que medites para ser electricista; no voy a sugerirte que medites para ser mecánico de una fábrica... tendrás que aprender.

No hace falta que te sientas culpable. Así es como tu mente va distorsionando e interpretando, y acarreas en ella cosas que yo nunca he dicho.

Estás diciendo: «... aunque me parece imposible sobrevivir en el mundo siendo un ignorante». ¿Quién te ha dicho que tengas que ser ignorante en el mundo? Sé todo lo culto que puedas.

En la vida práctica la inocencia, el silencio y la autorrealización no son necesarias. Cuanto más culto seas, más éxito tendrás.

Lo que estoy diciendo no se refiere a la vida material, sino a conseguir ser quien realmente eres. Eso no lo lograrás acumulando información; eso no lo lograrás volviéndote erudito; solo lo lograrás volviéndote inocente.

Recuerda, la inocencia no es ignorancia. Hay una línea muy fina, pero una enorme diferencia. La ignorancia significa ausencia de conocimiento, presencia de silencio, presencia de claridad. La ignorancia es algo negativo. La inocencia es un fenómeno positivo. No significan lo mismo.

Puedes ser inocente en lo que se refiere al crecimiento y puedes ser culto en la vida material. Son dos cosas distintas; no son incompatibles.

Me han contado que... dos vaqueros se cruzaron con un indio tumbado boca abajo con la oreja pegada al suelo. Uno de los vaqueros se detiene y le dice al otro: «¿Ves ese indio?». «Sí», dice el otro vaquero.

«Mira —dice el primero—, está escuchando la tierra. Puede oír cosas a varios kilómetros de distancia.» Justo en ese momento el indio mira hacia arriba y dice: «Carromato a cuatro kilómetros de distancia. Lleva dos caballos, uno marrón y el otro blanco, un hombre, una mujer, un niño, y enseres domésticos».

«¡Increíble! —le dice el vaquero a su amigo—. Este indio sabe a qué distancia están, cuántos caballos llevan, de qué color son, quién va en el carromato y qué transportan. ¡Impresionante!» El indio mira hacia arriba y dice: «Me han arrollado hace media hora».

Prem Mandira, cuando me escuches debes poner atención en que tu mente no malinterprete mis palabras. Escucha exactamente lo que digo; de lo contrario podrás escucharme durante años y seguir dando vueltas al mismo círculo vicioso, vueltas y más vueltas sin llegar a ninguna parte.

Lo digo en serio. Quiero que seas el nuevo hombre. Toda la humanidad necesita al nuevo hombre; no solo tú. En el pasado se trataba de una necesidad individual, pero ha llegado un momento en el que el nuevo hombre es una necesidad para que la humanidad pueda sobrevivir, para que la vida sobre la Tierra pueda sobrevivir.

Osho,

Tu forma de pensar me recuerda a menudo al realismo de Nietzsche, aunque él no creyera que el hombre fuera intrínsecamente ni bueno ni malo. ¿Podrías comentarlo?

Friedrich Nietzsche fue un gran pensador. Yo no. Tiene razón cuando dice que el ser humano no es intrínsecamente ni bueno ni malo. Al nacer, el hombre es una tábula rasa, una hoja en blanco, no hay nada escrito. Pero trae consigo las semillas, y si le dan libertad y apoyo, se convertirá en un individuo único.

No se puede predecir lo que ocurrirá en su destino, pero es indudable que si nadie interfiere en su desarrollo estará profundamente satisfecho de cualquier cosa en la que se convierta. Puede ser músico, tocar una simple flauta de bambú, pero dentro de su ser habrá tanta riqueza, tanta satisfacción que ni los más ricos pueden tener. Su semilla no se ha destruido. Ha venido para ser él mismo y no una fotocopia de alguien.

Puede que no sea una flor de loto, puede que sea simplemente una margarita o una flor que no tiene nombre, anónima, insignificante, pero seguirá bailando bajo la lluvia, el viento y el sol con la misma alegría que una rosa.

Pero uno de los mayores problemas ha sido este: el tomar al recién nacido y pretender hacer algo de él. A nadie le importa que su naturaleza se puede expresar, cante su canción. Con las mejores intenciones, sus padres, los sacerdotes, los profesores y toda la sociedad pretenden convertirlo en alguien de acuerdo a su idea de las cosas.

Y la única causa del sufrimiento del hombre es esta, porque nadie es lo que habría sido si le hubiesen permitido ser libre, si le hubiesen apoyado, aceptado, nutrido. Todo el mundo ha sido desencaminado. Y el problema se vuelve más complejo porque las personas que desorientan a los niños lo hacen por su propio bien.

Todos los niños llegan con una inmensa energía y potencial, pero la sociedad que los rodea en conjunto empieza a amoldarlos, a imponerles sus ideales: debes ser Jesucristo o Gautama Buda; no te aceptamos como eres, tienes que convertirte en alguien que encaje con las ideas de la sociedad en la que has nacido. De ese modo, desencaminan a todo el mundo alejándolo de su naturaleza, apartándolo de su ser, y cuanto más lejos esté de su ser, más infeliz será.

Me contaron que había un gran cirujano que se retiró a la tardía edad de setenta y cinco años. No era habitual que alguien siguiera trabajando hasta esa edad, pero este cirujano era un gran profesional. En todo el país no había nadie comparable a él. Seguía siendo el mejor cirujano incluso con setenta y cinco años. Por eso lo convencieron para que siguiera trabajando en vez de jubilarse a los sesenta.

Cuando cumplió setenta y cinco años dijo: «Ya está bien. Ahora quiero descansar y relajarme. Estoy completamente agotado».

El día que se retiró, sus compañeros le hicieron una fiesta de despedida y todos estaban bebiendo y celebrándolo. Pero él estaba triste y afligido en una esquina. Un amigo se le acercó y le preguntó: «¿Qué ocurre? Te hemos preparado una fiesta divertida de despedida y tú estás escondido en una esquina como si se te hubiese muerto alguien. ¿Por qué estás tan triste?».

«Habéis abierto una vieja herida —dijo—. Llevo con esta herida desde hace casi sesenta años. Yo nunca he querido ser cirujano. Mi padre era médico, mi madre también, y me obligaron a ser cirujano. Pero yo quería ser músico. Y siempre me machacaron con esto: "¿Estás loco? Si te conviertes en músico, como mucho podrás cantar en la calle. Pero si obedeces, te mandaremos a los mejores centros educativos, a la mejor facultad de medicina, a la mejor escuela de cirugía. Y haremos de ti uno de los mejores cirujanos. Tu nombre dejará huella en la historia".

»Yo estaba indefenso, como cualquier niño. Pero ellos me obligaron y me convertí en cirujano. Y tenían razón, me hice mundialmente famoso. Aunque nunca me he sentido feliz. He trabajado como una máquina. Probablemente por eso he sido un cirujano tan bueno, porque he perdido el corazón humano. Mi corazón está prácticamente muerto. Si hubiese sido músico, quizá nadie conocería mi nombre, pero qué importa. Me habría sentido satisfecho. Habría sido yo mismo.»

Pero esto es lo que le ocurre a casi todo el mundo. De vez en cuando, hay un niño que se escapa y logra sobrevivir protegiendo su propio destino sin permitir que nadie le arrastre en otra dirección.

Nietzsche tenía razón, pero no propone ninguna solución. Como pensador hace un buen diagnóstico; sí, fue un gran pensador. Siempre me han gustado sus apreciaciones. Pero esta es la carencia de Occidente.

No le ocurre solo a Friedrich Nietzsche, ninguno de los filósofos occidentales es meditador. Solo son pensadores. Llegan a ciertas conclusiones por medio del pensamiento. Intentan aproximarse a la verdad por medio de la lógica y de la razón, pero nunca es la verdad.

No se puede pensar en la verdad; o se conoce o no se conoce. ¿Cómo puedes pensar en el amor? Si amas, sabrás qué es el amor, y si no amas no lo sabrás. Pero no hay una tercera alternativa.

Nietzsche vivía para el pensamiento. De no haber sido así, poseía un gran potencial para convertirse en el Gautama Buda de Occidente. Tenía la capacidad, la talla, pero Occidente siempre ha carecido de la dimensión de la meditación. Los filósofos han seguido siendo pensadores.

En Oriente no tenemos grandes filósofos como Friedrich Nietzsche; no hay nada equiparable. A Oriente nunca le ha interesado pulir, afilar, pensar, ya que sabe que por medio del pensamiento no alcanzarás nunca tu ser, tu verdad, tu divinidad, tu autorrealización.

Nietzsche vivió una vida miserable, llena de preocupaciones, ansiedad, angustia y desesperación. Es curioso. Un pensador de su talla y, sin embargo, su vida era un tormento. Puede que Gautama Buda no fuera un gran pensador. No lo era, pero su vida era tranquila, sosegada, pacífica.

Y lo más curioso es que el filósofo occidental siempre ha intentado saber «¿qué es la verdad?», pero jamás lo ha descubierto. Sin embargo, el místico oriental, no filosófico, no ha pensado nunca en la verdad. Al contrario, ha disuelto los pensamientos, ha huido de la mente, ha buscado un lugar en su interior donde no hay pensamientos. Y en ese lugar ha descubierto a Dios. El filósofo occidental construye grandes edificios de pensamientos, pero toda su vida es pobre.

Nietzsche se volvió loco..., no puedes imaginarte a Gautama Buda volviéndose loco. En diez mil años de historia de Oriente ni un solo místico se ha vuelto loco. Cuanto más se adentran en sí mismos, más cuerdos están. Pero un pensador occidental, si es un gran pensador, casi siempre acaba loco o suicidándose.

Hay un antiguo refrán que dice: «Se reconoce un árbol por sus frutos». Un filósofo o un místico también se reconocen por sus frutos. Su florecimiento máximo puede ser locura o iluminación, suicidio o autorrealización.

Tú dices: «Osho, a menudo tu forma de pensar me recuerda al realismo de Nietzsche...». Hay alguna similitud, pero también hay grandes diferencias. El realismo de Nietzsche es simplemente una conclusión lógica. Mi realismo es experimentar el silencio. Su realismo está basado en razones. Mi realismo está basado en la experiencia. Su realismo lo conduce a la locura. Mi realismo me ha conducido a un estado de no-mente por encima de la mente, a una absoluta cordura de la que no vuelves a salir.

> Un estudiante de medicina está examinándose y una de las preguntas es: «Mencione las tres ventajas principales de la leche materna». El estudiante escribe inmediatamente: «1. Contiene todos los nutrientes necesarios para alimentar al bebé; 2. Se encuentra dentro del cuerpo materno y por ello está a salvo de gérmenes e infecciones». El estudiante intenta buscar una tercera respuesta pero no se le ocurre y finalmente escribe: «3. Los envases son muy sugerentes».

¿Qué otra cosa podía hacer? Hizo todo lo que pudo pensando en la tercera característica.

Pensar es lo que siempre ha llevado a conclusiones ridículas a las personas, a las sociedades y a las culturas. El pensamiento no ha demostrado ser bueno para la humanidad, mientras que la meditación ha demostrado ser el éxtasis y la experiencia suprema de la inmortalidad. Yo estoy completamente a favor de la meditación.

Nietzsche era contrario a Jesús y también a Gautama Buda. Aunque no sabía nada, al menos de Gautama Buda, se oponía a la exaltación de las cualidades femeninas de Gautama como la compasión, el amor, el silencio, la no violencia, la amabilidad y la gracia.

Nietzsche estaba absolutamente a favor de las cualidades del guerrero. Un guerrero no puede tener compasión, no puede ser amable, no puede tener encanto; tiene que ser inhumano, cruel. Y no es casual que Adolf Hitler se inspirara en el realismo de Nietzsche para su idea de la filosofía nazi. Las palabras de Gautama Buda no pueden ser distorsionadas hacia una filosofía nazi, es imposible. Aunque lo intentes, la Segunda Guerra Mundial nunca podrá surgir de sus palabras.

No se puede perdonar completamente a Nietzsche. Adolf Hitler no fue un gran pensador —era casi un retrasado mental—, eligió fragmentos del discurso de Nietzsche y los distorsionó. Pero Friedrich Nietzsche tiene una parte de responsabilidad y esto se debe a que él nunca vivió una vida de paz, alegría y amor. Se sentía muy frustrado, no estaba en absoluto agradecido a la existencia, estaba muy resentido, ¿para qué me han dado la vida?

Puedo comprender que tuviera sus preocupaciones, pero nadie tiene la culpa. Nunca intentó analizar un hecho tan sencillo como: ¿cuál es el secreto de la vida sosegada de Lao Tzu, Chuang Tzu, Mahavira, Bodhidharma, Tilopa? ¿Cuál es el secreto de todos esos místicos orientales que han vivido alegres y felices?

Los filósofos occidentales han permanecido ciegos; y hoy se sigue repitiendo lo mismo. Cuando la filosofía occidental empiece a adentrarse en los misterios del descubrimiento oriental, ese será un gran día para la historia del hombre. Puede que sea el comienzo de un acercamiento entre Oriente y Occidente.

Oriente es pobre exteriormente, pero rico interiormente. Occidente es rico exteriormente, pero muy pobre interiormente. Pueden aproximarse y toda la humanidad se beneficiará y se enriquecerá interior y exteriormente por este acercamiento. Y pudiendo ser totalmente rico, ¿por qué quedarse a medias? Pero la otra mitad sigue siendo pobre.

Si hubiera que elegir —si no hubiese otra posibilidad y fuesen las únicas alternativas— yo diría que Oriente ha hecho la elección adecuada. Es preferible ser pobre exteriormente y rico interiormente, pero no creo que sea la única alternativa.

Mi idea es crear una tercera alternativa en la que Oriente y Occidente se encuentren y se fundan. Y no veo que haya ningún inconveniente para hacerlo.

13

Vive sin miedo, muere sin miedo

Osho,

Me siento atenazada por el miedo a intimar y perder por completo el control con un hombre. Dentro de mí se encierra la mujer escandalosa. En ocasiones, cuando sale, los hombres se escandalizan, de modo que vuelve a hibernar, a sentirse segura, y se queda totalmente frustrada. Por favor, ¿podrías hablarme sobre el miedo a la intimidad?

Toda la humanidad, y especialmente las mujeres, tiene muchas enfermedades. Hasta ahora, todas las civilizaciones y culturas han estado enfermas psicológicamente. Nunca se han atrevido a reconocerlo: el primer paso hacia la curación es reconocer que estás enfermo. La relación entre hombres y mujeres ha sido especialmente patológica.

Hay que recordar algunos hechos. En primer lugar, el hombre solo es capaz de tener un orgasmo; la mujer puede tener múltiples. Esto ha creado enormes problemas. Si el matrimonio y la monogamia no se hubiesen impuesto, no habría habido ningún problema; la intención de la naturaleza no parecía ser esta. El hombre empieza a temer a la mujer por el simple hecho de que si le provoca un orgasmo ella estará lista para tener media docena más y él no podrá satisfacerla.

El remedio ha sido no permitirle tener orgasmos; destruir incluso el mismo concepto de que puede tener orgasmos.

En segundo lugar, la sexualidad del hombre está localizada en una zona, es genital. En la mujer no se da el mismo caso. Su sexualidad, su sensualidad se extiende a todo el cuerpo. Tarda más en excitarse pero incluso antes de que lo consiga, el hombre ya ha terminado. Se vuelve de espaldas y empieza a roncar. Durante miles de años, millones de mujeres de todo el mundo han vivido y han muerto sin llegar a conocer el mayor regalo de la naturaleza: la alegría del orgasmo. Esto ha ocurrido para proteger el ego del hombre. Para que el cuerpo de la mujer empiece a estremecerse de sensualidad, hace falta que los juegos preliminares duren más tiempo, pero entonces empieza el peligro; ¿qué hacer con su capacidad multiorgásmica?

Si se analiza científicamente, el hombre no debería tomarse la sexualidad tan en serio y debería invitar a sus amigos para que su mujer pudiera disfrutar de todo su abanico de orgasmos o usar un vibrador eléctrico. Pero ambas cosas tienen inconvenientes. El vibrador eléctrico puede dar a la mujer todos los orgasmos que desee, pero cuando la mujer lo sepa..., el órgano masculino le parecerá tan poca cosa que es posible que se decante por el instrumento científico, el vibrador, en vez del novio. Si permites a tus amigos que se sumen, se convertirá en un escándalo público por promover las orgías.

Así que lo más sencillo para el hombre es que la mujer ni siquiera se mueva cuando él hace el amor; que se quede como un cadáver. La eyaculación del hombre es fulminante, tarda dos o tres minutos como mucho; en ese tiempo la mujer no se habrá dado ni cuenta de lo que se ha perdido.

En lo que respecta a la reproducción biológica, no es necesario el orgasmo. Pero en lo que respecta al crecimiento espiritual, el orgasmo es una necesidad.

A mi parecer, la experiencia orgásmica de felicidad le ha sugerido a la humanidad la idea de la meditación, de buscar algo mejor, más intenso, más vital. El orgasmo es la señal de la naturaleza de que en tu interior hay una enorme cantidad de gozo. Te da un atisbo para que puedas seguir buscando.

El estado orgásmico, incluso su reconocimiento, es un fenómeno muy reciente. Los psicólogos solo se han dado cuenta en este siglo de los problemas que han sufrido las mujeres. Ya sea a través del psicoanálisis o de otras escuelas psicológicas, han llegado a la misma conclusión: se ha evitado el desarrollo espiritual de la mujer; ha sido considerada una empleada doméstica.

Para reproducirse basta con que eyacule el hombre; biológicamente no hay ningún problema, pero psicológicamente sí. Las mujeres están más irascibles, impertinentes, pesadas, y es porque han sido privadas de algo a lo que tienen derecho; y ni siquiera saben lo que es. Solo las generaciones más jóvenes de las sociedades occidentales tienen conciencia del orgasmo. Y no es casual que esta generación más joven haya ido en busca de la verdad, del éxtasis, porque el orgasmo es momentáneo pero te da un atisbo del más allá.

En el orgasmo ocurren dos cosas; la primera es que la mente detiene su cháchara constante y se transforma por un instante en no-mente; y la segunda es que se detiene el tiempo. Ese instante de felicidad orgásmica es tan inmenso y satisfactorio que puede equipararse a la eternidad.

Antiguamente el hombre era consciente de que estas dos cosas eran las que más placer podían darle en lo tocante a la naturaleza. Y la conclusión lógica es que si puedes detener el parloteo de la mente y conseguir estar tan tranquilo que todo se detenga —el tiempo incluido—, entonces ya no necesitas la sexualidad. No dependes de otra persona, ya sea hombre o mujer, y puedes alcanzar ese estado de meditación tú solo. El orgasmo solo puede ser momentáneo, pero la meditación puede durar veinticuatro horas.

Un ser como Gautama Buda vive cada momento de su vida con una felicidad orgásmica; sin embargo, no tiene nada que ver con el sexo.

Siempre me preguntan por qué hay tan pocas mujeres iluminadas. Entre otras razones, la más destacada es que nunca han tenido el atisbo de un orgasmo. La ventana al cielo infinito nunca se ha abierto. Han vivido, han tenido hijos, y luego han muerto. Han sido utilizadas por el hombre y la biología como si fuesen fábricas de niños.

En Oriente, aún hoy, es muy difícil encontrar a una mujer que sepa lo que es un orgasmo. Yo he preguntado a mujeres muy inteligentes, cultas y educadas, y no tenían la menor idea. De hecho, en las lenguas orientales no hay ninguna palabra equivalente a la palabra «orgasmo». No era necesaria porque nunca se trataba ese tema.

Y el hombre ha enseñado a la mujer que solo las prostitutas disfrutan del sexo. Gimen, sollozan, gritan y se vuelven prácticamente locas; una mujer respetable no debería hacer esas cosas. De ese modo, la mujer se queda en tensión y en el fondo se siente humillada y utilizada. Hay muchas mujeres que me dicen que lloran cuando terminan de hacer el amor y su marido se pone a roncar.

Una mujer es como si fuese un instrumento musical; todo su cuerpo tiene una enorme sensibilidad, una sensibilidad que hay que excitar. Por eso son tan necesarios los juegos preliminares. Y después de hacer el amor el hombre no debería quedarse dormido; es muy feo, es poco civilizado, inculto. La mujer que te ha dado tanta felicidad también necesita un juego ulterior, aunque solo sea por agradecimiento.

Tu pregunta es muy importante y de cara al futuro será cada vez más importante. Hay que resolver este problema, pero el matrimonio es un obstáculo, la religión es un obstáculo, tus viejas ideas trasnochadas son un obstáculo. Le están impidiendo ser feliz a media humanidad, y toda esa energía que podría haber florecido y dado flores de felicidad se vuelve amarga, venenosa, impertinente, molesta. En el caso contrario, toda la impertinencia y el fastidio desaparecerían.

No debería haber contratos como el matrimonio entre hombres y mujeres. Tendrían que enamorarse sin perder la libertad. No han contraído ninguna deuda el uno con el otro.

La vida debería poder cambiarse. La norma simplemente debería ser que la mujer pudiese estar con muchos hombres y el hombre con muchas mujeres. Pero esto solo podrá ser así cuando la sexualidad se considere algo lúdico, divertido. Si no es pecado, se vuelve divertido. Y desde que se descubrió la píldora, desapareció el temor de tener niños.

La píldora, a mi modo de ver, es la mayor revolución que se ha producido en la historia. El ser humano todavía no conoce todas las consecuencias que ha tenido. En el pasado era difícil, porque hacer el amor implicaba tener más niños cada vez. Y eso destrozaba a la mujer, que siempre estaba embarazada; estar embarazada y dar a luz doce o veinte niños es una experiencia difícil. Las mujeres eran utilizadas como el ganado.

Pero en el futuro puede haber algo completamente distinto, y la diferencia no provendrá del hombre. Así como Marx decía: «Proletarios del mundo uníos, no tenéis nada que perder...», y todo que ganar... Él había conocido una sociedad dividida en dos clases: ricos y pobres.

Yo veo una sociedad dividida en dos clases: hombres y mujeres.

Desde hace siglos, el hombre ha sido el amo y la mujer la esclava. Ha sido subastada, vendida, ha sido quemado viva. Se ha hecho con la mujer las cosas más inhumanas que te puedas imaginar, y constituyen la mitad de la humanidad.

El futuro de la humanidad será un fenómeno completamente distinto. Las mujeres del mundo tendrán que unirse para que haya un sistema de votos independiente, de modo que las mujeres solo voten a mujeres y los hombres solo voten a hombres. Así en todos los Parlamentos la mitad serán mujeres y la mitad hombres.

Y los hombres están divididos en pequeños partidos. Las

mujeres tendrán que estar atentas para no crear divisiones y ponerse de acuerdo en lo fundamental, porque se trata de una cuestión de miles de años de esclavitud y no puede permitirse la división en partidos. Debería haber un solo partido internacional de las mujeres para que pudieran tomar el mando de todos los gobiernos del mundo.

Es, al parecer, la única manera de cambiar el estatus de la mujer: permitir que la ciencia tenga libertad total para transformar la relación entre hombre y mujer, y dejar a un lado la idea de matrimonio, que es horrible por tratarse de un tipo de propiedad privada. No se puede poseer a los seres humanos, no son una propiedad. Y el amor debería ser simplemente un juego divertido. Si quieres tener niños, estos deberían pertenecer a la sociedad para no etiquetar a la mujer como madre, esposa o prostituta. Habría que suprimir todas estas etiquetas.

Estás preguntando: «Me siento atenazada por el miedo a intimar y perder por completo el control con un hombre». Todas las mujeres tienen miedo, porque cuando pierden el control con un hombre, este se pone frenético. No puede manejar la situación; su sexualidad masculina es insignificante. Y pierde energía cuando hace el amor, por ser el donante. La mujer no pierde energía, sino todo lo contrario: se carga de energía.

Hay que tener todos estos hechos en cuenta. Desde hace siglos, el hombre ha obligado a la mujer a controlarse y a mantenerse a distancia sin permitirle intimidar demasiado. Todo su discurso sobre el amor es una mentira.

«De vez en cuando, cuando sale, los hombres se escandalizan, de modo que vuelve a hibernar, a sentirse segura, y se queda totalmente frustrada.» Esta no es solamente tu historia, es la historia de todas las mujeres. Viven profundamente frustradas.

Al no hallar salida, al no conocer eso que les ha sido arrebatado, solo les queda un camino, y por eso te las encuentras rezándole a Dios en las iglesias, en los templos, en las sinagogas; pero ese Dios también es machista.

En la trinidad católica no hay lugar para la mujer. Los tres son hombres; el padre, el hijo y el espíritu santo. Es un club de homosexuales.

Esto me recuerda que cuando Dios creó el mundo e hizo al hombre y a la mujer del barro y les insufló vida, los hizo iguales. Pero si observas el mundo, te darás cuenta de que la persona que lo creó era un poco tonta. Creó al hombre y a la mujer, y luego una camita para que pudieran dormir. Pero esa cama era tan pequeña que solo cabía una persona. Aunque eran iguales, la mujer insistió en dormir en la cama y que el hombre durmiese en el suelo. Pero a este le ocurría lo mismo: no estaba dispuesto a dormir en el suelo. Y es asombroso, pero la primera noche de la existencia ya hubo pelea de almohadas.

Tuvieron que llamar a Dios. La solución era muy simple: hacer una cama grande; cualquier carpintero podría haberla hecho. Pero Dios es un hombre y tiene los mismos prejuicios que cualquier otro hombre, de modo que aniquiló a la mujer, la destruyó. Entonces, creó a Eva, pero esta mujer ya no era como el hombre porque había sido creada de una de las costillas de Adán; estaba ahí para servir al hombre, para cuidarlo, para ser utilizada por él.

Los cristianos no te cuentan toda la historia. Empiezan por Adán y Eva, cuando esta ya ha sido reducida al estado de esclavitud. Y desde entonces la mujer ha seguido siendo esclava de muchas maneras. No se le ha permitido tener independencia económica. No se le ha permitido recibir la misma educación que el hombre porque eso le daría independencia económica. En lo tocante a la religión, ni siquiera se le ha permitido leer las escrituras o permitir que alguien se las lea.

Le han cortado las alas en muchos sentidos.

Y de todos los perjuicios el peor ha sido el matrimonio, porque ni el hombre ni la mujer son monógamos; psicológicamente son polígamos. Por eso les han impuesto una forma de pensar que no se corresponde con su naturaleza. Y puesto que dependía del hombre, ha tenido que soportar todo tipo de insultos, ya que este era el amo, el dueño, tenía el dinero.

Para satisfacer su naturaleza polígama, el hombre inventó las prostitutas, que son el fruto del matrimonio.

Y mientras no desaparezca el matrimonio, tampoco desaparecerá la fea institución de la prostitución. Es su consecuencia, porque el hombre no quiere sentirse atado a una relación monógama; tiene dinero, tiene educación, tiene todo el poder. Ha creado a las prostitutas; uno de los mayores crímenes que se puedan cometer es aniquilar a las mujeres convirtiéndolas en prostitutas.

Lo sorprendente es que todas las religiones estén en contra de la prostitución a pesar de ser la causa de su aparición. Están a favor del matrimonio pero no se dan cuenta de que la prostitución apareció evidentemente con el matrimonio.

Ahora el movimiento de liberación de las mujeres intenta repetir todas las estupideces que los hombres han hecho con las mujeres. Puedes encontrar prostitutos de género masculino en Londres, en Nueva York, en San Francisco. Es un fenómeno nuevo. No es un paso revolucionario, sino reaccionario.

El problema es que mientras no pierdas el control haciendo el amor no tendrás ninguna experiencia orgásmica. Por eso mis discípulos deberían saber que la mujer gemirá, suspirará y gritará. Esto se debe a que todo su cuerpo está implicado por completo.

No debes tener miedo de esto. Es muy sanador; ella dejará de importunarte, dejará de ser impertinente, porque toda la energía que invierte en molestar se transformará en inmensa felicidad. Y no temas por los vecinos, si tus gemidos y suspiros les molestan; es su problema, no el tuyo. No estás impidiéndoles...

Haz que tu amor sea una cuestión festiva, no lo conviertas en algo fugaz. Baila, canta, toca música, y no permitas que la sexualidad sea mental. Si es mental, no es auténtica, debería ser espontánea.

Crea un ambiente. Convierte la habitación en un lugar tan sagrado como si fuese un templo. No hagas otras cosas en tu habitación; canta, baila y juega, y si el amor sucede por su propia cuenta, espontáneamente, la biología te dará una gran sorpresa porque habrás tenido un atisbo de la meditación.

Y no te preocupes por esa mujer enloquecida. Déjala enloquecer, todo su cuerpo está en un espacio completamente distinto. No puede seguir controlando; si sigue haciéndolo, se quedará como un cuerpo inerte.

Millones de personas hacen el amor con cadáveres.

He oído decir que el cuerpo de Cleopatra, la mujer más bella, no fue enterrado hasta el tercer día después de morir, siguiendo el antiguo ritual egipcio. Durante esos tres días fue violada; era un cuerpo sin vida. La primera vez que lo oí, me sorprendió; ¿qué clase de hombre querría violarla? Pero luego pensé que quizá no fuera tan extraño. Todos los hombres han reducido a las mujeres a cadáveres, al menos cuando hacen el amor.

El tratado más antiguo sobre amor y sexo son los *Kamasutras* de Vatsyayana, aforismos acerca de la sexualidad. Describe ochenta y cuatro posturas para hacer el amor. Cuando los misioneros católicos llegaron a Oriente, se sorprendieron porque solo conocían una postura: el hombre encima, porque tiene más movilidad, y la mujer tumbada debajo de él como si fuese un cadáver.

Lo que sugiere Vatsyayana tiene mucho sentido: la mujer debería estar arriba. Que el hombre esté arriba es de poca educación porque la mujer es más frágil. Pero los hombres han elegido esta posición para tener a la mujer bajo control. Aplastada debajo de la bestia, inevitablemente la bella estará bajo control. Se supone que la mujer ni siquiera debe abrir los ojos porque eso lo hacen las prostitutas. Tiene que comportarse como una dama. Esta postura con el hombre arriba se conoce en Oriente como la postura del misionero.

La relación entre el hombre y la mujer va a sufrir una gran revolución. En cualquier parte del mundo, en los países evolucionados, están surgiendo centros donde te enseñan a amar. Es muy extraño que hasta los animales sepan amar y al hombre haya que enseñarle. Y lo fundamental de estas enseñanzas es el juego preliminar y el ulterior. Entonces el amor realmente se convierte en una experiencia sagrada.

Deberías dejar a un lado el miedo a la intimidad y a perder completamente el control con un hombre. Deja que ese idiota te tenga miedo; si tiene miedo, es su problema. Deberías ser auténtica y verdadera contigo misma. Te estás mintiendo, te estás engañando, te estás aniquilando.

Si el hombre se pone frenético y sale corriendo desnudo, no pasa nada. ¡Cierra la puerta! Deja que todo el vecindario se entere de que ese hombre está loco. Pero no controles tu posibilidad de tener una experiencia orgásmica. La experiencia orgásmica es una experiencia de unión y fusión en la que desaparece el ego, la mente, el tiempo.

Esto puede desencadenar tu búsqueda para encontrar la forma de dejar la mente a un lado, dejar el tiempo a un lado y entrar en tu propia felicidad orgásmica sin necesidad de un hombre o una pareja. Es lo que yo llamo auténtica meditación.

Tienes que dejar de hibernar, deja de ir a lo seguro y desaparecerá toda tu frustración. ¿Por qué te preocupas por el hombre? Deja que sea él el que se pregunte: «¿Qué hago? ¡Ella se vuelve loca, me salta encima, me araña la cara...!». Pero aquí, en este lugar, entre mis seguidores, esto no tiene mucha importancia. Deberás aceptar que es un fenómeno natural. O, si no, medita, ¿quién te ha pedido que hagas el amor con una mujer?

Las mujeres no descubrieron la meditación. Probablemente la descubrieron esos frenéticos para evitar a la mujer y todos esos problemas... sentándose en silencio, sin hacer nada, llega la primavera y crece la hierba. Puedes hacerlo.

Me contaron que un estadounidense gordo iba caminando por la calle cuando vio un cartel: «Fantástico tratamiento adelgazante. Tratamiento de veinticuatro horas, mil dólares; tratamiento de seis horas, cinco mil dólares».

Le produjo curiosidad y entró a preguntarle al recepcionista por el tratamiento de veinticuatro horas. Le hicieron pasar a una gran sala donde había una seductora chica desnuda con un cartel en el cuello que decía: «Si me atrapas harás el amor conmigo, pero antes tienes que atraparme».

¡En eso consistía el tratamiento! Muy impresionado, pensó: «Si el tratamiento de mil dólares consiste en esto, el de cinco mil dólares será cinco veces mejor».

Lo desnudaron y lo pasaron a otra sala, cerrando la puerta tras él. Junto al hombre, en la sala, había un enorme gorila con un cartel colgando del cuello que decía: «Si te atrapo, haré el amor contigo».

No te preocupes, disfruta del juego, sé lúdica. Si un hombre se pone frenético, no te preocupes, hay millones de hombres.

Un día encontrarás a un hombre que no se ponga frenético. Y, de todas formas, si se pone frenético y empieza a correr por la cama, le servirá de cura de adelgazamiento, ¡y sin tener que pagar un céntimo!

Osho,

Cuando me miras a los ojos, yo desaparezco en los tuyos. Experimento una comunicación que está por encima de las palabras, más allá de este mundo. Te quiero tanto que he perdido el interés por todo lo demás. Siempre he oído decir que todo lo bueno se acaba. Osho, por favor, dime de nuevo que esto no se va a acabar.

Ese dicho, «Todo lo bueno se acaba», debe de haberlo inventado alguien que no estaba iluminado. Es verdad en la vida ordinaria, en la vida inconsciente. Pero las cosas realmente buenas, que solo pueden ocurrirte con una inmensa conciencia, no se acaban nunca. Este dicho pertenece al vulgo.

Si se lo preguntas, los que están despiertos te dirán que las cosas buenas tienen un principio pero no un final. Gautama Buda hizo una afirmación de este orden cuando dijo: «Las cosas malas no tienen un principio, pero tienen un final. Las cosas buenas tienen un principio, pero no tienen un final». Esto solo lo puede decir una persona muy consciente.

Tú dices: «Cuando me miras a los ojos, yo desaparezco en los tuyos. Experimento una comunicación que está por encima de las palabras, más allá de este mundo. Te quiero tanto que he perdido el interés por todo lo demás».

Por ese motivo ha surgido un temor dentro de ti; este dicho surge del temor: «Siempre he oído decir que todo lo bueno se acaba»; no necesariamente, pero depende de tu conciencia. Solo una pequeña parte de tu ser es consciente, una décima parte; por eso las cosas buenas solo son momentáneas. A medida que aumenta tu conciencia, las experiencias de bondad, belleza, felicidad, éxtasis empezarán a ser más duraderas.

Cuando seas absolutamente consciente, el éxtasis seguirá contigo las veinticuatro horas del días, ya estés durmiendo o despierta.

De modo que no te preocupes y simplemente haz un esfuerzo por estar más alerta, por ser más consciente, y todo lo que te ocurra será más intenso, más agradable, se convertirá en una cualidad permanente, formará parte de tu propio ser.

Pero siempre ocurre lo mismo; cuando te pasa algo bueno, siempre te acecha el miedo de que se acabe pronto. Y ese miedo que te está acechando hace que ni siquiera seas capaz de disfrutar mientras dura; el miedo mata el momento. No te preocupes por los dichos de las masas. Es una expresión de su experiencia: es muy raro que ocurra algo bueno en su vida. Y dura tan poco que al verlo retrospectivamente ya no saben si lo han soñado o es real. ¿Es verdad o me lo he imaginado?

Toda la humanidad vive atemorizada, tiene miedo a todo; no puedes vivir con totalidad por miedo a la muerte.

Mi enfoque es completamente distinto: puesto que la muerte existe, vive con toda la totalidad que puedas. Solo tienes este momento porque nadie te garantiza el mañana, no puedes seguir posponiendo la vida, puede que no te quede mucho tiempo.

Uno de los discípulos de Confucio le preguntó: «Maestro, ¿podrías decirme algo acerca de la muerte, de lo que hay después?».

Confucio le respondió: «¿Tú quieres morirte? ¿Estás preparándote para la muerte?».

El hombre le dijo: «No, no me estoy preparando para la muerte; me da mucho miedo. Quiero estar seguro de que no tengo nada que temer».

Confucio le dijo: «No seas tonto. ¡Vive ahora que estás vivo! Y hazlo con totalidad, disfruta de todas las dimensiones de la vida; y cuando estés muerto, muere totalmente. Tendrás mucho tiempo para pensar en la muerte cuando estés en la tumba. No pierdas tu vida pensando en la muerte».

Pero han atemorizado tanto al hombre..., con sus actos, con su vida, con su reputación, que ya no le queda tiempo para vivir. El miedo ocupa todo su tiempo.

> Está lloviendo sobre Varsovia y dos judíos corren hacia casa envueltos en sus negras levitas. Pero la lluvia es cada vez más intensa y empiezan a buscar cobijo. El único sitio que encuentran es una carnicería. Se miran el uno al otro, ven las oscuras y negras nubes y deciden entrar. Todo el mundo les observa y se sienten avergonzados. Para romper el hielo, uno de ellos pregunta sin darle importancia: «Mmm, ¿cuánto cuesta un kilo de cerdo?».
>
> Justo en ese momento, un trueno impresionante retumba en el cielo. El hombre sale, mira al cielo y dice: «Solo estaba preguntando el precio».

Incluso Dios no es más que tu miedo. No es tu amor, sino tu miedo.

¿Te has fijado alguna vez? Siempre que te sientes infeliz, triste y afligido, recurres de Dios. Siempre que estás feliz, alegre y con una sensación de bienestar, no te acuerdas de Dios.

Dios ha sido creado por el miedo del hombre.

Un hombre que no tiene miedo carece de la noción de Dios. Buda no tiene noción de Dios. Mahavira no tiene noción de dios. Lao Tzu no tiene noción de Dios. ¿Dónde está Dios? Cuando desaparece su miedo, desparece también su proyección del miedo: Dios.

Uno de los principios del sannyas es: pierde el miedo, no pierdas el tiempo. Disfruta tanto de la vida que no le quede espacio al miedo. Y te garantizo que cuando llegue la muerte, no tendrás miedo; te has entrenado durante toda la vida contra el miedo y eso no permitirá que tengas miedo a la muerte. Al contrario, estarás emocionado porque te vas a un espacio desconocido.

Una exploración: así es como Sócrates confrontó su muerte. El tribunal de Atenas lo condenó a ser envenenado. A la puesta del sol, sus discípulos se reunieron en torno de él. Todos estaban llorando y Sócrates les dijo: «Siempre os he enseñado a disfrutar de cada momento. Yo no lloro aunque estoy a punto de morir, y vosotros estáis vivos y estáis llorando; esto no tiene sentido. Estoy emocionado después de tanto tiempo, porque he vivido la vida y estoy muy familiarizado con ella, pero la muerte es una experiencia nueva, tan nueva que para mí es un desafío explorarla».

El encargado de preparar el veneno en el exterior de la habitación lo había hecho muchas veces con otras personas en el pasado. Era un experto. Pero estaba dilatando su preparación porque había escuchado a Sócrates hablar en el tribunal y se había enamorado de él.

El tribunal no tenía argumentos para defenderse; eran inútiles frente a un genio. Finalmente, al darse cuenta de que era imposible derrotar a este hombre por medio de la argumentación, convinieron que el juicio se estaba alargando demasiado y que habría que celebrar una votación.

Fue una maliciosa estrategia. Decidieron celebrar una votación para decidir si Sócrates debía ser condenado a muerte o no. No habían podido demostrar ni un solo crimen. Era tan buen orador que era capaz de destruir cualquier calumnia sobre su personalidad; no habían podido demostrar ninguna acusación. De modo que recurrieron a otra estrategia: el voto.

El cincuenta y uno por ciento de las personas votaron que Sócrates debía morir; solo el cincuenta y uno por ciento. El cuarenta y nueve por ciento votaron a favor de que siguiera con vida; incluso el encargado de preparar el veneno había votado a favor de su vida. Pero era su trabajo... Lo estaba alargando, el sol se había puesto...

Sócrates no dejaba de preguntar: «¿Qué ocurre? Se suponía que tenían que darme el veneno al anochecer. Se está haciendo tarde. —Salió de la habitación y le preguntó al hombre—: ¿Por qué te estás retrasando?».

«Realmente, ¡eres un hombre especial! —respondió—. Me he enamorado de ti y todavía me lo haces más difícil. Normalmente todo el mundo quiere que se demore para tener un poco más de tiempo con vida. ¿Por qué tú tienes tanta prisa por morirte?»

Sócrates respondió: «He vivido la vida con tanta totalidad que le he sacado todo el jugo. Ya no me queda nada más por explorar. La muerte me abre la puerta a un nuevo misterio. No te demores, estoy expectante. Vuelvo a sentirme joven».

Si vives la vida sin miedo, morirás sin miedo. Y quien no tiene miedo no tiene ni Dios, ni infierno, ni cielo, porque sabe que podrá vivir con toda la belleza, el arte y la estética posibles, esté donde esté.

14

Esto es lo que llamo «el filo de la navaja»

Osho,

¿Qué hay de falso en mí?

Todo. Lo verdadero y lo falso no pueden existir juntos. No hay un acuerdo posible; o eres verdadero o eres falso.

Toda tu personalidad es falsa porque es algo que has recibido; no la has desarrollado tú. Es como ponerle flores de plástico a un rosal. No forman parte del rosal y no se nutren de él; sin embargo, pueden engañar a algunas personas.

Lo más extraño es que lo falso perdura más que lo verdadero. Lo verdadero es como un río, cambia continuamente. Las primaveras vienen y van, nada permanece igual. Pero lo falso, la flor de plástico, perdura; no importa que la primavera venga o se vaya, eso no le influye. No está viva, está muerta. Y la humanidad cree más en lo falso que en lo verdadero debido a esta confusión, porque lo falso es más fiable: mañana seguirá estando ahí.

Lo verdadero es impredecible.

Indudablemente puedes decir algo acerca de ello, y es que mañana ya no será lo mismo. Tiene que cambiar porque todo lo que está vivo cambia.

Tú me preguntas: «¿Qué hay de falso en mí?». Tu pregunta implica que también hay algo verdadero. En lo referente a ti todo es falso; y cuando todo lo falso desaparezca tú también desaparecerás. Lo verdadero no tiene ego, carece del sentimiento del yo. Lo verdadero simplemente es. Está ahí con toda su gloria, todo su encanto dorado, toda su belleza eterna. Pero es tan amplio que no puedes decir «soy yo». Es Dios, es la existencia, es la realidad misma.

Tú eres el símbolo de lo falso. Fíjate en tu personalidad; has tenido que alimentarla, entrenarla, instruirla, educarla.

No te han permitido ser natural por una simple razón: porque no se puede confiar en la naturaleza. La naturaleza no te da ninguna garantía, no te asegura nada, no te certifica nada. Por eso, incluso antes de que el niño sepa quién es, la sociedad empieza a imponerle una máscara falsa sobre su rostro original, le da un nombre, le da ciertas características... Y el niño es tan indefenso y depende tanto de ti que para él es casi imposible rebelarse. Esto empieza a limitarle y aprende todo lo que tú quieres que aprenda.

Le das un nombre falso, le das una identidad falsa, le das un falso orgullo. Le enseñas a ser obediente, le enseñas a ser bueno —sea cual sea tu definición de bueno—, le enseñas a ser creyente —sea cual sea tu religión—, lo conviertes en cristiano, hinduista, musulmán. Y el pobre niño empieza a cubrirse de capas de falsedad.

¿Alguna vez te has preguntado si eres cristiano, judío o musulmán, por decisión propia? ¿Es algo que tú has descubierto? ¿Alguna vez has analizado por qué eres católico? Simplemente porque accidentalmente naciste de dos personas católicas. Y ellos también son católicos por accidente, igual que tú. Un accidente da lugar a otro accidente. Ellos no descubrieron el catolicismo y tú tampoco. ¿Y cómo puede ser verdadera una religión que no haya sido descubierta por ti? ¿Cómo puede convertirse en una canción dentro de tu corazón? ¿Cómo puede transformarte?

Por eso todo el mundo es religioso, pero no verás religiosidad en ninguna parte. Unos son musulmanes, otros son jainistas, otros son budistas..., excepto mis seguidores, que están buscando quiénes son. Y el milagro es que, cuando buscas, nunca descubres que seas cristiano, hinduista ni musulmán.

Cuando buscas, descubres que eres parte de Dios. Eres divino, y ¿a quién le interesa ser católico, hindú o musulmán? No pertenecerás a una religión oficial. Y sea cual sea la religiosidad que has descubierto será auténtica, verdadera. Se manifestará en tus actos, se exhibirá en tu mirada, se mostrará en tus relaciones, en tu respuesta a las distintas situaciones.

No irás a la iglesia, al templo, a la mezquita o a la sinagoga, porque habrás encontrado el verdadero templo de Dios en tu interior. Siempre que quieras ir a ese templo, cerrarás los ojos y te quedarás en silencio. Ese silencio será cada vez más profundo..., hasta que alcances tu propio centro. Y tu centro es también el centro de todo el universo. Solo somos diferentes en la periferia; en el centro las diferencias desaparecen y lo único que permanece es el gozo.

Recuerda que esto es algo básico: no puedes ser un poco falso y un poco verdadero. Así como cuando hay luz aquí en este auditorio Chuang Tzu no es posible que una mitad del auditorio permanezca a oscuras y la otra mitad inundada de luz; o todo está a oscuras o está todo iluminado. La luz y la oscuridad no pueden coexistir; la realidad y lo falso no pueden coexistir.

> Un irlandés fue condenado a recibir cuarenta latigazos, pero cuantos más latigazos recibía, más se reía. «¿De qué te ríes?», le preguntaron. «No lo entendéis —dijo el hombre sin poder dejar de reírse—, estáis castigando al hombre equivocado.»

Tú también estás viviendo el hombre equivocado. Incluso cuando estás enamorado, que es el momento que más valoras, hay cuatro personas, no dos. Las dos personas verdaderas están escondidas, y las dos falsas están haciendo el amor. Pero las dos personas falsas no se pueden amar, ¿cómo puede surgir el amor de la falsedad? Por eso el amor te da tantas esperanzas, pero te frustra mil veces más. Aunque el problema es tan profundo que nunca te das cuenta de por qué sigues reprochándoselo a la otra persona. Vas cambiando de amante, pero te seguirá ocurriendo lo mismo con todos.

Incluso alguien como Jean-Paul Sartre vive la misma falacia; dice que el otro es el infierno. El otro no es el infierno, pero cuando dice que el otro es el infierno esto tiene un significado. Nunca estás en contacto con el verdadero otro; siempre entras en contacto con el falso otro. La característica de lo falso es que te promete muchas cosas, pero nunca te da nada.

En la India hay una antigua parábola: había un gran devoto, pero, como todos los devotos, su devoción no era por agradecimiento sino por codicia. Le pedía a Dios: «Dame un poder para que pueda hacer milagros. Solo te estoy pidiendo una insignificancia, llevo años rezándote, pero nunca he recibido ninguna respuesta». Y finalmente ocurrió. Dios debía de estar cansado y aburrido de oírle, porque todas las mañanas y todas las noches escuchaba la misma plegaria: «Dame un poder milagroso».

Así que le entregó una pequeña caracola y le dijo: «No es una caracola común, es mágica. Si le pides algo, inmediatamente lo tendrás». La probó y funcionó. Cuando le pidió algo, apareció inmediatamente. Hizo un gran palacio, acumuló toda clase de bienes y se convirtió en el hombre más rico de su país. Pero un día se encontró en un aprieto.

Pasaba por esa ciudad un sabio. Era un hombre muy famoso, tenía muy buena reputación y, naturalmente, el hombre más rico de la ciudad le invitó a hospedarse en su casa. Por la noche vio que el gran sabio estaba sentado en el césped en el exterior de la casa de los invitados y que tenía una caracola muy parecida a la suya, pero cuyo tamaño era el doble. Y le estaba diciendo a la caracola: «Dame cien rupias»; y la caracola le respondía: «te daré doscientas».

El hombre rico pensó: «Yo creía que tenía el artilugio más milagroso del mundo, pero resulta que el que tiene este hombre te da el doble de lo que le pides». Él pensó: «Me gustaría... él es sabio y es posible que me la quiera cambiar».

Fue con su caracola y le preguntó: «Tú eres sabio y yo soy terrenal. Yo también tengo una caracola milagrosa, pero solo me da lo que le pido. Tu caracola en cambio... ni siquiera habría soñado que hubiese algo parecido. De todas formas tú eres sabio y puedes valértelas con mi caracola y cambiármela por la tuya».

El sabio dijo: «De acuerdo, tómala». El hombre salió corriendo a su palacio. Tenía un pequeño escondite donde solía pedirle cosas a su caracola. Entró con la nueva caracola, cerró la puerta y le dijo: «Dame diez millones de rupias». Y la caracola dijo: «No, te daré veinte millones». «Muy bien —respondió él—, dame veinte millones.» La caracola dijo: «No, te daré cuarenta millones». El hombre dijo: «Bueno, dame cuarenta millones».

Y la caracola respondió: «He cambiado de idea, te daré ochenta millones». Y siguió así, aunque nunca le daba nada, solo doblaba la cifra. El hombre se empezó a asustar y dijo: «¿Qué ocurre? Diga lo que diga, tú simplemente lo doblas». La caracola dijo: «Ese es mi don. No doy nada».

Salió corriendo para recuperar su antigua caracola, pero el santo ya había desaparecido. Se sentía desdichado, y la caracola le dijo: «¿Por qué estás tan afligido? Yo estoy dispuesta a darte lo que me pidas, solo tienes que decirlo».

Lo intentó de nuevo, pero volvió a ocurrir lo mismo: «Quiero que se construya un gran palacio». La caracola dijo: «No, construiré dos palacios». El hombre, cansado, dijo: «De acuerdo, construye dos». Y la caracola se rió y dijo: «No; no haré menos de cuatro».

Tu falsa personalidad es exactamente así, siempre te hace promesas pero nunca las cumple. Y la gente con la que estás hace lo mismo. Siguen prometiendo, porque a lo falso le resulta muy fácil prometer, pero es absolutamente incapaz de dar.

Entre dos personas de verdad no son necesarias las promesas. Dos personas de verdad rebosan felicidad, gozo. Antes de pedir, recibes; antes de llamar, te abren las puertas; antes de empezar a buscar, ya ha aparecido.

Esa es la característica de lo verdadero. En esta escuela de misterio lo que se busca es cómo librarte de lo falso, que no es tuyo, y descubrir lo que has traído contigo desde el vientre de la existencia misma. El vientre de tu madre solo era una representación del vientre de la existencia.

El descubrimiento de uno mismo en su realidad total produce tanto éxtasis y es tan eterno que no se puede concebir un gozo más grande, una bendición más grande. El deseo de más desaparece porque no se puede concebir más. Lo falso siempre pide más. No da nada y no recibe nada; es un mendigo. Lo verdadero es un emperador.

Por lo tanto, recuerda que todo lo que eres ahora mismo solo es una gruesa capa de falsedad a tu alrededor. Eres falso en tus pensamientos, eres falso en tus sentimientos, eres falso en tus acciones. Y tú no eres el responsable de esto; te han preparado para ello, te han limitado con muchas habilidades, con mucha instrucción. Casi una tercera parte de la vida del hombre transcurre volviéndose falso. Pero en un segundo, en una décima de segundo, puedes abandonarlo todo y comprender que es algo que te han prestado, que te ha sido dado por los demás. No es tu naturaleza intrínseca.

¡Abandónalo! Sentirás un poco de miedo porque con ello desaparece también tu seguridad y tu reputación. Pero aparecerá algo más grande; tu autenticidad, y te produce tanta satisfacción que solo con esa satisfacción se puede conocer el tremendo sentido y significado de la vida.

Observa. Renuncia a todo lo que descubras que es prestado. Cuando te vacíes de todo lo que te han prestado, te convertirás en una luz para ti y los demás.

Osho,

Estás tan dentro de mí que cada vez me resulta más sorprendente. Eres el amigo más increíble que jamás haya soñado tener. Me doy cuenta de que hablo contigo en mi interior y comparto mis pensamientos. Siento la necesidad de hacerte muchas preguntas esenciales, es como una historia de amor que va creciendo. Te siento en todos los rincones de mi ser, en el aquí y ahora, en todos los momentos y, sin embargo, es algo muy sutil; ¿quién eres? ¿quién soy? ¿Me oyes o estoy haciendo el ridículo?

Te oigo, no estás haciendo el ridículo. No son imaginaciones tuyas; tienes la madurez suficiente, estás lo suficientemente centrado. Imaginar, soñar... puede que lo hayas hecho en el pasado, pero no ahora. Todo lo que describes en tu pregunta es completamente cierto. Solo hay una cuestión que no puedo responder.

Estás preguntando: «¿Quién eres, quién soy?». No lo sé. Nunca lo ha sabido nadie, y esta imposibilidad de saber es la belleza de nuestro ser. Estás diciendo: «Estás tan dentro de mí que cada vez me resulta más sorprendente. Eres el amigo más increíble que jamás haya soñado tener. Me doy cuenta de que hablo contigo en mi interior y comparto mis pensamientos. Siento la necesidad de hacerte muchas preguntas esenciales, es como una historia de amor que va creciendo. Te siento en todos los rincones de mi ser, en el aquí y ahora, en todos los momentos y, sin embargo, es algo muy sutil».

Esto es solo el principio. Pronto desaparecerán todas tus preguntas y todas mis respuestas. El diálogo continuará, pero no será por medio de palabras, sino en silencio. Pronto tendrás una experiencia mucho más sorprendente. El amigo que has descubierto desaparecerá, y al mismo tiempo desaparecerás tú también, y solo quedará la nada, que no está vacía, no es negativa, sino que rebosa felicidad.

Has dado el primer paso hacia la realidad, ahora no hagas marcha atrás. Por muy peligroso que parezca..., porque cuando desaparezcan las preguntas, las respuestas, el tú y el yo, te encontrarás entrando en un espacio cada vez más desconocido.

Esto es lo que llamo «el filo de la navaja». Los que son valientes —y siento que tú tienes el potencial de ser valiente—, entran en lo desconocido; pero lo desconocido no es el fin. Muy pronto lo desconocido te empieza a llevar hacia lo incognoscible, que es precisamente el lugar del misticismo. En lo incognoscible sabrás quién eres y quién soy yo.

Pero no se puede expresar con palabras. Simplemente empiezas a reírte, porque lo incognoscible siempre ha estado dentro de ti, es tu realidad interior más profunda y llevas muchísimas vidas buscándolo por todo el mundo.

Es increíble que el invitado ya estuviese en tu casa, mejor dicho, el invitado era el anfitrión y tú lo estabas buscando. Y esa búsqueda estaba destinada a fracasar, estaba abocada a ser un fracaso, estaba destinada a causarte frustración. Cuando te das cuenta de que el invitado es el anfitrión y de que ya eres lo que estabas buscando, lo único que puedes hacer es morirte de risa.

En Japón había un gran místico, Hotei, al que llamaban el buda de la risa. Es uno de los místicos más queridos en Japón, y nunca pronunció ni una palabra. Cuando se iluminó, se echó a reír, y cada vez que alguien le preguntaba. «De qué te ríes», se reía aún más. Iba de un pueblo al otro riéndose.

A su alrededor se reunían las personas, y él se reía. Y, poco a poco —su risa era muy contagiosa—, también se empezaba a reír alguna persona del grupo, luego otra, y al final todo el mundo se estaba riendo, se reían de... ¿De qué se reían? Todo el mundo sabía que era ridículo: «Es un hombre muy especial, pero ¿de qué nos estamos riendo?».

Pero todo el mundo se reía y estaban un poco preocupados porque pensaban: «¿Qué dirá la gente? No hay motivos para reírse». Pero la gente estaba esperando a Hotei porque en toda su vida no se habían reído tanto, se reían tan profunda y plenamente que después de reírse todos sus sentidos estaban más despejados. Podían ver mejor, y todo su ser se convertía en luz, como si hubiesen soltado una pesada carga.

La gente le pedía a Hotei que volviera a verlos otro día, y él se marchaba riendo a otro pueblo. Toda su vida, durante casi cuarenta y cinco años después de iluminarse, no hizo otra cosa que reírse. Ese era su mensaje, su evangelio, su Biblia.

Y hay que destacar que en Japón nadie ha sido recordado con tanta devoción como Hotei. En todas las casas podrás ver estatuas de Hotei. Y lo único que hizo fue reírse; pero su risa provenía de un lugar tan hondo que todo el que la oía se contagiaba y se sincronizaba con él.

Hotei es único. No ha habido en el mundo otro ser humano que haya hecho reír a tanta gente sin motivo alguno. Pero todo el mundo se sentía revitalizado con esa risa, esa risa purificaba a todo el mundo, les hacía sentir un bienestar que no habían experimentado nunca. Procedía de una hondura desconocida y hacía que repicaran las campanas en el corazón de la gente.

Si puedes ir sin mirar atrás, pasar de lo desconocido a lo incognoscible, donde todo desaparece —las preguntas, las respuestas, tú y yo—, lo único que quedará es existencia pura, infinita, eterna. Lo digo porque es posible. Llevas mucho tiempo a mi lado.

Hay miles de personas que me han seguido, algunos lo dejan al cabo de un kilómetro, otros al cabo de dos; no los critico, solo me dan pena. No han tenido la valentía necesaria. Ha llegado un punto en el que se han detenido.

Pero tú has llegado hasta la risa de Hotei, sigue riéndote aún más y con más profundidad, con más locura. Este chiste es para ti:

> Una pareja llevaba siglos intentando tener un hijo sin conseguirlo. Finalmente decidieron ir a un médico para plantearle su problema. Después de una entrevista detallada, el médico sugiere que quizá no deberían hacer el amor todos los días y evitar así que se vuelva algo rutinario. Deberían hacerlo solo cuando surja espontáneamente el deseo. No por obligación, sino cuando se sientan embargados por el deseo.

«Debéis encontrar el momento correcto y que sea espontáneo —dice el doctor—, cuando sintáis que es el momento, hacedlo.» Unos meses más tarde, la mujer vuelve y el médico efectivamente confirma su embarazo. «¿Le puedo preguntar si le ayudó mi consejo?». «¡Oh! Ha sido maravilloso. Estábamos disfrutando de una romántica cena a la luz de las velas, con vino francés y música suave, y de repente nuestras manos se encontraron. Nos miramos a los ojos y los dos supimos que era el momento. Rápidamente, quitamos el mantel e hicimos el amor sobre la mesa.»

«Increíble», dijo el doctor. «Sí, ha sido extraordinario —asintió ella—. El único problema es que ya no podremos ir a ese restaurante.»

Osho,

¿Qué diferencia hay entre «fácil» y «vago»?

La diferencia entre fácil y vago es la diferencia entre positivo y negativo. La facilidad es un sentimiento positivo; no está vacío. Rebosas energía pero estás fluyendo fácilmente con esa energía. El flujo mismo de la energía se convierte en una danza interna. En este sentido, Chuang Tzu dice: «Lo fácil es correcto y lo correcto es fácil».

Si partes de esa facilidad, todo es posible, porque no es una falta de energía; al contrario, es estar repleto de energía, sin tensiones. Es una energía relajada. Y cuanto más relajada sea esa energía, más renovado, más joven te sentirás y mayor será el potencial de creatividad.

La pereza es negativa; es sentirse exprimido, sin energía, es como estar vacío. Sin tener ningún anhelo ni deseos de crear de nada. Te sientes cansado, exhausto, apagado.

Hay una diferencia sutil. Te puede engañar. Cuando Chuang Tzu dice: «Lo fácil es correcto», quizá puedas pensar que la pereza es correcta. Pero la facilidad es precisamente lo contrario de la pereza, es diametralmente opuesta. La facilidad tiene encanto y un aura que rebosa energía. La pereza te convierte casi en un cadáver.

> Hay una antigua parábola hindú que habla de dos vagos que están tumbados debajo un árbol; es la estación de los mangos y justo al lado de uno de ellos cae un mango. Pasan unos minutos sin que se mueva nadie. Finalmente, el hombre a cuyo lado ha caído el mango le dice a su amigo: «Esto sí que es una buena amistad. Tú sabes que el mango ha caído a mi lado pero eres tan vago que ni siquiera puedes ponérmelo en la boca; ¡vaya amigo!».
>
> El otro vago responde: «Sí, menuda amistad. Hace unos minutos, ¿te acuerdas?, ha venido un perro y me ha orinado en la oreja y tú has cerrado los ojos y ni siquiera lo has parado o espantado, ¿y tú eres el que habla de amistad?».

Se trata de personas completamente apagadas, como si una gran parte de su alma hubiese abandonado el cuerpo. Todavía respiran, pero con grandes dificultades. Y respiran porque nadie puede hacerlo por ellos. Si alguien pudiese respirar por ellos, dejarían de hacerlo.

Lo fácil significa que desaparecen las tensiones, las ansiedades y todas las modalidades de perversiones, todo lo que no es natural, y te vuelves un ser humano natural, tan relajado que no malgastas energía innecesariamente, ni siquiera hay pensamientos que consuman tu energía... estás totalmente en silencio.

El Buda Gautama es fácil. Solo podrás descubrir el significado exacto de facilidad el día que medites; no lo encontrarás en el diccionario. Cuando te sientas tan pleno como un océano, cuando sientas que todo lo que quieres es posible pero, sin embargo, no tengas ningún deseo; es un océano está tranquilo, en reposo. Y la sensación de la energía en reposo es tan placentera y tan pacífica que cuando te acercas a una persona fácil, empiezas a sentir cierta relajación en tu interior.

Huye de la pereza y crea en tu interior un lago de energía sin perturbaciones, entonces podrás comprender la pequeña declaración de Chuang Tzu, «Lo fácil es correcto», en su sentido primordial. Todo lo que no es fácil y te produce tensión, ansiedad y angustia no es correcto; no lo hagas. Sigue el camino fácil hasta el punto donde te olvides de que es fácil. Se volverá para ti algo tan natural que no tendrás necesidad de recordar que es fácil o es correcto. Este es el estado de la iluminación.

El río de la conciencia fluye con facilidad hacia el mar.

> Jaimito está sentado al fondo del aula de primer grado con una lata de cerveza en una mano y un cigarrillo en la otra. La profesora dice: «Muy bien, niños, hoy vamos a hacer un juego. Voy a decir unas palabras y vosotros tendréis que adivinar qué estoy pensando, ¿de acuerdo? Empezamos: la primera es una fruta; es redonda y roja».
>
> Un niño alza la mano y la profesora le atiende; el niño se levanta y dice: «Una manzana». «No —dice la profesora—, es un tomate, pero me alegro de que uses la cabeza. Ahora la siguiente: es amarilla y es una fruta.»
>
> Otro niño levanta la mano, la profesora le atiende, él se pone en pie y dice: «Un pomelo». «No, es un limón —dice la profesora—, pero me alegro de que uses la cabeza. Muy bien, la siguiente pregunta: es un vegetal verde.»
>
> Una niña se pone en pie y dice: «Una lechuga». «No —dice la profesora—, es un guisante. Pero me alegro de que uses la cabeza. —Entonces añade—: Hemos acabado por hoy. En ese momento Jaimito levanta la mano y dice: «Profe, ¿le importa que le haga una pregunta?». «No», responde ella.
>
> «Muy bien —dice Jaimito—. Tengo algo en el bolsillo; es una cosa larga, dura y tiene la punta rosa.» «Jaimito —exclama la profesora—, eso es una marranada.» «No, es un lápiz —dice Jaimito—, pero me alegro de que use la cabeza.»

Sigue pensando y descubrirás la diferencia entre pereza y facilidad.

15

La verdad: la mayor cirugía

Osho,

Cada día te siento más próximo como amante y como amigo. Mi confianza en ti me ayuda a ahondar en mi interior. Tengo miedo a lo desconocido, pero si me relajo en ese miedo desciendo otro escalón en mi interior y luego siento como si algo se estuviese muriendo. Amado maestro, ¿voy por buen camino? ¿Podrías decirme algo?

Cuando te acercas a mí, te estás acercando a ti, porque yo no estoy aquí como persona. Acercarte a mí es acercarte a tu futuro.

La gente siempre teme lo desconocido porque lo conocido les resulta tan familiar que pueden seguir permaneciendo en la inconsciencia dentro de lo conocido, no tienen que estar alerta.

Lo desconocido te obliga a estar más consciente, más atento. Y ese temor surge de tu falso ego, porque cuanto más consciente seas, el ego tendrá menos posibilidades de existir. Por eso sientes que algo muere en tu interior.

Esto solo les ocurre a los afortunados, porque nada de lo que pueda morir en tu interior eres tú. La fuente de tu vida es eterna y para ella no existe la muerte. Puedes establecer el criterio de que todo lo que muere merece morir. Era algo falso y te identificabas innecesariamente con ello. Cuando muera verás cuál es tu realidad, y esa realidad nunca muere, siempre está ahí.

Tu pregunta es la siguiente: «Cada día te siento más próximo como amante y como amigo». Tendrás que acercarte todavía un poco más hasta que desaparezca también el amigo y el amante. Por muy próximas que sean, en estas relaciones existe una distancia: tú eres tú, y yo soy yo. La amistad se puede romper y el amor puede desaparecer, de modo que no te quedes atrapado celebrando el sentimiento de amor y de amistad. Tienes que acercarte un poco más.

La proximidad exacta es ser uno, donde no existen ni el tú ni el yo. En lo que a mí respecta, no existo en absoluto, solo es tu imaginación. Mi ego murió hace varias décadas. Pero hasta que no muera tu ego, no podrás darte cuenta de que, aunque esté muerto, tú no solo seguirás vivo sino que estás aún más vivo.

Es el misterio de la vida... que desaparezca el amigo no significa que aparezca el enemigo. Cuando desaparece el amigo, empiezas a saborear la verdadera amistad. Cuando desaparece el amor, descubres que este ya no es una relación, sino tu propio ser.

Tú eres amor.

Por eso todo lo que ocurre está bien, vas por buen camino.

«Mi confianza en ti me ayuda a profundizar en mi interior.» Y si profundizas un poco más, la confianza en mí se convertirá en confianza en ti mismo; solo puedes confiar en esto.

La confianza en mí acabará desapareciendo del mismo modo que la amistad y el amor. Sin lugar a dudas, es más profunda que la amistad y la confianza, pero no es lo más profundo que hay. En el punto más profundo, donde desaparece la confianza, de repente descubrirás en tu interior que confías en ti mismo, y que mi trabajo no consiste en convertirte en esclavo, sino en hacerte un individuo libre.

«Tengo miedo a lo desconocido, pero cuando me relajo en ese miedo desciendo otro escalón en mi interior.» Ese miedo tiene dos caras. Es el miedo a lo desconocido, donde te vas metiendo paso por paso, y también a lo conocido que te está abandonando. Todo lo que sabías sobre ti va desapareciendo, y lo que aparece ¡es algo que ni siquiera habrías soñado! Pero es tu ser esencial.

Por eso sientes: «... y luego siento como si se estuviese muriendo algo». No te aferres a ello. Déjalo morir, y cuanto antes, mejor. Cuando muere algo, no sigas acarreando el cadáver; has estado apegado a ello tanto tiempo que no quieres separarte aunque esté muerto. Pero si no te separas, no podrás romper la barrera que se interpone entre tú y tu realidad. Es muy fina pero también muy fuerte.

Celebra que hay algo que está muriendo pero recuerda que no tienes que ir acarreando cadáveres. Morirán muchas cosas; no atesores antigüedades. Tienes por delante un futuro mucho más bonito, nuevo, eterno...

Y no te preocupes ni un solo instante de si vas por buen camino o no. Lo que te está sucediendo solo ocurre cuando vas por buen camino; estas son las señales, las pruebas. Sé inteligente: deja morir a lo que está muerto; no mires hacia atrás, sigue avanzando.

Estás vivo, de lo contrario ¿quién se daría cuenta de que algo se está muriendo? No te inquietes porque algo se esté muriendo, eso es mirar hacia atrás.

> Tres irlandeses se ven involucrados en la Revolución francesa y son condenados a la guillotina. Cuando el primero está esperando a que caiga la cuchilla, esta se queda atascada y es liberado según la vieja costumbre. Lo mismo le ocurre al segundo que también es liberado.
>
> Cuando le toca el turno al tercero, mira hacia arriba esperando que caiga la cuchilla y grita: «¡Espera! Me parece que ya sé lo que estaba entorpeciendo».

No seas irlandés. Sé un poco más inteligente. La inteligencia conlleva atención, claridad. Tú mismo puedes ver que lo muerto está muerto; era falso, te habían enseñado a ser falso. Y ahora que estás yendo hacia lo verdadero, lo falso tiene que desaparecer.

Lo falso y lo verdadero no pueden coexistir; lo verdadero es la muerte de lo falso. Y verás que hay muchas otras cosas que mueren, pero recuerda que tú nunca has muerto. La muerte es la mayor mentira de la existencia; es la invención más grande.

La verdadera vida siempre continúa con formas diferentes, y cuando finalmente te das cuenta de esto, pasa a no tener forma. Se vuelve universal, y este es el momento más sagrado y más extático: descubrir el verdadero sentido de la vida.

Osho,

Estaba ciego. Me has dado luz y por ello te estoy enormemente agradecido. Hasta ahora nunca te había hecho ninguna pregunta, pero ya no puedo aguantarme más. Osho, parece que algunos hombres que hablan de la verdad, al ver las consecuencias que desencadena decir la verdad, hicieron la siguiente observación: «Di la verdad, pero solo la verdad agradable, no la verdad desagradable». Osho, ¿podrías decir algo acerca de esto?

Satyadarma, tu pregunta es muy significativa. Ha habido personas que han procurado no decir la verdad desagradable y decir solo la agradable, pero son personas que no saben la verdad. Cuando alguien conoce la verdad, dejan de importarle las consecuencias. Las consecuencias solo preocupan a los cobardes, y nunca ha habido un cobarde que llegara a conocer la verdad.

Hay que tener en cuenta que la verdad casi siempre resultará desagradable por la sencilla razón de que toda la humanidad vive en un mundo de mentiras. La verdad en sí misma no es desagradable, pero el hecho de que las mentiras de la gente queden expuestas les hace sentir que es desagradable. Para que la verdad les resulte agradable tendrás que convertirla en una mentira. Solo una mentira podrá agradar a la multitud, porque concuerda con su condicionamiento.

Pero yo tengo la experiencia contraria; quien ha experimentado la verdad la expresará con toda su crudeza, para que pueda atravesar todas vuestras capas de mentiras.

Una operación nunca es agradable; y la verdad es la mayor cirugía que pueda existir.

Esto me recuerda una historia de Gautama Buda. Una mañana temprano llegó un hombre. Era ateo; no creía en Dios. El ateísmo es una de esas mentiras. Nunca has explorado el espacio exterior y tampoco has explorado el espacio interior pero, a pesar de todo, has llegado a la conclusión de que Dios no existe. Nunca has meditado, ni siquiera te has permitido experimentar la divinidad de la existencia, y aun así sigues creyendo que Dios no existe.

Este hombre le preguntó a Gautama Buda: «¿Qué opinas? ¿Existe Dios o no existe?». Buda le miró, hubo un momento de silencio y luego dijo: «Dios es lo único que existe».

Su discípulo más próximo, Ananda, estaba con él. No podía creerlo porque Buda nunca les había hablado de Dios, y de repente le dice a un extraño: «Dios es lo único que existe».

Ese mismo día por la tarde llegó un hombre que era creyente. Creía en Dios; creía que Dios había creado el universo. Pero esto también es mentira porque, aunque Dios hubiese creado el universo, no habría ningún testigo presencial. Si admites que había un testigo presencial, eso quiere decir que el mundo ya estaba allí.

Y si Dios ha creado el mundo, el mundo no muestra las cualidades que Dios le habría dado a la humanidad: hay violencia constante, guerra constante, envidia, ira, ego, depresión, angustia. Todo eso no estaría dentro de ti a menos que Dios te lo hubiese dado. Si observas al ser humano, puedes creer que el diablo haya creado al hombre, pero no Dios. Y además, antes de crear el universo ¿qué estuvo haciendo Dios durante toda la eternidad? ¿Y por qué se le ocurrió crear el universo de repente?

Según los cristianos, creó el universo solo cuatro mil cuatro años antes de Cristo; seis mil años no son nada comparados con la eternidad. ¿Qué estuvo haciendo todo ese tiempo? ¿Y qué le impulsó de repente a crear el mundo? ¿De dónde surgió ese impulso? Eso significa que el universo ya estaba allí antes de que Dios lo creara. De lo contrario, ese impulso...

Finalmente, si Dios ha tenido que crear el universo, entonces surge la siguiente pregunta: ¿quién creó a Dios? Y si aceptas la idea de que Dios no necesita un creador, entonces ¿por qué inventar innecesariamente la inútil hipótesis...? Entonces el universo tampoco necesita un creador. De todas formas Dios tiene que quedarse sin creador. Conocemos la existencia porque nos rodea. Pero Dios solo es una creencia.

Este hombre quería saber qué opinaba Gautama Buda... y Gautama Buda dijo: «¿Dios? Dios no existe. La existencia es autosuficiente; no necesita un creador. La existencia misma es creatividad».

Ananda estaba cada vez más perplejo. Pero esa era la práctica... Buda le había dicho: «Cuando me vaya a dormir y se hayan ido todas las visitas, podrás hacerme cualquier pregunta que surja en tu mente. Pero no me interrumpas cuando esté conversando con ellos».

Esa noche llegó un tercer hombre que no era ni teísta ni ateo; se trataba de un buscador inocente que le dijo a Buda: «Yo no sé si Dios existe o no existe, pero tengo la necesidad de buscar la verdad. ¿Puedes ofrecerme algún tipo de ayuda?».

En vez de contestarle, Buda cerró los ojos. Hubo un silencio absoluto... y Ananda estaba sorprendido. Al ver que Buda cerraba los ojos y se quedaba en silencio, el hombre hizo lo mismo. Pasó casi una hora. Entonces, el hombre abrió los ojos, se postró a los pies de Buda y dijo: «Tu respuesta es tan valiosa que la guardaré eternamente en mi corazón».

Esto ya era demasiado, y cuando el hombre se fue, Ananda se enfureció y le dijo a Gautama Buda: «Pero ¿qué es esto? Te has contradicho varias veces en un solo día. Primero dices que solo existe Dios y nada más, luego dices que Dios no existe, que es una hipótesis completamente inútil. Y a este tercer hombre no le dices nada. Y sin embargo este tipo encuentra la respuesta, mientras que yo, que también estaba presente, ¡no he recibido ninguna respuesta! Se ha postrado a tus pies agradecido, con los ojos rebosando lágrimas de felicidad, se ha ido tan contento...».

Gautama Buda le dijo a Ananda: «Primero, esas no han sido tus preguntas y las respuestas tampoco eran para ti. Estás metiéndote en los asuntos de los demás sin darte cuenta».

«Lo entiendo, pero soy un ser humano —dijo Ananda—. Aunque no fuesen mis preguntas, las he oído; y aunque las respuestas no fuesen para mí, las he oído. Y dentro de mí hay una gran confusión, ¿qué es la realidad? Y ¿por qué Gautama Buda va declarando cosas contradictorias a diferentes personas?»

La respuesta que Buda le dio a Ananda es muy importante. «El primer hombre vivía inmerso en una mentira, la de que Dios no existe —dijo—, y he tenido que derribar esa mentira. Decir que no existe Dios sin haber buscado es demasiado egoísta. Y no ha hecho nada para descubrir la verdad. Ha venido para que yo respalde su mentira y así poder decirle a la gente: "No es que lo diga yo, es que Gautama Buda también dice que Dios no existe".

»Y lo mismo le ocurría al segundo hombre: vivía inmerso en una mentira. No sabe nada de Dios. Simplemente ha adquirido la creencia de que Dios existe del entorno, de la sociedad que le rodea. Y tuve que destruir su mentira.

»El tercer hombre era muy inocente. No tenía mentiras. No tenía creencias ni en un sentido ni en otro. Por eso no pude responderle con palabras. Me quedé en silencio. Y él era el auténtico buscador. Al verme cerrar los ojos y sentarme en silencio, comprendió que esa era la respuesta. Cerró los ojos y se quedó sentado conmigo durante una hora, y en ese silencio comprendió... sintió; esto no es una creencia, sino algo que ha ocurrido realmente en su interior. Aunque no le haya dado la respuesta, él la ha recibido.»

Un hombre que dice la verdad no puede convertirla en algo agradable, porque la única forma de hacerlo es convertirla en una mentira. Las mentiras son muy agradables; nunca las rechazas. Si alguien te dice: «Te quiero, eres la persona más bella que he conocido», lo aceptas sin hacer preguntas. «¿Acaso has conocido a todas las personas del mundo? De lo contrario, tu declaración no puede ser verdad».

Si le dices a la mujer más fea del mundo: «Eres muy bella y me he enamorado de ti», ella te creerá porque es muy agradable saber que por lo menos hay alguien que te considera hermosa. No dudará de ese hecho, no se lo preguntará. Es tan agradable que no hay ninguna duda o pregunta que puedan afectarle.

La verdad es una experiencia que te sacude; los que crucificaron a Jesucristo no estaban locos. Él no estaba embelleciendo la verdad. La estaba proclamando en toda su crudeza, en toda su pureza, tal como es.

Y la verdad solo se puede proclamar tal como es; no se puede editar, no se puede añadir nada, no se puede quitar nada, no se puede distorsionar. Las personas que cuentan verdades agradables en realidad son cobardes. No saben nada de la verdad. Lo único que saben son tus mentiras, y te consuela el hecho de que las respalden.

Es un contrato; ellos respaldan tus mentiras y hacen que te sientas bien y que te consueles, y tú les brindas tu respeto, los consideras sabios, santos, eruditos; es un acuerdo mutuo. Y cuanto más respeto les brindas, más endulzarán sus mentiras. Y cuanto más endulcen sus mentiras, más respeto les brindarás.

Alguien así no merece ser crucificado. Le otorgarás el Premio Nobel, vuestras universidades le honrarán con el título de doctor en Literatura y será reconocido universalmente. Pero alguien que dice la verdad estará condenado a ser crucificado. Y aunque no lo crucifiques, todo el mundo lo condenará porque te quita el sueño, se interpone con las mentiras que tanto te consuelan. El camino de la verdad del que te está hablando es una gran búsqueda; pero tú no estás preparado, ni siquiera tienes tiempo para dedicarle.

No quieres perder el tiempo. Ya lo descubrió Jesús..., a ti te basta con creer. Ya lo descubrió Krishna..., te basta con creer. Ya lo descubrió Buda..., ¿para qué quieres volver a descubrirlo? Te basta con creer.

Esta es la diferencia que hay entre las ciencias objetivas y la religiosidad subjetiva. Por ejemplo, Edison descubrió la electricidad. Cada vez que pones electricidad en una casa, no hay que volver a descubrir la electricidad. El electricista que viene a instalar la electricidad en tu casa tampoco tiene una experiencia de primera mano..., no es necesaria. Una vez descubierta, se convierte en propiedad común de todo el mundo. Esto se puede aplicar a la realidad objetiva, pero no a la realidad subjetiva.

La verdad es una experiencia subjetiva. Buda lo experimentó en su ser más profundo, pero tú no lo descubrirás a menos que alcances ese mismo lugar en tu interior. Para alcanzar tu centro más profundo tendrás que renunciar a todas las creencias que has recibido prestadas, y esto duele porque te consuelan. En la calle puedes encontrar todo tipo de creencias sin necesidad de hacer ningún esfuerzo.

Tú dices: «Parece que algunos hombres que hablan de la verdad...» —no hablan de la verdad— «al ver las consecuencias que desencadena decir la verdad...»; los hombres que dicen la verdad nunca miden las consecuencias. Solo los cobardes piensan en las consecuencias..., calculan si deben decir algo o no, si deben decirlo de esta forma o de otra para mantener su reputación y no ser envenenados como Sócrates, asesinados como Mansoor o crucificados como Jesucristo.

Esas personas que tú crees que son hombres que hablan de la verdad, en realidad, son hombres que hablan de la mentira. Miden las consecuencias para poder aprovecharse de ti, aumentar su reputación y alimentar sus egos.

Tú dices: «Hicieron la siguiente observación: "Di la verdad, pero solo la verdad agradable"». ¿Acaso crees que hay dos tipos de verdad, una agradable y otra desagradable? La verdad es simplemente verdad; dos y dos son cuatro. ¿Cómo puedes hacer que sea agradable o desagradable? Simplemente está ahí sin temer las consecuencias.

Y la experiencia de la verdad es tan grande..., es la mayor experiencia que puede haber; te ahogas dentro de esa experiencia. ¿Y quién queda fuera para observar? Tú te conviertes en la verdad. Y cualquier cosa que digas, cualquier cosa que hagas, tu forma de vivir, molestará a millones de personas en el mundo porque es justamente lo contrario de lo que ellos han estado creyendo.

La verdad te hace estar absolutamente solo, te hace salirte de la multitud, y la multitud querrá vengarse.

Cuando crucificaron a Jesús, el país donde había nacido, Judea, estaba bajo el mando del Imperio romano. Un gobernador romano, Poncio Pilatos, no entendía por qué tenía que crucificar a Jesús. Pero todos los rabinos y los sumos sacerdotes del templo judío insistieron unánimemente en que debía ser crucificado.

Poncio Pilato no tenía ningún motivo... Jesús no había cometido ningún crimen, no le había hecho daño a nadie. No tenía ningún motivo legal para ejecutar a este joven con tan solo treinta y tres años. Lo único que hacía era impartir sus enseñanzas a quienes quisieran escucharle —que no eran muchos—, y era libre de hacerlo.

Pero el problema es que Poncio Pilato era romano y Jesús era judío. Y todo lo que Jesús decía iba en contra de las mentiras judías. No tenía nada que ver con el paganismo romano, por eso no le afectaba a Poncio Pilato. Para consolarse, hizo un último intento de salvar a Jesús.

Había un pacto por el que todos los años, durante las fiestas judías, podían pedir la libertad de un hombre que iba a ser crucificado.

Ese era su último recurso. Iban a crucificar a tres personas y Pilatos esperaba que exigieran la liberación de Jesús porque los otros dos eran asesinos, violadores, habían cometido todo tipo de crímenes. Sin embargo, toda la multitud de rabinos y judíos pidieron la libertad de uno de los asesinos que había cometido siete asesinatos. Ni una sola voz pidió que se liberara a Jesús.

Pero es muy fácil de entender su forma de pensar. Las verdades que decía Jesús iban en contra de la tradición judía. Por ejemplo, en el antiguo testamento, que es un libro judío, se pone en boca de Dios lo siguiente: «No soy una persona agradable. Soy muy celoso. No perdono jamás, y los que estén contra mí tendrán que sufrir. Yo no soy vuestro tío».

Pero Jesús dijo: «Yo os digo que Dios es amor». Y los judíos no pudieron tolerarlo, estaba desarticulando toda su filosofía. Aunque Dios mismo dijera que no podía perdonar, Jesús decía: «No os preocupéis. Dios es amor puro. Os perdonará».

Pero esto no iba en contra de los preceptos romanos, de las creencias romanas. La verdad es simplemente verdad, no es ni agradable ni desagradable. Pero tu mente está llena de prejuicios y todo aquello que va en contra de tus prejuicios se vuelve desagradable. Y todo lo que defiende tus prejuicios se vuelve agradable.

Un hombre que proclama la verdad nunca mide las consecuencias. Menos mal, porque de lo contrario el mundo sería aún más pobre de espíritu, se comportaría aún peor.

Sócrates, Mansoor y Jesús son quienes han elevado la conciencia humana sacrificando su vida. Sabían perfectamente que decir la verdad era invitar a la muerte, pero para un hombre de la verdad la muerte no tiene importancia. Sabe que la muerte no existe, el cuerpo muere pero la conciencia siempre perdura.

Así que renuncia a esa idea porque es pura astucia, y no es el camino de la verdad.

> A la legión extranjera francesa del Sahara llega un nuevo oficial que intenta adaptarse inmediatamente a la forma de vida que hay allí. Un día observa sorprendido cómo todos los hombres salen corriendo del campamento, y pregunta qué ocurre. Un soldado le dice: «Bueno, claro, es que llevamos tanto tiempo aquí en el desierto donde no hay mujeres, y cuando llegan los camellos... nos... aprovechamos».
>
> «Ah, ya veo —dice el nuevo oficial—, pero dime, ¿y por qué tenéis tanta prisa?»
>
> «Obviamente —dice el soldado—, nadie quiere que le toque el más feo.»

Lo que estás diciendo es claramente horrible. La verdad debe ser pura, sin contaminar, sin polucionar, sin temor a las consecuencias; solo así podrá ayudar a la humanidad. Puede que sea peligrosa para quien la pronuncia, pero vale la pena. Sacrificarte por la verdad es una de las mayores bendiciones y uno de los mayores éxtasis.

Los jueces le ofrecieron a Sócrates tres alternativas porque creían que era inocente, pero la multitud pidió que le asesinaran. En aquella época, Atenas era una ciudad-estado y era una democracia directa. Todos los ciudadanos —los esclavos no eran considerados seres humanos, de modo que no los contamos, y la mitad de los atenienses eran esclavos— tenían derecho a votar directamente sobre cualquier asunto. No es como nuestra democracia actual en la que se elige un representante durante cinco años. Ellos no tenían representantes, se representaban directamente a sí mismos.

Así que todo Atenas estaba gritando: «Sócrates debe morir

porque está arruinando nuestra moralidad, está destruyendo nuestra religión, está corrompiendo las mentes de nuestra juventud y ya no podemos seguir tolerándolo».

El juez supremo sabía que era imposible salvar a Sócrates, aunque fuese totalmente inocente. Su único crimen había sido decir la verdad si tapujos.

De modo que le ofreció a Sócrates tres alternativas. «Puedes abandonar Atenas —dijo—. Es una ciudad-estado y puedes irte a vivir justo en la frontera. Tus discípulos podrán visitarte allí y Atenas no tendrá poder para condenarte a muerte.»

Sócrates dijo: «Eso sería muy cobarde. Mi verdad interna nunca me lo perdonaría. Tengo que hacer frente a las consecuencias, pero lo estoy haciendo a favor de la verdad, y es una alegría para mí».

El juez supremo dijo: «Puedes hacer otra cosa. Puedes seguir viviendo en Atenas, pero dejar de enseñar tu verdad. Si prometes que no lo harás, no me veré obligado a condenar a muerte a un hombre inocente».

Sócrates dijo: «No puedo aceptarlo. ¿Para qué seguir viviendo si no puedo enseñar la verdad? En ese caso prefiero la muerte».

A su pesar y sin desearlo, el juez supremo tuvo que condenarlo a muerte: lo condenó a morir envenenado.

¿Crees que Sócrates no era inteligente? Le ofrecieron varias alternativas. Podía haber salido de Atenas, pero la verdad no se doblega. Podía haber dejado de enseñar, ya que era muy anciano. Pero cuando la verdad te embarga, no puedes dejar de enseñarla. Tienes que darla a conocer a los que están ciegos, a los que están sordos, y a los que viven en un mundo de mentiras.

Y prefirió morir. Le dijo al juez supremo: «Debes saber que estoy eligiendo la muerte en defensa de la verdad. Gracias a ello, se transmitirá a lo largo de los siglos todo lo que he estado enseñando. Vuestros nombres serán olvidados. Nadie sabrá quién era esa turba que grita pidiendo mi muerte, pero esta será la garantía de que mis palabras seguirán incrementando la conciencia humana después de mi muerte».

Pero todos los que viven en la mentira siempre dicen lo mismo: «Peligra la moralidad, peligra la religión, peligra la cultura. Y sobre todo, está corrompiendo la mente de los jóvenes».

Estos son los mismos cargos que hay contra mí, exactamente los mismos, articulados de la misma manera. Me sorprende que después de veinticinco siglos sea deportado de Grecia exactamente por los mismos motivos que envenenaron a Sócrates. No podían matarme porque estaba ahí como turista. No era un ciudadano griego. No había cometido ningún crimen, ni siquiera había salido de la casa en la que vivía.

Pero el arzobispo de la Iglesia cristiana ortodoxa de Grecia, que es la Iglesia más antigua del mundo, amenazó al gobierno y al propietario de mi casa, a mi anfitrión, diciendo: «Si no se va inmediatamente de Atenas, dinamitaré la casa y le mataré junto a las otras veinticinco personas que le acompañan».

No puedo creer que en veinticinco siglos no haya cambiado nada: él enumeró los mismos crímenes. Envió telegramas al presidente y al primer ministro diciendo: «La presencia de este hombre va a destruir nuestra tradición, nuestra religión, nuestra cultura. Y este hombre está corrompiendo la mente de nuestra juventud». Yo solo llevaba ahí quince días, con un visado de turista de cuatro semanas. Habían pasado dos semanas y no tenían ningún motivo para deportarme.

Pero seguían teniendo la misma mentalidad de antiguamente. Cuando me arrestaron y me llevaron a Atenas desde la islita donde me estaba alojando, se presentó el jefe de la policía con cuarenta oficiales. «No es necesario que me vengan a buscar cuarenta policías armados en mitad de la noche. Yo no soy un hombre violento, ni siquiera tengo una pistola, pero me arrestan. ¿Por qué han venido tantas personas?».

Mis seguidores de Atenas —Amrito, que me había invitado a Grecia, estaba ahí— intentaron a toda costa que me permitieran pasar la noche en un hotel. Pero no quisieron dejarme ir a un hotel ni siquiera seis horas. Tuve que marcharme inmediatamente.

Yo pensaba que Inglaterra era un país más civilizado..., de modo que le dije a mi piloto que estaba esperándome con mi avión: «Es mejor que nos vayamos de Grecia y hagamos escala en el aeropuerto de Londres».

No puedo creer que la estupidez humana sea tan grande en cualquier parte del mundo. Pero las autoridades del aeropuerto de Londres ni siquiera me permitieron pasar seis horas en la sala de espera de primera clase del aeropuerto. Un funcionario me enseñó un documento que decía que el Parlamento había decidido no dejarme pasar. Tenían miedo de que viajara de Grecia a Inglaterra, y su miedo se había hecho realidad.

Pero yo dije: «No voy a entrar en Inglaterra. Esto es un aeropuerto internacional y desde la sala de espera no puedo entrar en Inglaterra». Me acusaban de las mismas cosas: de corromper a la juventud, de destruir la moral, la religión, la cultura. Le pregunté al funcionario: «Pero piense, por favor, ¿cómo puedo hacer todo eso mientras duermo en el aeropuerto, en tan solo seis horas?». Una cultura que está ahí desde hace veinticinco siglos, una religión que está ahí desde hace veinticinco siglos, una moral que se lleva enseñando a cada generación desde hace veinticinco siglos..., si un hombre lo puede destruir en seis horas mientras duerme en un aeropuerto, es que no vale mucho; hay que destruirlo.

Pero dije: «Mi piloto no puede seguir volando porque ha agotado sus horas de vuelo; sería ilegal. Sería obligar al piloto a incumplir las normas de vuelo internacionales».

«Estoy en un dilema», dijo. Y salía continuamente de la sala para telefonear al ministro y al primer ministro y preguntarles: «¿Qué debo hacer?». Finalmente, decidieron que podía quedarme durante seis horas, pero solo en la cárcel y por la mañana debía marcharme inmediatamente.

Yo tenía un cierto respeto por Inglaterra: es un país culto con grandes universidades como Oxford y Cambridge. Pero parece que el ser humano sigue siendo idiota. A pesar de tener Oxford y Cambridge, esto no cambia nada.

Hay que proclamar la verdad.

Justo el otro día recibí una carta del gobierno alemán. Un año antes habían pasado una orden que me impedía entrar en Alemania por los mismos motivos. No solo eso, mi avión no puede aterrizar en ningún aeropuerto alemán a repostar. Un sannyasin ha apelado al comité de apelación del Parlamento, diciendo: «Ha pasado un año, esta ley debe prescribir».

Por eso me han vuelto a mandar esa carta. Le han enviado una copia de la carta a este sannyasin en la que dice que la orden no se puede anular porque se trata de una persona peligrosa. No mencionan cuál es el peligro; se trata de los mismos crímenes que le inculparon a Sócrates.

Casi veintiún países han decidido que no me conceden la entrada. Y son los países más desarrollados del mundo.

Satyadharma, tu nombre significa «la verdad es religión». Y no hay nada que tenga más valor que la verdad. Se puede sacrificar la vida por ella, pero de ninguna de manera puedes hacer concesiones.

16

La respuesta está en tu interior

Osho,

Indeciso entre la acción enérgica y la duda paralizante, la aceptación callada y el inútil sabotaje, lucho... esperando. Por favor, ¿puedes hablar sobre el silencio y la muerte?

Parece que no tienes claro cuál es tu pregunta. Tu pregunta parece surgir de una confusión.

Estás diciendo: «Indeciso entre la acción enérgica y la duda paralizante, la aceptación callada y el inútil sabotaje, lucho... esperando. Por favor, ¿puedes hablar sobre el silencio y la muerte?». Lo primero que debes saber es que no es necesaria ninguna acción enérgica, por lo menos aquí. No estamos adiestrando guerreros, estamos adiestrando seres humanos pacíficos y cordiales, y no violentos, destructivos o asesinos. La cuestión de una acción enérgica no tiene sentido aquí.

Tú mismo has creado el problema. Primero crees que es necesaria una acción enérgica, pero es pura fantasía tuya. Te estoy pidiendo que te relajes, te estoy pidiendo que estés tranquilo, que seas natural, que seas espontáneo. De hecho, no hay acción de ninguna clase.

Mi enseñanza consiste en cómo no hacer esfuerzo. Incluso cuando estés haciendo algo, no deberías ser el actor. Incluso cuando haya acción, debería ser casi una no-acción. Debería ser como un florecimiento espontáneo, no algo que surge de la fuerza de voluntad.

Pero son las enfermedades que todo ser humano recibe del pasado. Se nos ha inculcado que la fuerza de voluntad es muy importante. A todos los niños se les enseña que hay que tener fuerza de voluntad. Y la fuerza de voluntad es algo que va en contra de tu espontaneidad, no te permite estar relajado, tranquilo. ¿Acaso crees que las flores tienen que hacer mucho para florecer? ¿Acaso los árboles tienen que realizar alguna acción enérgica para crecer? No; no realizan ninguna acción.

Lao Tzu solía decir: «Observa los árboles, observa los ríos, observa las estrellas, y entenderás que es la acción sin acción».

Evidentemente el río está fluyendo hacia el mar, pero no se puede llamar acción porque no hay una fuerza de voluntad que lo empuje hacia el mar. Es algo muy relajado, sin prisas, sin precipitación, sin tener siquiera el anhelo de llegar, sin competir con los otros ríos por ver quién llega antes. Simplemente va avanzando, cantando y bailando su baile por las montañas, los valles, los llanos, sin preocuparse de si llega a la meta o no. Cada momento es tan bello y precioso que ¿a quién le importa el mañana?

La fuerza de voluntad ha sido utilizada para darte una falsa personalidad. La fuerza de voluntad es un bonito nombre para una fea entidad llamada ego.

Uno de los grandes psicólogos de este siglo, Alfred Adler, basó todo su análisis psicológico en un simple hecho: que todos los problemas del hombre surgen de la fuerza de voluntad. Quiere convertirse en alguien, una persona especial, superior a los demás, más santo que los demás. No importa si está en el mundo o en un monasterio; es una lucha por estar por encima de los demás.

Cuanto más luchas y más triunfas, más te alejas de tu propio ser, porque cada vez estás más tenso, más preocupado. Tu vida se vuelve una agonía constante por el miedo al fracaso. Aunque hayas triunfado, el miedo a que alguien te pueda sacar de tu posición... Pregúntale a cualquier presidente por la tremenda angustia que padece. Un persona que vive para conseguir algo nunca podrá estar en paz.

De modo que por una parte te has inventado esa fantasía de la acción enérgica. A lo mejor piensas que la meditación necesita una acción enérgica, o que el sannyas significa una acción enérgica. Lo único que necesita es relajación. Necesita olvidarse de la mente que intenta conseguir, olvidarse del futuro, permitir que el momento presente sea suficiente y disfrutarlo; el momento siguiente se ocupará de sí mismo.

Si puedes disfrutar de este momento, serás más capaz de disfrutar del momento siguiente porque serás más experto en disfrutar, bailar, cantar. Y empezarás a tener más confianza en ti mismo, sabiendo que no necesitas a nadie. Seas quien seas, eres capaz de disfrutar el éxtasis final sin necesidad de ser rico, sin necesidad de acumular poder, sin ser mundialmente famoso, ni ser una celebridad.

Puedes ser un don nadie y tener todos los tesoros de la existencia, porque no están fuera de ti. No eres consciente de tu propia riqueza interior.

No hace falta realizar ninguna acción enérgica. Y cuando esa necesidad haya desaparecido, desaparecerá la duda paralizante. Son las dos caras de la moneda: primero te inventas esa fantasía de la acción enérgica y luego surge el miedo de si serás capaz de realizar esa acción. ¿Tienes toda la energía y el arrojo necesarios? Entonces surge una duda paralizante y tienes un problema. Olvídate de ambas cosas porque no están separadas, son inseparables.

Has oído hermosas palabras pero no entiendes el significado. Dices: «... la aceptación callada y el inútil sabotaje...». Si hay aceptación callada, ¿cómo puede hacer inútil sabotaje? Y si hay inútil sabotaje, ¿qué quieres decir entonces con «la aceptación callada»? Y, de repente, sin venir a cuento, preguntas: «Por favor, ¿puedes hablar sobre el silencio y la muerte?».

De «acción enérgica» a «duda paralizante», de «aceptación callada» a «inútil sabotaje», y de repente, ¡surge una pregunta sobre el silencio y la muerte!

En tu mente debe de haber una división, debe de haber una esquizofrenia. Pero, no te preocupes, no eres el único que tiene esa enfermedad. Es la enfermedad de casi todos los seres humanos, unos más y otros menos..., pero tú eres lo suficientemente valiente para exponerte. Los demás no lo son tanto: lo ocultan, lo reprimen en su interior. No se lo dicen a nadie; lo reprimen tanto que no se dan cuenta de que existe.

Ya que me lo has preguntado, me gustaría decirte varias cosas. Para el silencio la muerte no existe, pero esa mente que no calla es la que cae en la falacia de la muerte. ¿Te has muerto alguna vez en la vida? Has visto morir a alguien, pero ¿alguna vez te has visto morir a ti mismo aunque hayas muerto muchas veces, en muchas vidas? Al no haber silencio en tu mente, cada vez que te sobreviene la muerte, te sientes tan aturdido que caes en un coma. Es una muerte inconsciente, por eso no recuerdas tus vidas pasadas.

Si hubieses muerto en silencio, en paz, conscientemente, te sorprenderías al darte cuenta de que solo muere el cuerpo, pero tú no, el testigo no muere. Habrías podido presenciar tu propia muerte. Del mismo modo que lo presencian los demás desde el exterior, tú habrías podido presenciarlo en tu interior.

Cuando un hombre muere consciente, también nace consciente, porque la muerte es una cara y el nacimiento es otra. La muerte es el principio de una nueva vida. En pocos segundos te alojarás en otro vientre. Y si mueres en paz y sin conmociones, entrarás en el nuevo vientre con ese mismo silencio, con esa misma conciencia. Los nueve meses en el vientre de la madre no serán inconscientes. Y el nacimiento estará lleno de silencio y felicidad, porque ahora sabes que no importa ni la muerte ni el nacimiento; formas parte de la eternidad.

El nacimiento y la muerte son dos pequeños episodios. Pero

el silencio no puede ser solo verbal, tiene que ser tu propia experiencia, y te proporcionará una inmensa inteligencia.

Ahora mismo, tus conflictos, tus luchas, tu falta de decisión, tus acciones enérgicas y tu sensación de parálisis destruyen toda tu inteligencia. Quieres aceptar todo lo que ocurre pero, al mismo tiempo, el fondo no lo quieres, te gustaría cambiarlo; de ahí el sabotaje.

Eres un campo te batalla. No eres uno, sino una multitud, y no solo una multitud, sino una multitud que lucha, y tú no sabes quién eres.

El silencio te hará entrega de muchos regalos. El más valioso y el primero es la inteligencia. La claridad de visión, una comprensión profunda de ti mismo; tus problemas empezarán a desaparecer, no es que recibas respuestas a tus preguntas, sino que tus preguntas desaparecen. No encuentras la respuesta porque tú eres la respuesta.

Quédate en silencio y desaparecerán las preguntas. Hay millones de preguntas y una sola respuesta, que eres tú con tu conciencia clara y silenciosa.

Pero el ser humano se ha comportado de una forma muy tonta. Externamente, consigue aparentar inteligencia, pero cuando miras por dentro... Si el Dios que ha hecho el universo hubiese sido más inteligente, habría puesto una ventana en la cabeza de todo el mundo para que los demás pudiesen ver lo que ocurre dentro. Habría sido muy entretenido. No podrías ocultar nada.

> Esto me lo contaron... Dos agentes de policía estaban tomando café y hablando sobre el nuevo personal.
>
> «No vas a creerte lo tonto que es mi nuevo ayudante», dice uno. «Me juego lo que quieras que el mío es peor que el tuyo», dice el otro.
>
> De modo que el primer agente llama a su ayudante. Este entra y le saluda: «¡Sí, señor!» «Toma este dólar y cómprame

un Rolls Royce», le ordena. «¡Sí, señor!», responde el ayudante y se va.

«Eso no es nada —dice el otro agente llamando a su ayudante—. Vete inmediatamente a casa a ver si estoy allí.» «¡Sí, señor!», responde el ayudante y se va.

Los dos ayudantes se encuentran en el pasillo y uno dice: «Chico, no te vas a creer lo tonto que es mi superior. Me da un dólar para que le compre un Rolls Royce. ¿Acaso no sabe que es domingo y hoy están todas las tiendas cerradas?».

«Eso no es nada —dice el otro—. El mío me ha mandado a su casa para que mire a ver si está allí. ¿Es que no puede llamar por teléfono?»

Osho,

Hace unos tres años, me sentí atraído como un imán hacia tu comuna de Oregón, sin saber por qué estaba ahí pero sabiendo, en alguna parte de mi ser, que era el único lugar del mundo para experimentar la vida en su totalidad. Nunca había leído un libro tuyo ni otros libros sobre la búsqueda de la verdad, el despertar o la expansión de la conciencia. Me pregunto por qué sigo viniendo a tu pozo si ni siquiera tengo sed, o al menos no lo experimento así.

La vida es un misterio y no siempre se puede encontrar explicación a todo lo que ocurre y por qué ocurre. En primer lugar, ¿por qué estás en el mundo? No hay ninguna respuesta. ¿Por qué nace el amor en ti, de repente, sin un aviso previo? No hay una explicación racional. ¿Por qué te gustan los rosales? No tiene explicación.

Estás diciendo: «Me sentí atraído como un imán hacia tu comuna de Oregón, sin saber qué hacía allí». Nadie lo entiende. ¿Acaso crees que toda esta gente sabe por qué está aquí? ¿Acaso crees que yo sé por qué estoy aquí? Como mucho, puedo decir que yo estoy aquí por vosotros y que vosotros estáis aquí por mí. Aunque eso no explica nada. «... pero sabiendo en alguna parte de mi ser que no había otro sitio en el mundo para experimentar la vida en su totalidad». Sentir una atracción magnética es más que suficiente.

Todo el mundo anhela de corazón vivir la vida con totalidad, pero la sociedad no te lo permite, la cultura te lo impide, la religión te controla, la familia te corta las alas. Estás rodeado de personas que están interesadas en que no vivas con totalidad. Esto es sorprendente: ¿por qué no quieren que la gente viva la vida con totalidad? Porque así pueden seguir explotando a la humanidad.

Un hombre que vive con totalidad no tomará alcohol ni otro tipo de drogas. Naturalmente, hay gente que gana millones de dólares con el alcohol y las drogas y no les interesa que vivas totalmente. Es tan alegre vivir con totalidad que no necesitas destruir tu alegría bebiendo alcohol. El alcohol es para los desgraciados, para la gente con problemas, para que puedan olvidarse de esos problemas, de esa angustia, al menos durante unas horas. El alcohol no cambiará nada, pero descansar algunas horas parece ser absolutamente necesario para millones de personas.

Si alguien vive con totalidad, cada momento le da tanta satisfacción que no verás colas en los cines: ¿a quién le interesa ver a otro haciendo el amor? Cuando tú mismo puedes hacer el amor, ¿para qué quieres ir al cine? Cuando tu vida es un misterio que te está retando a conocerla, ¿a quién le interesa una película de tercera categoría?

La persona que vive con totalidad deja de ser ambiciosa. Es tan feliz ahora que no concibe la posibilidad de que pueda haber más. La locura habitual de la mente humana —que siempre desea más— es el resultado de no vivir la vida con totalidad. Siempre hay una fisura, siempre falta algo, sabes que podría ser mejor. Todas las ambiciones surgen a consecuencia de esta vida parcial y entonces se pone en marcha todo el juego social: la gente quiere ser rica, quiere ser famosa, quieren ser políticos, quieren ser presidentes o primeros ministros.

Hasta ahora la humanidad no le ha permitido al hombre vivir con totalidad, ha interpuesto todo tipo de obstáculos, porque el hombre total atenta contra muchos de los intereses ocultos que hay en el mundo. El hombre total es lo más peligroso que hay para los intereses ocultos. Un hombre que disfruta de su vida plenamente, en su totalidad, no puede ser esclavizado. No puedes obligarle a entrar en el ejército para matar a personas y ser matado. Toda la estructura de la sociedad colapsaría.

Con la llegada del hombre total, la sociedad tendrá otra estructura: no será ambiciosa y será inmensamente feliz, sin hombres importantes. Quizá no se te haya ocurrido nunca, solo hay hombres importantes porque los millones restantes no lo son; de lo contrario ¿quién se acordaría de Gautama Buda? Si hubiese millones de Gautama Budas, millones de Mahaviras, millones de Jesucristos, ¿a quién le iban a interesar?

Esas pocas personas son importantes porque millones de personas no puede vivir con totalidad. ¿Si la gente no fuese infeliz, quién iría a la iglesia..., al templo, a la sinagoga, a la mezquita? ¿Quién iba a estar allí? ¿Quién estaría interesado en Dios, en el cielo o en el infierno? La persona que vive cada instante con tanta intensidad hasta el punto que la vida se convierte en un paraíso, que la vida se vuelve divina, no necesita adorar estatuas inertes, escrituras muertas, ideologías trasnochadas, estúpidas supersticiones.

La amenaza más grande de la clase dirigente del mundo actual es el hombre total.

Eso explica por qué me condenan en todo el mundo. No les faltan motivos. Si me crucifican, no podré decirle a Dios: «Perdónalos, porque no saben lo que hacen». En primer lugar, no hay un Dios al que le pueda decir nada; en segundo lugar, tampoco puedo decir que estén haciendo algo sin saber lo que hacen. Solo puedo decir que están haciendo exactamente lo que quieren y lo hacen con conocimiento. Todo su estilo de vida corre peligro.

Es posible que su vida no les proporcione felicidad, dicha, pero es su vida. Incluso su sufrimiento es suyo. Estas infelices criaturas constituyen la gran mayoría y no pueden soportar que haya gente que no tenga nada pero esté alegre y contenta, tan felices que sus corazones están llenos de canciones y dispuestos a ponerse a bailar en cualquier momento.

Un procurador de Estados Unidos se dirige a una conferencia de prensa diciendo: «Nuestra prioridad es destruir la comuna de Osho». Y uno se pregunta por qué un país tan grande y poderoso se preocupa por una pequeña comuna de cinco mil personas, que vive absolutamente al margen de Estados Unidos, en un desierto. El pueblo estadounidense más próximo está a treinta kilómetros.

¿Por qué les preocupa tanto? ¿Por qué me condenan en todas las iglesias? Por el simple hecho de que esas cinco mil personas vivían sin inhibiciones. Vivían realmente con libertad absoluta; habían eliminado todas las barreras. Posiblemente estuviesen trabajando más que nadie en el mundo —a veces doce y catorce horas al día— pero todavía les quedaba energía para irse a bailar y a cantar por la noche durante horas; y por la mañana tenían energía para madrugar y meditar durante horas.

Eso estaba provocando una situación muy peligrosa. Si esta gente que no tiene nada es capaz de vivir tan feliz, entonces ¿por qué son tan infelices todos los cristianos y los judíos de Estados Unidos, que lo tienen todo?

Celebrábamos incluso la muerte; y ellos no eran capaces ni siquiera de celebrar la vida. Cuando moría un sannyasin, era una oportunidad de celebrar y darle una buena despedida, bailando y cantando. Se va a un viaje eterno y quizá no volvamos a verlo; no es el momento de lamentar su muerte, de sufrir, de llorar y quejarse.

Esto se convirtió en un problema para Estados Unidos. Por eso su prioridad era destruir la comuna, y lo hicieron todo de forma ilegal, ilícita e inconstitucional. Pero esas cinco mil personas estaban indefensas. Nunca había creído que ser feliz pusiese en peligro sus vidas, que en un mundo miserable tienes que comportarte como el resto de la gente. Si todo el mundo llora y se lamenta, no puedes reírte; de lo contrario, los que están llorando y lamentándose te matarán.

Te sentiste atraída hacia la comuna porque no habías leído libros ni estabas cargada de conocimientos prestados. No estabas buscando la verdad; de lo contario, naturalmente habrías leído las escrituras, habrías ido a los rabinos o a los obispos, para aprender. Pero no estabas interesada en la búsqueda de la verdad y no estabas leyendo mis libros, ni los de nadie, tenías una mente inocente... no estaba cargada.

Esa es la cuestión que hizo que te sintieses atraída hacia la comuna. Y cuando estabas en la comuna, viste que se podía vivir la vida de una forma completamente distinta, más inteligente, y que el hombre ha estado perdiendo una gran oportunidad: la oportunidad de descubrirse a sí mismo, de descubrir nuevas formas de ser, nuevas flores llenas de bendiciones, un nuevo amor, un amor que no se convierte en una atadura, sino que te da más libertad de la que tenías antes, un amor que te vuelve libre.

Y por primera vez debes de haberte dado cuenta de que cinco mil personas de todas las razas, de todas las religiones, de casi todos los países, de todos los colores pueden vivir como si fuesen una gran familia. Ver a cinco mil personas comiendo en el comedor —y cuando había festivales llegaba a haber veinte mil sannyasins comiendo juntos— sin que a nadie le importase que alguien fuese católico, judío o musulmán. Nadie preguntaba: «¿Cuál es tu religión?».

Todo el mundo sabía que nuestra religión es vivir con totalidad, plenamente, y permitir que todos vivan según su forma de pensar, en concordancia con lo que les gusta —sin interferir en la vida de nadie de ninguna manera, y sin permitir que nadie interfiera en tu vida—. Cinco mil individuos..., viviendo, sin embargo, como una unidad orgánica.

Estaba hablando con Niren, y por eso he llegado tarde. Es mi abogado defensor en Estados Unidos; estaba llorando cuando me dijo: «Osho, no puedo hacer nada más para salvar la comuna».

Y cuando le dije: «Intenta recuperar la comuna ahora que el presidente estadounidense y su banda de delincuentes se han ido al traste», se puso contentísimo y me dijo: «Ahora mismo me pongo en marcha».

«No sé por qué sigo viniendo a tu pozo si ni siquiera tengo sed», preguntas. ¡No tienes sed porque estás viniendo al pozo! Intenta no venir durante unos días, y te entrará la sed.

> Un irlandés y un escocés estaban haciendo un test de inteligencia. «¿Cuál es el pájaro que no hace su propio nido?», pregunta el examinador. «El canario —responde el escocés—, porque vive en una jaula.» «El cuco», dice el irlandés.
>
> «Muy bien —dice el examinador al irlandés—. ¿Cómo lo has sabido?» «Porque todo el mundo sabe que vive en un reloj», dice el irlandés.

Tú no eres ni irlandés ni escocés. Eres una mujer inteligente, y solo las personas inteligentes se sienten atraídas a mi pozo. Los que no son inteligentes está tan cargados del pasado que no se pueden mover ni un centímetro. Para llegar a mi pozo hay un viaje muy largo, pero están tan cegados por los prejuicios que aunque le presentes la verdad en bandeja, no la aceptarán.

Puedes comprobarlo aquí, ¿cuántos indios hay? Le contaba a Niren que volver a la India no es la mejor opción para mí, porque no es un país contemporáneo. Está desfasado miles de años, y el intervalo es tan grande que es muy difícil entenderse con la mentalidad hindú.

He vuelto a la India porque me he visto obligado a hacerlo. El mundo ha progresado mucho, pero la mentalidad hindú todavía no ha oído hablar de personas como Sigmund Freud,

Assagioli, o Alfred Adler; es más, están temerosos de lo que dirá su sociedad si vienen a verme.

Cuando estaba en Estados Unidos, casi todos los días recibía llamadas desde alguna ciudad estadounidense de personas que venían de Pune, y decían: «Vengo de Pune y me gustaría ver a Osho». Y yo le pedía a mi secretaria que les preguntase cuántas veces habían ido a verme durante los siete años que estuve en Pune.

No habían ido ni una sola vez. Y ahora que he regresado aquí no han llamado para venir. Pero eso no ocurre solo con las personas de Pune, también venían a Estados Unidos personas de otras ciudades indias: «Quiero verlo porque soy hindú y deberían permitírmelo porque vengo de muy lejos.» Pero cuando están aquí no llaman. Allí les resulta fácil porque su sociedad, su comunidad, su grupo religioso, su partido político... nadie se entera de que han ido a verme.

Pero no solo tienen miedo las personas corrientes. Incluso alguien tan valiente como Indira Gandhi quería ir a verme, quería conocer mi ashram, y concertó una cita al menos seis veces, pero siempre la cancelaba el día anterior: «Ha surgido un compromiso imprevisto».

Finalmente su secretaria vino y me dijo: «No ha habido ningún imprevisto, lo que ocurre es que sus asesores políticos se lo impiden y le dicen que ir al ashram de Osho puede afectar a su posición política; es mejor no verle porque la vieja mente tradicional hindú está tan enfrentada a Osho que esto puede provocar que pierda votos». Incluso la primera ministra del país tiene miedo de venir a verme, aunque ella sí quiere venir, pero los poderes fácticos se lo impiden.

Había muchos industriales que solían viajar a Estados Unidos y me llamaban constantemente... «Queremos conocer la comuna de Osho y conocerle a él.» Pero ¿qué ocurre? Viven en Bombay; he estado dos meses en Bombay y no ha venido ninguno. Estoy aquí, a quince minutos en avión. Qué mente tan cobarde. Luego en privado dicen que todo lo que yo haga será en beneficio del país y de la humanidad.

Justamente el otro día, Zareen estaba contándome que ha estado con personas de la alta sociedad de Pune: «En privado todos te aprecian, pero en público hablan en contra». Vivir en un ambiente así, donde todo el mundo tiene dos caras..., en público me desaprueban pero en privado son admiradores míos. En público les importa más su reputación y no les interesa la sinceridad.

Yo he viajado por todo el mundo, y posiblemente la India sea el país más hipócrita de todos. Si no les gustas, dicen que no les gustas. Si no están de acuerdo contigo, dicen que no lo están. Pero es extraño, en privado te admiran y en público están en contra.

Has estado viniendo a este pozo por tu inteligencia y tu inocencia. Eres casi parte de mí. Donde estés, me sentirás y sentirás que estoy contigo. Que tengas sed o no... Hay ciertos tipos de sed que tu mente consciente no conoce porque están en tu inconsciente profundo, pero cuando llegas al pozo sientes mucha satisfacción. Es posible que no te des cuenta de esta sed pero sentirás que algo se ha saciado dentro de ti.

Osho,

Antes de venir a la India yo era tu discípulo «a mi pesar». Pero desde que estoy aquí me he enamorado tanto de ti que siento que eres mi adorado maestro y no solo Osho. Hay veces que me siento asombrado y privilegiado, o en una comunión dichosa y dolorosa. Pero también hay veces que la vida parece absolutamente inútil y que no tiene remedio, y siento tanta desesperación que me parece demasiado incluso dar un solo paso más. ¿Tienes alguna sugerencia que darme?

La observación que acabas de hacer en tu pregunta es muy relevante para muchas personas. «Era tu discípulo "a mi pesar"», dices. El fenómeno en sí de ser discípulo atenta de tal manera contra el ego que todo el que decida ser discípulo tendrá que hacerlo a su pesar, porque el ego se resistirá enormemente.

Ser discípulo es poner el ego a un lado. Ser discípulo es ser humilde, abrirse, estar vulnerable, receptivo, confiar. El ego no puede hacer todas esas cosas. Son cosas que matan inmediatamente al ego; de ahí que siga justificando de forma racional por qué no debes convertirte en discípulo.

Pero todo ser humano tiene una necesidad básica y esencial de encontrar el sentido de la vida, el significado de estar aquí en la existencia.

Te puedes dar cuenta o no, pero hay un profundo anhelo de saber: «¿Quién soy?». Y esto solo ocurre cuando eres discípulo. La palabra discípulo es muy importante. Proviene de la misma raíz que disciplina. Su significado original es aprender.

Cuando llegamos al mundo somos absolutamente ignorantes, y solo tienes dos opciones: o te vuelves culto, y acumulas conocimientos prestados que tapen tu ignorancia... A medida que la capa de conocimientos se va engrosando y la gente empieza a considerarte culto, erudito, un sabio, te vas olvidando de que sigues siendo un ignorante. Y es muy agradable sentir que ya no eres ignorante; eso te consuela. Si tanta gente afirma que eres sabio, no pueden estar equivocados, y te convences de que ya no eres ignorante.

Siempre he contado esta historia: un periodista murió y llegó a las puertas del cielo. Es algo inusual, nunca se ha oído decir que un periodista vaya al cielo; los periodistas van directamente al infierno. Pero fue un error burocrático; el tipo llegó a las puertas del cielo y llamó.

El guardián miró por la ventana y estaba muy extrañado porque no esperaba a nadie. Ese día no esperaba que llegase nadie, y dijo: «¿Qué quieres?».

El periodista dijo: «No me preguntes qué quiero. Ábreme la puerta». Los periodistas suelen ser muy impertinentes. Y dijo:

«Quiero presentarme, soy un periodista importante. Deberías alegrarte».

Pero el guardián dijo: «Si eres periodista, lo siento, eso es absolutamente imposible. Tendrás que ir al otro sitio. No está muy lejos, está justo ahí enfrente, al otro lado de la carretera». Pero el periodista preguntó: «¿Por qué no puedo entrar?».

El guardián le explicó: «Tenemos un cupo de doce periodistas y está completo desde hace miles de años. Desde entonces no había venido ningún periodista y nunca se había planteado esta cuestión. Incluso esos doce periodistas no sirven para nada. Empezamos a editar un periódico, pero solo salió el primer número porque en el cielo nunca pasa nada..., no hay robos, no hay asesinatos, no hay contrabando, no hay disturbios. Aquí solo hay santos ancianos sentados bajo los árboles, cantando mantras, eso es todo. En el primer número publicaron todas sus fotos y sus mantras, y desde entonces no ha vuelto a ocurrir nada.

»Ese es el motivo por el que esos doce periodistas están sentados sin hacer nada. Y créeme que se sienten desdichados por no tener trabajo e historias que contar. Los santos no tienen historias, no hay idilios, nadie se fuga con la mujer de otro..., no pasa absolutamente nada. Estarás mucho mejor en el otro sitio donde pasan cosas todo el tiempo. ¡Ahí está todo el mundo, todos los criminales, los políticos, los asesinos, los artistas, los músicos! Y hay docenas de periódicos. Vete allí.»

Pero no es tan fácil deshacerse de un periodista. «Si me das veinticuatro horas —dijo—, te prometo que al cabo de ese tiempo o me marcho o convenzo a otro periodista de que se vaya para seguir manteniendo el cupo.»

Al ver que era imposible que ese hombre se fuera, le permitió entrar y le otorgó las veinticuatro horas que necesitaba. Inmediatamente empezó a difundir el rumor de que se iba a abrir un nuevo periódico en el infierno y que necesitaban un redactor jefe, articulistas, cronistas... cobrarían un buen sueldo, tendrían casa, vehículo, empleados domésticos. ¿Qué hacéis aquí? Esto parece el desierto y los santos son tan ancianos y están tan cubiertos de polvo que no se sabe si están vivos o muertos.

Encontró a los doce periodistas y todos estaban encantados con la noticia. Al día siguiente, cuando habían transcurrido veinticuatro horas, fue hacia la puerta y le preguntó al guardián: «¿Cómo va? ¿Se ha ido alguien?». El guardián respondió: «¿Alguno? Se han ido todos. Y ahora tú no puedes salir. Tenemos un cupo de doce y por lo menos tiene que quedar uno».

Pero el periodista dijo: «No puedo quedarme. Si han ido doce periodistas es porque algo debe de haber de cierto en ese rumor. No es posible que los doce sean idiotas».

El guardián exclamó: «¡No te entiendo, tú has inventado ese rumor!».

«Es verdad —dijo—, yo lo he inventado, pero debe de haber una coincidencia entre el rumor que yo he inventado y lo que está ocurriendo, si no, no sería tan fácil convencer a doce periodistas. De todas formas, a mí no me toca estar aquí. Ábreme las puertas; si no lo haces, empezaré a causarte problemas. ¿Por qué me has dejado entrar?»

El guardián se asustó, le abrió la puerta y dijo «Qué hombre tan raro. Le he dejado pasar por compasión y ahora todo el equipo se ha ido y no tengo posibilidades de volver a completarlo».

El ser humano es así: si los demás piensan que eres honrado, que eres amable, que eres sabio, al principio tal vez no los creas, pero si insisten, enseguida empezarás a pensar que sí lo eres. Lo que tú piensas de ti es la idea que los demás tienen sobre ti.

De modo que un método es hacer acopio de conocimientos para cubrir tu ignorancia, que es lo que hacen los pundits, los rabinos, los obispos, los imanes y todos los líderes religiosos. Pero en el fondo están ocultando su ignorancia.

El otro método es no permitir que nadie contamine tu conciencia. El criterio que hay que seguir es que si yo no sé, no es conocimiento; mientras que yo no descubra la verdad —Jesús puede decir que es la verdad, Krishna puede decir que es la verdad, Buda puede decir que es la verdad— pero eso no importa. Puede ser su verdad, pero no es mi verdad, porque la verdad es una experiencia personal, igual que el amor.

Hay millones de personas en el mundo que han amado. ¿Crees que su amor te puede servir? ¿No tienes necesidad de amar porque ya lo han hecho todas esas personas? ¿Acaso sabrás algo sobre el amor porque todas esas personas hayan amado? Hasta que tú no ames, no sabrás nada.

Esta segunda alternativa es la del discípulo. Está buscando aprender por su propia cuenta.

«Antes de ir a la India —dices—, ya era tu discípulo "a mi pesar". Pero desde que estoy aquí me he enamorado tanto de ti que siento que eres mi adorado maestro y no solo Osho. Hay veces que siento asombro y me siento privilegiado, o en una comunión dichosa y dolorosa. Pero también hay veces que la vida parece absolutamente inútil y que no tiene remedio, y siento tanta desesperación que me parece demasiado incluso dar un solo paso más.»

Es una de las cosas importantes que hay que entender: a medida que vas entendiendo más la luz, paralelamente también empiezas a entender la oscuridad, porque son inseparables. La oscuridad solo es la ausencia de luz; sin luz no habría oscuridad.

Por ejemplo, es posible que nunca hayas pensado en los ciegos. ¿Crees que los ciegos viven a oscuras? No pueden hacerlo porque incluso para ver la oscuridad se necesitan ojos. Y puesto que no ven la luz, tampoco pueden ver la oscuridad. Los ciegos viven en un espacio completamente distinto en el que no hay ni luz ni oscuridad. No tienen ojos, por eso no ven nada. Si sus ojos se curan, podrán ver la luz, podrán ver las flores y los maravillosos colores, el arco iris y el sol y la luna, pero también verán la noche oscura.

Lo mismo ocurre en el camino espiritual, el camino del discípulo. Cuando vas teniendo más conciencia de la dicha, también tienes más conciencia de una desesperación que no conocías antes porque al principio la dicha no puede permanecer las veinticuatro horas del día. Cuando estás en la etapa del discípulo la dicha viene y va; cuando te sientes dichoso, estás inmensamente alegre y feliz, y cuando desaparece, caes en la desesperación.

Hay una comunión con el maestro, un encuentro de corazón a corazón que llamas «amor», pero en la etapa de discípulo no puede durar las veinticuatro horas del día. Así que llega como una brisa, experimentas su frescor y su fragancia, y luego se va. Entonces, de repente sientes que la vida es inútil, que no tiene sentido; y es algo que no habías experimentado antes. Para darse cuenta de la desesperación, de la futilidad, de la falta de sentido, primero tienes que darte cuenta del significado, de la dicha, del amor, de la felicidad.

Y esto es solo el principio del camino. A medida que vas creciendo, hay tres etapas. La primera es la etapa de estudiante; la segunda es la etapa de discípulo; la tercera es la etapa de devoto.

En la etapa de devoto tu dicha es casi como tu respiración, es como el latido de tu corazón. Ya no hay desesperación ni falta de sentido, y no sientes que sea demasiado avanzar otro paso más. Bailarás con locura, con tanta locura que el que baila desaparecerá en el baile, el devoto desaparecerá en el maestro. Solo podrás experimentar la realización suprema, que nadie podrá quitarte, cuando desaparezca tu ego.

Para no detenerte antes de haber alcanzado un estado extático las veinticuatro horas del día hay que ser muy inteligente y estar muy despierto. El viaje no es largo, solo tienes que tener inteligencia, la inteligencia de no pararte en mitad del viaje porque has encontrado un sitio muy bonito, muy pintoresco. Te gustaría quedarte ahí porque crees que has llegado y que no puede haber nada más. Pero si tu estado de conciencia vacila recuerda que este no es el lugar para crear tu hogar. Puedes pasar aquí una noche, pero por la mañana tendrás que continuar.

Sé inteligente y recuerda este criterio tan sencillo: no me puedo detener hasta que la dicha no sea mi naturaleza, mi propio ser.

Una atractiva rubia va conduciendo su nuevo deportivo por el campo cuando, de repente, tiene una avería. Afortunadamente está cerca de una granja. Va caminando hasta la puerta y llama. Cuando responde el granjero, ella dice: «Se está haciendo tarde y se ha averiado mi coche. ¿Podría pasar aquí la noche y mañana iré a buscar ayuda?».

«Bueno —dice el granjero—. Te puedes quedar aquí, pero no quiero que tontees con mis dos hijos.» Ella mira al fondo y ve a dos fornidos muchachos de unos veinte años. «De acuerdo», dice ella.

Cuando todos se han ido a la cama, ella empieza a pensar en los dos muchachos que están en el cuarto de al lado. Entra despacio en su cuarto y les pregunta: «Chicos, ¿queréis que os enseñe lo que se lleva en la capital?». Ellos dicen: «¿Qué?».

«Lo único —dice ella— es que no quiero quedarme embarazada, de modo que hay que usar estos condones.» Ellos asienten y no paran en toda la noche.

Cuarenta años más tarde, los dos hermanos están sentados en el porche. Uno de ellos le dice al otro: «¿Te acuerdas de aquella rubia que vino y nos enseñó lo que se llevaba en la capital?». «Sí —dice el otro— sí me acuerdo.»

«¿A ti te importa que se quede embarazada?», pregunta el primero. «A mí no», responde el otro.

«A mí tampoco —responde el primero—. ¡Pues vamos a quitarnos estas cosas!»

17

Un poco más de valentía, un poco más de amor

Osho,

La otra noche, siguiendo la energía que se siente entre los ojos, me adentré en mi interior intentando descubrir «¿Quién soy?». Llegó un punto donde me encontré inmerso en una gran nada. Fue una sensación muy intensa. No podía seguir; tenía tanto miedo a ese vacío que me detuve. Osho, ¿qué es esta energía que se siente entre los ojos? ¿Es lo que llaman el «tercer ojo»? Si voy por el buen camino, ¿por qué estaba temblando y tenía tanto miedo?

Vas por buen camino. Por eso tenías tanto miedo, porque el camino correcto significa una muerte, la muerte del ego, la muerte de tu personalidad tal y como la conoces y el comienzo y nacimiento de tu ser esencial. Pero primero llega la muerte, por eso tiemblas y tienes miedo. La resurrección llega después.

Has estado en un espacio muy bello. Es el tercer ojo del que se ha hablado desde hace al menos mil años en Oriente. Pero es simbólico. Tienes dos ojos para ver el mundo de la dualidad, el día y la noche, lo hermoso y lo feo, lo verdadero y lo falso. El mundo consta de dualidades. El tercer ojo es una expresión poética y simbólica de que tus dos ojos se vuelven uno, de que desaparece la dualidad.

Para el mundo exterior necesitas dos ojos; para el mundo interior solo necesitas una visión clara, porque en el interior no hay dualidad, solo hay unidad.

Tu pregunta es: «La otra noche, siguiendo la energía que se siente entre los ojos, me adentré en mi interior intentando descubrir "¿Quién soy?". Llegó un punto en que me encontré inmerso en una gran nada». Si vas a tu interior, este es el espacio que encontrarás. Pero no es una nada negativa; si te familiarizas con ella un poco más, te sorprenderás: creías que era la nada porque lo que viste allí no era algo que hubieses visto o soñado antes. Pero cuando te familiarizas con esa nada, empiezas a sentir una gran plenitud, una energía rebosante. Esta nada es el principio de la plenitud y la totalidad.

«Fue una sensación muy intensa —dices—. No podía seguir; tenía tanto miedo a este vacío que me detuve.» Solo tienes que ser un poco más inteligente.

Estabas rodeado de la nada, pero tú no eres la nada. Tú lo estás presenciando, estás separado de ella. El vacío puede rodearte, puede ser muy extenso y provocar temblores, pero tú no eres eso; porque ¿quién es el que tiene miedo y no sigue avanzando? ¿Quién se vuelve hacia atrás?

Tu ser está totalmente separado de la nada y de ese vacío que has sentido. Si te hubieses acordado de que «yo no soy eso», el miedo habría desaparecido. Cuando vuelva a sucederte, recuerda que no eres nada de lo que encuentres. No puedes encontrarte contigo mismo, no puedes toparte contigo mismo. De modo que todo lo que te encuentres está separado de ti. No tienes por qué temer.

Pero esto le ocurre a casi todo el mundo. Estás solo, rodeado de la nada, del vacío, y surge un temor profundo a estarte aproximando a la muerte, ya que en nuestras mentes asociamos la nada y el vacío con la muerte. Pero ni siquiera la muerte eres tú. Vas a través de ella; es un pasaje. Si estás atento, podrás pasar sin tener miedo alguno. Al contrario, podrás disfrutar el silencio, la paz, la inmensidad, la infinitud que te rodea. Estás casi en un estado oceánico de conciencia.

Pero ahora ya sabes dónde está la puerta: en el tercer ojo.

Viaja por él más a menudo para familiarizarte cada vez más, y para que la nada, que no es destructiva, te haga bailar en vez de asustarte. Te dará individualidad, te dará libertad, y si sigues, llegarás a tu centro más hondo, que es la vida.

La muerte afecta a tu cuerpo, pero no a ti.

Y si has descubierto lo que no muere dentro de ti, todos tus miedos desaparecerán para siempre, y un hombre sin miedo tiene una dignidad verdadera y auténtica. Estarás orgulloso de haber encontrado el camino correcto.

Muy pocas personas han viajado a su interior por culpa de este miedo. Cuando se van adentrando, el miedo los detiene y entonces vuelven a lo material donde todo es efímero, donde todo morirá, donde todo lo que tienes se lo llevará la muerte.

La muerte es impotente frente a alguien que se conoce. Pero antes de conocerte tendrás que pasar por este bello espacio de la nada, el vacío, la soledad. Alégrate y agradece haber tenido esta gran experiencia.

> Un sacerdote católico visitó a una familia católica. El niño estaba felizmente sentado al lado de su gata, que acababa de dar a luz seis gatitos.
>
> El sacerdote le preguntó: «¿Por qué estás tan contento?».
>
> El niño dijo: «Porque todos los gatitos son buenos católicos».
>
> Muy satisfecho, el sacerdote regresó a su casa.
>
> Al cabo de dos semanas volvió a visitar a esta familia. En cuanto el niño lo vio, empezó a llorar desconsoladamente. «¿Qué te ocurre? —preguntó el sacerdote—. ¿Por qué estás tan triste?»
>
> «Los gatitos ya no son católicos», respondió el niño sollozando.
>
> «¿Cómo lo sabes?», le preguntó el sacerdote.
>
> «Porque todos han abierto los ojos», dijo el niño.

En cuanto tu ojo interior se empiece a abrir, dejarás de ser católico, dejarás de ser protestante, dejarás de ser hindú, dejarás de ser musulmán, dejarás de ser judío... y serás simplemente tú mismo. Por eso todas las religiones oficiales han estado evitando esta cuestión.

La ciencia de cómo adentrarte en tu interior se conoce desde hace miles de años, pero las religiones no quieren que lo hagas. Quieren que busques un Dios ficticio arriba en el cielo. Si tu ojo interno sigue cerrado, seguirás siendo católico, hindú, musulmán, comunista; pero cuando se abra empezarás a quitarte todas esas ataduras y esas cadenas.

Todo el mundo tiene un potencial pero te han despistado para que busques a Dios en el exterior..., y está sentado dentro de ti. Todos los sacerdotes del mundo están contra Dios, porque cuando descubras que está en tu interior la profesión del sacerdocio se habrá acabado. Las iglesias se vaciarán, las mezquitas se vaciarán, los templos y las sinagogas se vaciarán, y desaparecerá toda la política de intenciones y el poder que les otorga a los sacerdotes.

Solo eres un individuo sin adjetivos.

Cuando solo haya individuos que no pertenezcan a religiones ni a ideologías políticas, sino simplemente a su propio ser interior, el mundo será inmensamente bello. Esto es suficiente, más que suficiente. La única religión es pertenecer a la vida misma, es la única verdad que hay que descubrir. Y no está lejos, solo hay que apartar un poco el miedo.

Si sigues intentándolo, cuando te hayas familiarizado con las bellezas de la nada, el miedo desaparecerá automáticamente. Has encontrado el camino correcto por casualidad; ahora no lo pierdas. No te vuelvas católico otra vez. Mantén ese ojo abierto.

Osho,

Hace algunos meses experimenté, por primera vez en la vida, que no eres. Vi el espejo perfecto. Me pareció que incluso el universo físico es simplemente una idea; no tengo palabras para describir esta pesadilla. Una frase me estaba martilleando la cabeza: «¡Nos quiere matar! ¡Nos quiere matar!». Tu presencia en todos mis amigos me ayuda enormemente a enfocar la energía en mi corazón. Simultáneamente he empezado a sentir miedo en mi vida diaria, y parece que esto no tiene fin. Ya no estoy seguro de ir por buen camino. ¿Podrías comentarlo?

El camino está bien, pero tú no; estás absolutamente confundido. Y si estás confundido, ni siquiera el camino correcto te podrá ayudar.

Si te fijas en tu pregunta, verás qué quiero decir cuando afirmo que estás absolutamente confundido. «Hace algunos meses experimenté por primera vez en la vida que no eres». Eso es verdad. «Vi el espejo perfecto.» No dejo de repetir que yo solo soy un espejo. Si se mira en mí un burro, verá un burro; si se mira en mí un mono, verá un mono; si se mira en mí un yanqui, verá un yanqui.

La gente se enfada, se molesta, pero no saben que están enfadándose con su propia cara. Y ni siquiera esas caras son auténticas, son máscaras, no son las verdaderas.

Me contaron que había una mujer espantosa que solía romper todos los espejos que encontraba. Y era lógico: «El espejo me hace horrible, pero yo normalmente no tengo problemas».

Las personas que se enfadan conmigo se están enfadando con un espejo. Si fueran más conscientes, se darían cuenta de que se enfadan con su propia vida. No se habían dado cuenta, pero cuando la ven reflejada en el espejo, sí lo hacen. Y en vez de cambiar su estilo de vida, quieren romper el espejo; de lo contrario, no habría sido necesario crucificar a Jesús. Crucificaron al espejo porque esa persona empezaba a molestarlos.

Yo, por lo menos, me quedo quieto en el mismo sitio; si vienes a mirarte en el espejo, es responsabilidad tuya.

Jesús iba de un sitio a otro en su burro haciendo que la gente viese su propio rostro, pero no estaba preparada para ello.

Y esto irritó a todos los rabinos. Pero antes que escucharle y transformarse —porque traía consigo toda la ciencia de la transformación—, lo que hicieron fue crucificar al espejo.

Envenenar a Sócrates fue crucificar al espejo. Se había convertido en un problema en Atenas. La gente estaba muy preocupada por él... incluso era peligroso saludarle porque eso significaba iniciar un diálogo y enseguida acabarías enredado en una discusión donde los viejos prejuicios, las tonterías y supersticiones consideradas un gran tesoro dejaban de tener sentido para ti. Irritó a tanta gente en Atenas que finalmente decidieron acabar con él.

Esto es lo que les ha ocurrido a muchos místicos: es tan grande la mediocridad de la humanidad que prefieren destruir el espejo antes de cambiarse a sí mismos.

Uno de mis profesores, un tal Bhattacharya, era bengalí y muy tradicional. Creía en el celibato y tenía todo tipo de ideas poco científicas y naturales, pero carecía de argumentos para defender su posición. Yo solía importunarlo. Él vivía solo y tenía que abrirme cuando llamaba a su puerta, y yo me colaba rápidamente en su casa. Él me decía: «No quiero discutir».

«¡Tú has empezado! —le contestaba yo—. Yo he entrado en silencio y tú has empezado a protestar. ¿Por qué no quieres discutir?»

«¡Dios mío! —exclamaba él—. ¿Cómo voy a deshacerme de ti?»

«Cierra la puerta y siéntate —le decía yo—. Ya no hay manera; tú has empezado...»

Durante todo el año, en todas las estaciones, cuando llovía, cuando era verano o era invierno, solía pasear con una sombrilla tan calada en su cabeza que solo le permitía ver medio metro o un metro por delante, lo justo para no tropezarse con la gente.

Cuando estaba en clase, hablaba con los ojos cerrados. Y lo hacía tan rápido que era imposible hacerle preguntas. Entraba, cerraba los ojos y se ponía a hablar. Tenía tanto miedo... no se podía hacer ninguna pregunta que cuestionase sus frágiles creencias. Pero es el caso de casi todos los seres humanos. Quizá no vayan con sombrilla, pero se protegen de una forma sutil e invisible..., se protegen de los espejos.

«Me pareció que incluso el universo físico es simplemente una idea», estás diciendo; y es completamente cierto. Eso no quiere decir que no exista el universo físico, pero ese universo físico de tu pensamiento solo es una idea. No conoces la realidad del universo físico. Tampoco conoces la realidad de tu propia conciencia.

Las ideas de un hombre que no se conoce estarán vacías, no tendrán contenido. ¿Qué sabes de los árboles? ¿Qué sabes de los rosales? Podrás saber que es hermoso, pero eso solo es una idea, no lo puedes demostrar; no tienes ninguna prueba. Se puede rebatir fácilmente.

La mujer de Albert Einstein era poetisa y matemática, ¡qué extraña pareja! La primera noche quiso enseñarle algunos de sus poemas pero solo consiguió enseñarle uno, porque tuvieron problemas ya con el primero. En ese poema comparaba el rostro de su amado con la Luna.

Einstein dijo: «¡Espera! No puedo soportar semejante idiotez. ¿En qué se parece la Luna a la cara? La Luna es un planeta muerto, y es tan grande que si lo pusieras encima de la cabeza de alguien, lo matarías. ¿Acaso quieres matar a tu amado?».

Frau Einstein, su mujer, no había pensado en esto, no se le había ocurrido que alguien pudiese pensar en esas cuestiones. Y Einstein dijo: «¿Qué belleza tiene la Luna? Es un pedazo de tierra donde no hay agua, ni verdor, ni crece nada, no hay vida. ¿Tu amado está muerto?».

Ella era una mujer inteligente y nunca volvió a mencionarle sus poemas porque un poema no son matemáticas, no es física, no es ciencias.

Tu idea del universo no es el universo.

Cuando desaparezcan todas tus ideas y tú también seas un

espejo, verás la realidad de la existencia reflejada en ti. Pero ya no será una idea, sino el verdadero reflejo.

Te he dicho que estabas muy confundido porque esas experiencias son hermosas, y sin embargo dices: «No tengo palabras para describir esta pesadilla». Yo no veo ninguna pesadilla.

Experimentarme, experimentar que no soy, es una verdad.

Experimentarme como un espejo es una verdad.

Experimentar que el universo es solo una idea es una verdad. ¿Cómo puede una verdad ser una pesadilla?

No ha sido una pesadilla; estás despertando de ella.

«Había una frase que me martilleaba la cabeza.» Naturalmente, si para ti era una pesadilla, debes de haber pasado mucho miedo. «Había una frase que me martilleaba la cabeza: ¡Nos quiere matar! ¡Nos quiere matar!» Eso también es cierto.

Ser sannyasin es suicidarse —el suicidio del ego, el suicidio de la personalidad—, porque solo tras este suicidio podrás ver tu rostro original. Todos los maestros te matan para devolverte a una realidad que habías olvidado.

Los antiguos Upanishads dicen: «El maestro es la muerte»; esta afirmación es muy importante. Quienes se acercan a un maestro deberían prepararse para morir porque solo después de la muerte podrás resucitar.

«Tu presencia en todos mis amigos me ayuda enormemente a enfocar la energía en mi corazón.» ¿Y ahora dónde está tu pesadilla? ¿Qué ha sido de tu miedo a que «¡Nos quiere matar! ¡Nos quiere matar!»? De pronto has llegado al corazón. Tu mente va saltando como un mono de un árbol a otro sin sentido alguno.

«Simultáneamente he empezado a tener miedo en mi vida diaria...», y ahora vuelves de nuevo.

El corazón no conoce el miedo, solo conoce el amor.

Es la mente la que tiene miedo, porque no conoce el amor.

La mente es el centro del miedo y el corazón es el centro del amor; no te equivoques. Tienes que tener claridad en cuanto a tu ser, en cuanto a tus experiencias, en cuanto a lo que dices, porque si tu pregunta refleja tanta confusión, la confusión que hay en tu cabeza debe de ser un millón de veces más grande. Esto es tan solo una versión reducida.

«Simultáneamente he empezado a tener miedo en mi vida diaria, y parece que esto no tiene fin. Ya no estoy seguro de ir por buen camino.» Yo tampoco.

Si analizo tu pregunta, incluso el buen camino se volverá un mal camino; es algo que depende de ti.

El místico sufí Jalaluddin Rumi hizo una gran afirmación. Uno de sus discípulos le preguntó: «¿Iremos al paraíso?». Jalaluddin se rió y dijo: «No puedo decir que vayamos al paraíso, pero a dondequiera que estemos yendo será un paraíso. Solo depende de nosotros, depende de lo que queramos hacer con nuestro ser, con nuestra creatividad, con nuestro amor, con nuestra consciencia».

Tenía razón: vayamos a donde vayamos, no te preocupes, será un paraíso.

Estás preguntando cuál es el buen camino; estoy preocupado por ti. Primero busca el estado correcto, y luego cualquier camino que tomes será correcto porque los caminos no están afuera. No estamos hablando de autovías y autopistas.

Es un camino hacia adentro.

Pero si tu mente está confusa no podrás ir hacia adentro.

Has hecho bien en preguntar, en permitir que tu mente se exponga un poco. Sé que habrá millones de confusiones más. Solo has dado un ejemplo, pero es una señal de que necesitas meditar más, practicar psicoterapia... La psicoterapia te sirve para limpiar el terreno, y la meditación planta las semillas. Luego tienes que esperar pacientemente. Cuando llega la primavera, habrá flores en tu ser. Y florecer es correcto. Es la prueba de que vas por el buen camino.

Esto sucedió en una clínica de prevención del SIDA en Alemania..., un alemán entró y le pidió al asistente seis preservativos. «¿Seis preservativos? —preguntó el asistente—. ¿Por qué quiere seis?»

«¡Ya! —respondió el alemán y empezó a contar con los dedos—. Lunes, martes, miércoles, jueves, viernes, sábado, ¡y el domingo descanso!»

Luego entra un italiano y le pide al asistente ocho preservativos. «¿Ocho preservativos? ¿Por qué ocho?»

«*Mamma mia!* ¡Uno para *lunedì*, otro para *martedì*, otro para *mercoledì*, otro para *giovedì*, otro para *venerdì*, otro para *sabato* y dos para la *domenica*!»

Justo en ese momento entra un inglés y pide educadamente doce preservativos. «¿Doce preservativos? —exclama impresionado el asistente—. ¿Por qué doce?»

«Muy fácil, muchacho. Enero, febrero, marzo...»

Ríete un poco más y no seas tan serio; para acabar con la confusión no hay nada mejor que la risa.

Osho,

Este es mi primer año de sannyas y es el principio de la vida, cada momento es una nueva oportunidad para sumergirme más en mis profundidades y en tu interior. Mencionas tres fases: la del estudiante, la del discípulo y la del devoto. Como discípulo tu luz me va acercando, ¡mi llama interna está ardiendo! Sin embargo, la mente sigue interpretando e interfiriendo. Un saber verdadero, fundirme contigo como devoto, una lejana estrella por descubrir. Adorado Osho, por favor, ilumíname en esta brecha que estoy sintiendo, este fenómeno del discípulo que se convierte en devoto.

La pregunta que me haces está basada en un supuesto falso. Has dado por hecho que eres un discípulo sin haber comprendido el significado. Aún no eres un discípulo, sigues siendo un estudiante porque a un estudiante le parece inmensa, infranqueable la distancia que hay entre él mismo y el estado de devoción.

Lo que dices en tu pregunta demuestra que todavía estás en la etapa del estudiante, no en la del discípulo. Te leeré la pregunta para que puedas verlo claro. Siempre conviene saber dónde estás para que sea más fácil progresar. Si te imaginas que estás en un lugar distinto al que realmente estás, no podrás progresar.

«Este es mi primer año de sannyas y es el principio de la vida, cada momento es una nueva oportunidad para sumergirme más en mis profundidades y en tu interior. Mencionas tres fases: la del estudiante, la del discípulo y la del devoto. Como discípulo tu luz me va acercando, ¡mi llama interna está ardiendo! Sin embargo, la mente sigue interpretando e interfiriendo. Un saber verdadero, fundirme contigo como devoto, una lejana estrella por descubrir.»

Reconocer que la mente sigue interpretando e interfiriendo es prueba de que todavía no has llegado a ser discípulo. Sigues en la etapa de estudiante. Estas tres etapas son paralelas a los tres centros de tu ser.

El estudiante está en la cabeza.

El discípulo está en el corazón.

Y el devoto está en el ser.

El estudiante piensa, interpreta. El discípulo ama, y simplemente bebe de la presencia del maestro. El discípulo está acompasado, el latido de su corazón está en armonía con el del maestro. No es una cuestión de interpretar o de interferir. El corazón no actúa por medio de pensamientos. El estado de devoto no está muy lejos del corazón, está muy cerca. A medida que el amor profundiza y se convierte en confianza, a medida que aumenta la armonía con el maestro y se convierte en una unidad orgánica, nace el devoto.

Te será de gran ayuda ser totalmente consciente de que todavía estás en la cabeza. Es posible que tu cabeza esté convencida de lo que digo, pero subyacen algunas dudas. Para evitarlas, tu mente hace una interpretación que concuerda con tus prejuicios, con tu ideología.

El estudiante no está en sintonía con el maestro; al contrario, diga lo que diga el maestro, él intenta tergiversarlo para que concuerde con su vieja mente. Pero para eso es absolutamente necesaria la interpretación y la interferencia, por eso es una señal de que no has salido de la cabeza. Y es tu cabeza la que desea y anhela constantemente ser un devoto.

Pero ser un devoto no es un deseo o un anhelo. El discípulo está tan satisfecho y contento que el estado de devoción ocurre espontáneamente, no es un deseo o un anhelo; los deseos y los anhelos complican las cosas.

La distancia entre el discípulo y el devoto es casi nula. El discípulo es el comienzo de la relajación con el maestro, y el devoto es la plenitud de la relajación. El discípulo es el principio y el devoto es el final.

Lo que te está ocurriendo no es malo. Está bien que sientas que cada vez profundizas más en tu interior. Pero recuerda que sigues siendo un estudiante y que tendrás que liberarte de tus pensamientos. Hay muchas meditaciones con ese propósito, haz cualquier meditación que te atraiga porque no quiero que te tortures. Recuerda la declaración de Chuang Tzu: «Lo fácil es lo correcto».

Busca una meditación que te resulte fácil, cómoda, placentera, y que puedas hacer sin ningún esfuerzo. Es casi un descanso, una relajación.

Si la mente detiene toda su locura, su parloteo constante, su distorsión de todo, te convertirás en un discípulo. El puente entre el estudiante y el discípulo es la meditación, y el puente entre el discípulo y el devoto es el amor. Solo se trata de dar dos pasos —un paso es la meditación y otro paso es el amor— y habrás llegado a casa.

Pero abandona esa idea de que ya eres un discípulo porque se convertirá en un enorme impedimento. El amor no puede surgir sin meditación. Por eso ser devoto parece una estrella lejana. No solo está lejos, sino que es imposible. A la hora de juzgarnos y de saber dónde estamos, deberíamos atenernos a los hechos y ser muy científicos.

No te sientas herido, porque ser estudiante también es algo singular. Dentro de los millones de personas que hay en el mundo, ser estudiante de una escuela de misterio es una rara y única oportunidad. Y te convertirás en discípulo..., pero debes alejarte de la mente e ir hacia el corazón. Ahora mismo no te propongas ser un devoto.

Cuando tu mente desaparezca y tu corazón esté cantando y bailando de felicidad, verás que ser devoto solo es el siguiente paso. El amor se ha cristalizado en confianza, y la armonía deberá acercarse aún más hasta que se convierte en una unidad.

El maestro y el devoto son uno. El maestro y el discípulo están un poco más lejos. El maestro y el estudiante están realmente lejos, pero todo el mundo tiene que empezar por ser estudiante. Es el comienzo correcto. No empieces a considerarte un discípulo. Empieza por el principio como un estudiante; tu meta es ser un discípulo.

Cuando hayas alcanzado esta meta, no harás esa pregunta, no dirás que un devoto parece una estrella lejana. Estará al alcance de tu mano. Con un poco más de coraje, un poco más de amor, un poco más de riesgo, y la disposición a disolverse en el maestro..., que no es.

Disolverse en el maestro solo es una herramienta.

Cuando te disuelvas en el maestro, te darás cuenta de que te has disuelto en la existencia misma; el maestro solo es una ventana. A través del maestro, puedes ir al cielo infinito. Allí todas las estrellas y toda la existencia te pertenecerán. Formas parte de ella.

Pero tienes que ser inteligente y reconocer quién eres. Las

personas que no son inteligentes no pueden crecer, pero las que son inteligentes no tienen dificultades en crecer, y todo el mundo tiene inteligencia, aunque no la use.

Un estadounidense come-chicle y un francés están sentados juntos en un restaurante. El estadounidense está muy orgulloso de serlo y empieza a hablar. Le pregunta al francés: «Cuándo comes pan, ¿te lo comes todo?».

«Claro», responde el francés.

«Nosotros solo nos comemos la miga —dice el estadounidense—, el resto lo metemos en unos contenedores y lo llevamos a una fábrica para triturarlo. Lo que obtenemos son unos panecillos que vendemos en Francia.»

»¿Y las chuletas? —sigue preguntando—. ¿Os las coméis enteras?»

«Sí», responde el francés.

«¡Ah! Nosotros no —dice el estadounidense—. Solo nos comemos la carne; la grasa la metemos en unos contenedores, la llevamos a una fábrica y la trituramos, con lo que obtenemos unas chuletitas que vendemos en Francia.»

El francés se está enfadando y le pregunta: «¿Y qué hacéis con los condones usados?»

«Los tiramos, por supuesto», dice el estadounidense.

«¡Ah! —exclama el francés—. Pues nosotros los guardamos en contenedores, los llevamos a una fábrica y ahí los trituramos. ¡Y así obtenemos los chicles que vendemos en Estados Unidos!»

No te sientas mal por ser un estudiante; disfrútalo. Pero no comas chicle estadounidense. Es lo más estúpido que se puede hacer en el mundo. Pronto habrás crecido..., pero no comas chicle. Ese chicle se te mete en la cabeza y te provoca ideas extrañas, interpretaciones, interferencias, ideologías. Evítalo.., y vuelve al corazón.

La cabeza sirve para la ciencia, pero no para la religión. El corazón no sirve para la ciencia, pero es absolutamente imprescindible para la religión, porque el corazón finalmente se convierte en devoción, en unión, en amor, en confianza, en autorrealización, en experiencia de lo divino.

PARA MÁS INFORMACIÓN:
www.osho.com

OSHO®

Un amplio sitio web en varias lenguas, que ofrece una revista, libros, audios y vídeos Osho y la Biblioteca Osho con el archivo completo de los textos originales de Osho en inglés e hindi, además de una amplia información sobre las meditaciones Osho. También encontrarás el programa actualizado de la Multiversity Osho e información sobre el Resort de Meditación Osho Internacional.

Website:
http://OSHO.com/resort
http://OSHO.com/magazine
http://OSHO.com/shop
http://www.youtube.com/OSHO
http://www.oshobytes.blogspot.com
http://www.twitter.com/OSHOtimes
http://www.facebook.com/osho.international
http://www.flickr.com/photos/oshointernational

Para contactar con OSHO International Foundation, dirígete a: www.osho.com/oshointernational

ACERCA DEL AUTOR

RESULTA DIFÍCIL CLASIFICAR LAS ENSEÑANZAS DE OSHO, que abarcan desde la búsqueda individual hasta los asuntos sociales y políticos más urgentes de la sociedad actual. Sus libros no han sido escritos, sino transcritos a partir de las grabaciones de audio y vídeo de las charlas improvisadas que ha dado a una audiencia internacional. Como él mismo dice: «Recuerda: todo lo que digo no es solo para ti... hablo también a las generaciones del futuro». El londinense *The Sunday Times* ha descrito a Osho como uno de los «mil creadores del siglo XX», y el escritor estadounidense Tom Robbins como «el hombre más peligroso desde Jesucristo». El *Sunday Mid-Day* (India) ha seleccionado a Osho como una de las diez personas (junto a Gandhi, Nehru y Buda) que ha cambiado el destino de la India.

Acerca de su trabajo, Osho ha dicho que está ayudando a crear las condiciones para el nacimiento de un nuevo tipo de ser humano. A menudo ha caracterizado a este ser humano como Zorba el Buda: capaz de disfrutar de los placeres terrenales, como Zorba el griego, y de la silenciosa serenidad de Gautama Buda. En todos los aspectos de la obra de Osho, como un hilo conductor, aparece una visión que conjuga la intemporal sabiduría oriental y el potencial, la tecnología y la ciencia occidentales.

Osho también es conocido por su revolucionaria contribución a la ciencia de la transformación interna, con un enfoque de la meditación que reconoce el ritmo acelerado de la vida contemporánea. Sus singulares «meditaciones activas» están destinadas a liberar el estrés acumulado en el cuerpo y la mente, y facilitar una experiencia de tranquilidad y relajación libre de pensamientos en la vida diaria. Está disponible en español una obra autobiográfica del autor, titulada: *Autobiografía de un místico espiritualmente incorrecto*, Editorial Kairós, Booket.

RESORT DE MEDITACIÓN OSHO INTERNATIONAL

EL RESORT DE MEDITACIÓN es un maravilloso lugar para pasar las vacaciones y un lugar en el que las personas pueden tener una experiencia directa y personal con una nueva forma de vivir, con una actitud más atenta, relajada y divertida. Situado a unos ciento sesenta kilómetros al sudeste de Bombay, en Pune, India, el centro ofrece diversos programas a los miles de personas que acuden a él todos los años procedentes de más de cien países.

Desarrollada en principio como lugar de retiro para los marajás y la adinerada colonia británica, Pune es en la actualidad una ciudad moderna y próspera que alberga numerosas universidades e industrias de alta tecnología. El Resort de Meditación se extiende sobre una superficie de más de dieciséis hectáreas, en una zona poblada de árboles, conocida como Koregaon Park. Ofrece alojamiento para un número limitado de visitantes en una nueva casa de huéspedes, y en las cercanías existen numerosos hoteles y apartamentos privados para estancias desde varios días hasta varios meses.

Todos los programas del centro se basan en la visión de Osho de un ser humano cualitativamente nuevo, capaz de participar con creatividad en la vida cotidiana y de relajarse con el silencio y la meditación. La mayoría de los programas se desarrollan en instalaciones modernas, con aire acondicionado, y entre ellos se cuentan sesiones individuales, cursos y talleres, que abarcan desde las artes creativas hasta los tratamientos holísticos, pasando por la transformación y terapia personales, las ciencias esotéricas, el enfoque zen de los deportes y otras actividades recreativas, problemas de relación y transiciones vitales importantes para hombres y mujeres. Durante todo el año se ofrecen sesiones individuales y talleres de grupo, junto con un programa diario de meditaciones. Los cafés y restaurantes al aire libre del Resort de Meditación sirven cocina tradicional hindú y platos internacionales, todos ellos confeccionados con vegetales ecológicos cultivados en la granja de la comuna.

El complejo tiene su propio suministro de agua filtrada.

www.osho.com/resort

Veet
Lambr.
cuaj
bruka.
pan.

- aceite romero - lavanda
- felpudo
spray gato.